Controlling im Krankenhaus

T0255226

Herausgegeben von
Winfried Zapp, Osnabrück, Deutschland

Unter Mitarbeit von
Julian Terbeck, Osnabrück, Deutschland

Die Bücher der Reihe richten sich an Fach- und Führungskräfte im Controlling von Krankenhäusern und medizinischen Einrichtungen sowie an Dozenten und Studierende aus dem Bereich Gesundheitsmanagement und Controlling. Herausgeben werden sie von Prof. Dr. Winfried Zapp, Allgemeine Betriebswirtschaftslehre mit dem Schwerpunkt Rechnungswesen, insbesondere Controlling im Gesundheitswesen an der Hochschule Osnabrück unter Mitarbeit von Julian Terbeck, M.A. Aktuelle und relevante Themen des Controllings in Gesundheitseinrichtungen werden praxisnah aufbereitet. Neben den theoretischen Grundlagen zu Bereichen wie Leistungsverrechnung, Benchmarking, Prozesskostenrechnung und Berichtswesen bietet die Reihe konkrete Handlungsempfehlungen und Instrumente. Die Bücher, die in Zusammenarbeit mit Experten aus Wissenschaft und Praxis geschrieben werden, unterstützen die Leser dabei, ihr Wissen und ihre Kompetenz in den Bereichen Kostenmanagement, Controlling und Prozessmanagement zu erweitern und praktisch umzusetzen.

Weitere Bände in dieser Reihe
http://www.springer.com/series/13107

Winfried Zapp · John Ahrens
(Hrsg.)

Von der Prozess-Analyse zum Prozess-Controlling

Analyse – Verfahren – Praxisbeispiele

Herausgeber

Winfried Zapp
Hochschule Osnabrück
Osnabrück, Deutschland

John Ahrens
K|M|S Vertrieb und Services AG
Unterhaching, Deutschland

Controlling im Krankenhaus
ISBN 978-3-658-13170-8
DOI 10.1007/978-3-658-13171-5

ISBN 978-3-658-13171-5 (eBook)

Die Deutsche Nationalbibliothek verzeichnet diese Publikation in der Deutschen Nationalbibliografie; detaillierte bibliografische Daten sind im Internet über http://dnb.d-nb.de abrufbar.

Springer Gabler

Gedruckt auf säurefreiem und chlorfrei gebleichtem Papier.

Springer Gabler ist Teil von Springer Nature
Die eingetragene Gesellschaft ist Springer Fachmedien Wiesbaden GmbH
Die Anschrift der Gesellschaft ist: Abraham-Lincoln-Str. 46, 65189 Wiesbaden, Germany

Vorwort

Auf die Kliniken wirken unterschiedliche Zielvorstellungen und Anforderungen, vielfältige Erwartungen und Ansprüche, diverse und komplexe Einflussfaktoren und Parameter, kontingente Möglichkeiten und Begrenzungen ein. Dazu muss sich das Management verhalten und auf bewährte Instrumente und Verfahren zurückgreifen.

Solch ein Instrument aus dem Controlling ist die Prozessgestaltung mit ihren bedeutenden Merkmalen von Zeit und Raum, Kosten und Leistungen, Qualität und Risiko und schließlich die Kundenzufriedenheit. Aus unterschiedlichen Perspektiven werden die Problemfelder angegangen und zu Lösungsmöglichkeiten zusammengeführt. Die Prozessgestaltung bietet so unterschiedliche Ansatzpunkte, um die Herausforderungen in den Gesundheitseinrichtungen anzunehmen.

Die Blickwinkel, aus dem heraus Prozesse analysiert, konstruktiv kritisch bewertet und dann gestaltet werden, sind vielfältig und lassen zu unterschiedlichen Controllingmaßnahmen greifen.

In diesem Buch sollen die einzelnen Beiträge Schwerpunkte der prozessorientierten Vorgehensweise setzen.

Kernprozesse stehen im Krankenhaus in einem besonderem Fokus und sollen in einem ersten Beitrag erläutert werden.

Der Entlassungsprozess stellt im Besonderen eine Herausforderung dar: Für den betreffenden Patienten ist der Behandlungsprozess soweit abgeschlossen, dass er nach Hause oder in die Reha entlassen werden kann. Deshalb werden zwei Praxisbeispiele dargestellt und erläutert. Während ein Beispiel die Darstellung, Analyse und vor allem Evaluation eines Entlassungsprozesses abhandelt, stellt der zweite Beitrag eher die anwendungsorientierte Optimierung unter besonderer Beachtung des Lean Hospital Managements dar.

Die Prozesskostenrechnung wird immer wieder als mögliches Controllinginstrument erwähnt. In einer Beispielrechnung sollen die Problembereiche differenziert herausgearbeitet werden.

Abgeschlossen werden die Analysen durch eine Konzeption des Prozesscontrollings. Immer wieder werden die Prozesse als Gestaltungsfelder herausgearbeitet, aber das Controlling dieser Vorgehensweise wird weitgehend vernachlässigt. Wie aber können Impulse oder kontinuierliche Veränderungsprozesse in Gang gesetzt werden, wenn ein Controlling nicht vorhanden ist?

Das Buch wurde wieder in bewährter Weise von einigen Personen wesentlich beeinflusst:

Claudia Hasenbalg von Springer Gabler hat uns vom Entwurf bis zum Druck – wie immer hochengagiert und fachlich qualifiziert – mit ihren konstruktiv-kritischen Hinweisen
begleitet und so zum Gelingen dieses Buches beigetragen.

Die Kolleginnen und Kollegen von le-tex publishing services haben zuverlässig und detailliert die Produktion vom Manuskript bis zum endgültigen Druck begleitet, organisiert,
durchgeführt und für ein entsprechendes Layout gesorgt.

Julian Terbeck, M.A., hat als Mitherausgeber dieser Reihe bereits wie in den zurück-
liegenden Veröffentlichungen alles vorab zuverlässig geregelt.

Diesem Team, das sich immer wieder mit seinen Erfahrungen in diese Buchreihe ein-
gebracht hat, danken wir in besonderer Weise.

Auf Sophokles (496–405 v. Chr.) geht folgendes Zitat zurück: „Wir müssen dafür sorgen, dass die Brücke nicht schmäler ist als der Fluss."

Prozesse müssen als Brückenbauer von Problemen dienen. Wir hoffen, dass aus diesen
Beiträgen tragfähige Lösungskonzeptionen entwickelt werden können und wünschen un-
seren Lesern gute Erfahrungen damit, so dass sie „über die Brücke der Prozesse trocken
gelangen" an die Ufer, wo die Probleme dann zumindest weniger geworden sind.

Hamburg und Osnabrück im Mai 2017   Dipl. Kfm. John Ahrens, M.A.
                                                               Prof. Dr. Winfried Zapp

Abkürzungsverzeichnis

AA	Assistenzarzt
ABC	Activity Based Costing
ÄD	Ärztlicher Dienst
AöR	Anstalt des öffentlichen Rechts
BJAZ	Bruttojahresarbeitszeit
BSC	Balanced Scorecard
CM	Case Mix
CMI	Case Mix Index
CT	Computertomographie
DKI	Deutsches Krankenhausinstitut
DNQP	Deutsches Netzwerk für Qualitätsentwicklung in der Pflege
DRG	Diagnosis Related Groups
EDV	Elektronische Datenverarbeitung
EPK	Ereignisgesteuerte Prozesskette
etc.	et cetera
Ex.	Examinierte Pflegekraft
FA	Facharzt
FD	Funktionsdienst
FPV	Fallpauschalenvereinbarung
GZF	Gleichzeitigkeitsfaktor
HP	Hauptprozess
ICD	Internationale Klassifikation der Krankheiten (International Classification of Diseases)
IBLV	Innerbetriebliche Leistungsverrechnung
InEK	Institut für das Entgeltsystem im Krankenhaus
IT	Informationstechnologie
JWK	Johannes Wesling Klinikum Minden
KHBV	Krankenhausbuchführungsverzeichnis
KHEntgG	Krankenhausentgeltgesetz
KIS	Krankenhausinformationssystem
KLEE	Kosten-, Leistungs-, Erlös- und Ergebnis

KP	Kernprozess
KST	Kostenstelle
KTW	Krankentransportwagen
KVP	Kontinuierlicher Verbesserungsprozess
Lmi	Leistungsmengeninduziert
Lmn	Leistungsmengenneutral
MA	Mitarbeiter
MDK	Medizinischer Dienst der Krankenkassen
MIT	Massachusetts Institute of Technology
MKK	Mühlenkreiskliniken
MRT	Magnetresonanztomographie
MVD	Mittlere Grenzverweildauer
NJAZ	Nettojahresarbeitszeit
NUB	Neue Untersuchungs- und Behandlungsmethoden
oGVD	Obere Grenzverweildauer
OP	Operation
OPS	Operationen- und Prozedurenschlüssel
PPR	Pflege-Personal-Regelung
QM	Qualitätsmanagement
S.	Schüler
SGB	Sozialgesetzbuch
SNZ	Schnitt-Naht-Zeit
RTW	Rettungswagen
TP	Teilprozess
TPS	Toyota Produktionssystem
TQM	Total Quality Management
VWD	Verweildauer
VK	Vollkräfte
VPD	Vierdimensionale Prozessdiagramm
VWD	Verweildauer
z. B.	zum Beispiel

Inhaltsverzeichnis

Autorenverzeichnis

John Ahrens Studium der Betriebswirtschaftslehre; Krankenhausberater bei der Haarmann Hemmelrath Management Consultants GmbH; Geschäftsführender Gesellschafter der Prof. ter Haseborg & Pinnau GmbH-Beratung im Gesundheitswesen; Leitung Geschäftsbereich Controlling der Albertinen-Gruppe in Hamburg; Leitung Projekt-, Prozess- und Kostenmanagement im Marienkrankenhaus in Hamburg; Lehrbeauftragter an der Hochschule Osnabrück im Lehrgebiet Allgemeine Betriebswirtschaftslehre, Rechnungswesen und Controlling in Gesundheitseinrichtungen; Projektmanager bei der K|M|S Vertrieb und Services AG

Ralf Döhr Ausbildung zum Altenpfleger; Studium Betriebswirtschaft im Gesundheitswesen; Mitarbeiter einer Unternehmensberatung, Qualitätsmanagementbeauftragter in einem Krankenhaus; nebenberuflich ökonomischer Visitor im Zertifizierungsverfahren proCum Cert / KTQ sowie Lehrbeauftragter für die Fächer Gesundheitsökonomie und Qualitätsmanagement.

Rosanna Fischer Bachelorstudium Betriebswirtschaft im Gesundheitswesen (B.A.) an der Hochschule Osnabrück; Masterstudium Management im Gesundheitswesen (M.A.) mit dem Schwerpunkt Controlling und Finanzen für Gesundheitsunternehmen sowie Change Management an der Hochschule Osnabrück; Business Analyst bei einer Unternehmensberatung; Traineeprogramm für Führungsnachwuchskräfte des Berufsbildungswerks Deutscher Krankenhäuser (BBDK).

Christine Fuchs Studium der Humanmedizin; Promotion Dr. med.; Ärztin für Chirurgie und Viszeralchirurgie Krankenhaus Bielefeld Mitte; Leitung Medizincontrolling und QM im Ev. Johanneskrankenhaus und Ev. Krankenhaus Bielefeld; Leitung Projektmanagement und Strukturentwicklung Mühlenkreiskliniken; Leitung Unternehmensentwicklung Universitätsmedizin Rostock; Geschäftsführung Krankenhaus Lübbecke-Rahden

Christina Hönig Ausbildung und mehrjährige Berufstätigkeit als Zahnmedizinische Fachangestellte sowie berufsbegleitende Aufstiegsfortbildung zur Betriebswirtin für Management im Gesundheitswesen an der Zahnärztekammer Westfalen-Lippe in Münster; Bachelorstudium Betriebswirtschaft im Gesundheitswesen an der Hochschule Osnabrück (B.A.); Studentin im Masterstudiengang Management im Gesundheitswesen an der Hochschule Osnabrück

Markus Krahforst Rettungsassistent; Studium Betriebswirtschaft im Gesundheitswesen BIG (B.A.); Studium Management im Gesundheitswesen MIG - M.A. an der Hochschule Osnabrück

Hans-Martin Kuhlmann Studium der Volkswirtschaft; Traineeprogramm für Führungsnachwuchskräfte des Berufsbildungswerks Deutscher Krankenhäuser (BBDK); lange Jahre Kaufmännischer Direktor im St. Franziskus-Hospital Flensburg; Geschäftsführer im DRK-Krankenhaus Mölln-Ratzeburg und in der Klinik für Geriatrie Ratzeburg; seit 2015 Geschäftsführer im Krankenhaus Jerusalem Hamburg und in der Stadtteilklinik Hamburg; Tätigkeit in unterschiedlichen Gremien der Krankenhausgesellschaften und des Verbandes der Krankenhausdirektoren (VKD)

Johanna Lange Ausbildung als Medizinische Fachange-stellte; Bachelorstudium Betriebswirtschaft im Gesundheits-wesen an der Hochschule Osnabrück (B.A.); Studentin im Masterstudiengang Management im Gesundheitswesen an der Hochschule Osnabrück

Aline Wurm Studium an der Hochschule Osnabrück im Studiengang "Management im Gesundheitswesen", Ab-schluss: Master of Arts; Studentische Hilfskraft bei den Paracelsus-Kliniken Deutschland im Konzerncontrolling. Wissenschaftliche Mitarbeiterin an der Hochschule Osna-brück im Forschungsteam von Professor Dr. Winfried Zapp; Mitarbeiterin im Kaufmännischen Controlling am Universi-tätsklinikum Bonn mit den Aufgabenschwerpunkten Analyse der Kosten- und Leistungsentwicklung, sowie deren Steue-rung und Überwachung; Weiterentwicklung der Kostenarten- und Kostenstellenrechnung und der Innerbetrieblichen Leis-tungsverrechnung.

Winfried Zapp Studium der Wirtschaftswissenschaften; Dipl. Ökonom; Wissenschaftlicher Mitarbeiter; Promoti-on zum Dr. rer. pol.; Assistent des Verwaltungsleiters in einem Evangelischen Krankenhaus, gleichzeitig Trainee-programm für Führungsnachwuchskräfte des Berufsbil-dungswerks Deutscher Krankenhäuser (BBDK); Kranken-hausbetriebsleiter und in Personalunion Finanzleiter in ei-ner Komplexeinrichtung; Ernennung zum Professor an der Hochschule Osnabrück mit dem Lehrgebiet Allgemeine Be-triebswirtschaftslehre, Rechnungswesen und Controlling in Gesundheitseinrichtungen

Gestaltung von Kernkompetenzen

Christine Fuchs

1.1 Einleitung

Kontinuierliche Weiterentwicklung und Innovation sind nach Einschätzung der Mühlen-kreiskliniken einer der wichtigsten Erfolgsfaktoren, um die aktuellen Herausforderungen im Gesundheitswesen erfolgreich zu meistern. In den letzten Jahren sind in den Mühlen-kreiskliniken erfolgreich große Projekte umgesetzt worden. Dies waren z. B. der Neubau des Johannes Wesling Klinikums, die Konzentration von internen Dienstleistungen für alle Häuser der Mühlenkreiskliniken an einzelnen Standorten und die erfolgreiche wirt-schaftliche Sanierung der Mühlenkreiskliniken. Insgesamt gab es in den Jahren 2008 bis 2012 zahlreiche strukturelle Veränderungen, die den Weg zur nachhaltigen wirtschaftli-chen Stabilisierung des Unternehmens unterstützten.

Aus Anlass eines anstehenden Wechsel des Krankenhausinformationssystems sollten in allen fünf Häusern der Mühlenkreiskliniken standortübergreifende klinische Kernpro-zesse erarbeitet und umgesetzt werden.

Im Folgenden wird die Herangehensweise der Mühlenkreiskliniken bei diesem umfas-senden Veränderungsvorhaben dargestellt.

1.2 Vorstellung der Mühlenkreiskliniken

Die Mühlenkreiskliniken (MKK) sind ein kommunaler Gesundheitskonzern in der Rechts-form einer Anstalt des öffentlichen Rechts. Träger der Mühlenkreiskliniken ist der Kreis Minden-Lübbecke (siehe Abb. 1.1).

C. Fuchs (✉)
Geschäftsführung, Krankenhaus Lübbecke-Rahden
Virchowstraße 65, 32312 Lübbecke, Deutschland
E-Mail: Christine.Fuchs@muehlenkreiskliniken.de

© Springer Fachmedien Wiesbaden GmbH 2017
W. Zapp und J. Ahrens (Hrsg.), *Von der Prozess-Analyse zum Prozess-Controlling*,
Controlling im Krankenhaus, DOI 10.1007/978-3-658-13171-5_1

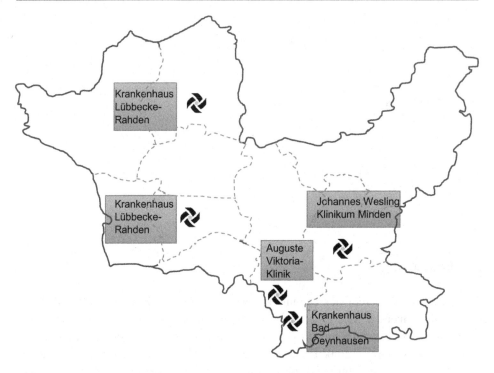

Abb. 1.1 Die Krankenhäuser der Mühlenkreiskliniken AöR. (Eigene Darstellung)

Die in diesem Kapitel verwendeten Abkürzungen

MKK	Mühlenkreiskliniken
KIS	Krankenhausinformationssystem
KIS KP	KIS relevante klinische Kernprozesse
PM	Projektmanagement MKK
QMB	Qualitätsmanagementbeauftragte

Die Krankenhäuser der MKK sind

- **Johannes Wesling Klinikum Minden:**
  Krankenhaus der Maximalversorgung mit 864 Betten für die stationäre Behandlung.
- **Krankenhaus Lübbecke-Rahden:**
  Krankenhaus der Grund- und Regelversorgung an den Betriebsstätten Lübbecke und
  Rahden mit 460 Betten/Lübbecke und 78 Betten/Rahden für die stationäre Behandlung.
  Die Betriebsstätte Rahden wird als Teleportalklinik betrieben.
- **Krankenhaus Bad Oeynhausen:**
  Krankenhaus der Grund- und Regelversorgung mit 330 Betten für die stationäre Be-
  handlung.

- **Auguste-Viktoria-Klinik Bad Oeynhausen:**
Orthopädische Spezialklinik mit 136 Betten für die stationäre Behandlung.

Die über 4000 Mitarbeiterinnen und Mitarbeiter der MKK versorgen jährlich etwa 200.000 ambulante und stationäre Patienten. Zu den MKK gehören noch die Akademie für Gesundheitsberufe, das Medizinische Versorgungszentrum und die Mühlenkreis Service-GmbH. Die MKK sind einer der größten Arbeitgeber im Kreis Minden-Lübbecke.

Die interne Organisationsstruktur der MKK ist durch eine Matrixorganisation gekennzeichnet mit Verantwortlichkeiten der Betriebsleitungen (Geschäftsführung, Ärztlicher Direktor, Pflegedienstleitung) auf der Ebene der Standorte und der Verantwortlichkeiten auf der Konzernebene durch den Vorstand und die Abteilungen der Zentralen Dienste (Controlling, Medizincontrolling/Abrechnung, Finanzabteilung, Technik, IT, Zentraleinkauf, Projektmanagement/Strukturentwicklung, Unternehmenskommunikation). In den letzten Jahren wurden zudem konzernweite Fachabteilungen wie Gefäßchirurgie, Radiologie, Labor und Konzernnotaufnahme mit organisatorischer Anbindung der jeweiligen Chefärzte an einen Standortgeschäftsführer etabliert.

In dieser Matrixstruktur bewegen sich die MKK im Spannungsfeld zwischen Eigenständigkeit, Individualität und Eigenverantwortlichkeit der Standorte auf der einen Seite und Zentralisierung und Standardisierung auf Konzernebene auf der anderen Seite.

1.3 Eine Veränderung von klinischen Prozessen stellt eine große Herausforderung dar

Eine Optimierung der klinischen Prozesse im Krankenhaus stellt eine große Herausforderung dar, da es sich bei der Behandlung von kranken Menschen um hochkomplexe Strukturen handelt.

Zum einen sind die Abläufe im klinischen Kernprozess der Patientenbehandlung durch gegenseitige Abhängigkeiten der am Behandlungsprozess beteiligten verschiedenen Fachabteilungen (chirurgische Fächer, konservative Fächer, Radiologie, Labor etc.) und der unterschiedlichen Berufsgruppen (Ärzte, Pflegekräfte, Therapeuten etc.) geprägt. Hinzu kommt noch die Notwendigkeit der Abstimmung der Unterstützungsprozesse (Patiententransport-, Materialversorgungslogistik, Speiseversorgung, Materialbeschaffung, Entsorgung etc.) mit dem Kernprozess der Patientenbehandlung (Abb. 1.2).

Für die MKK musste zudem eine Struktur geschaffen werden, die eine hohe Akzeptanz und einen hohen Umsetzungsgrad der neuen klinischen Prozessabläufe erzielt. Gerade die Aufgabe der Implementierung und Verstetigung von neuen Abläufen stellt in der Praxis oftmals die größte Herausforderung dar.

Prozessmodell: Stationäre Behandlung /DRG-System

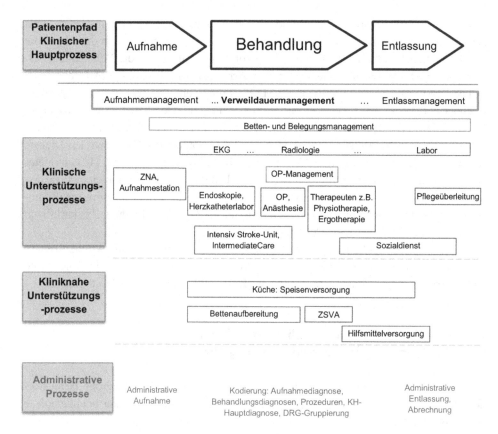

Abb. 1.2 Kern- und Unterstützungsprozesse. (Eigene Abbildung)

1.4 Grundsätzliche Herangehensweise der MKK

Die Herangehensweise erfolgte unter Anwendung der Empfehlungen aus der Literatur zum Change Management. Hier können für weiterführende Detailinformationen beispielhaft genannt werden: Change Management (Grundlagen und Erfolgsfaktoren) von Thomas Lauer (2010) und Excellence in Change (Wege zur strategischen Erneuerung) von Wilfried Krüger und Norbert Bach (2014).

Als Grundvoraussetzungen für erfolgreiches Veränderungsmanagement sind in der Literatur durchgängig folgende Theoriepunkte genannt:

- Orientierung und Ziele
- Definition einer Projektstruktur

- Mobilisation und Motivation der Organisation
- Umsetzung der Veränderung unter Nutzung der Instrumente (Tool-Box) des Wandels
- Verstetigung des Wandels

Das Vorgehen der MKK orientierte sich an diesen Theoriepunkten.

Orientierung und Ziele
Die MKK haben rund um den KIS-Wechsel klare Ziele formuliert.
Diese Ziele waren:

1. Erarbeitung von effizienten klinischen Kernprozessen in interdisziplinären und inter-professionellen Arbeitsgruppen unter Nutzung der jeweils aktuellen Funktionalität im KIS
2. Einführung eines neuen KIS-Systems an allen Standorten
3. Flächendeckende Einführung der neuen klinischen Kernprozesse an allen Standorten mit Erreichung eines hohen Durchdringungsgrades der Kernprozesse. Hier wurde als Kennzahl eine Umsetzung von 80 % der klinischen Kernprozesse definiert.

Definition der Projektstruktur
Bei der Definition der Projektstruktur erschien es den MKK sinnvoll zwischen strategisch-konzeptionellen Themen und Umsetzungsthemen zu unterscheiden.
Es wurde folgende Projektstruktur (siehe Abb. 1.3) erarbeitet:

- Projekte KIS-relevante Kernprozesse MKK (Konzeptionsprojekt)
  Zuständig für Ziel Nr. 1/Erarbeitung von Kernprozessen
- Projekt KIS (Umsetzungsprojekt)
  Zuständig für Umsetzung Ziel Nr. 2/KIS-Konfiguration und KIS-Einführung
- Umsetzungsprojekte KIS-Kernprozesse der Standorte:
  Zuständig für Ziel Nr. 3/Flächendeckende Umsetzung der Kernprozesse an allen Standorten

Hinweis zum Ressourceneinsatz für Projektarbeit
Von besonderer Bedeutung für den Ressourceneinsatz war die Tatsache, dass die Projektgruppenmitglieder in den drei oben genannten Hauptprojekten in der Regel immer die gleichen Mitarbeiter waren.

Somit formulierten die Mitarbeiter „aus einer Hand" zunächst die MKK-Grundabläufe im Projekt KIS-relevante klinische KP MKK, danach begleiteten sie die IT-Abteilung und KIS-Herstellerfirma bei der entsprechenden Konfiguration des KIS im KIS-Projekt. Im Anschluss daran unterstützten die Projektgruppenmitglieder die Umsetzung an ihrem jeweiligen Standort und der jeweiligen Fachabteilung in der Struktur der Umsetzungsprojekte KIS-relevante Kernprozesse.

Abb. 1.3 Projektstruktur MKK rund um KIS-Wechsel. (Eigene Darstellung)

Die verschiedenen Projektleitungen haben die zu bearbeitenden Inhalte gemäß Projektauftrag mit unterschiedlichen Blickwinkeln – jedoch Hand in Hand und immer im Hinblick auf das Gesamtergebnis mit ihren Projektgruppenmitgliedern bearbeitet.

Mobilisation und Motivation der Organisation
Die MKK-Projektstruktur hatte folgende Rahmenbedingungen:

- Top-Down-Ansatz mit Steuerung der Projekte durch Vorstand und Betriebsleitungen der Standorte (Machtpromotoren)

- Bottom-Up-Ansatz mit Beteiligung der Endanwender (Mitarbeiterbeteiligung aller Standorte = Fachpromotoren/Key-User in den Bereichen)

Die Machtpromotoren der MKK (Vorstand, alle Geschäftsführungen, alle Ärztlichen Direktoren, alle Pflegedirektoren, Mitarbeitervertretung) waren im Auftrags- und Entscheidungsgremium (Steuerungskreis) der Projekte vertreten. Sie haben in diesem Gremium gemeinsam über die MKK-Grundabläufe (Blaupausen) entschieden, die in interprofessionellen und standortübergreifenden Arbeitsgruppen von den Fachpromotoren (interprofessionelle Projektgruppenmitglieder aus allen Standorten) erarbeitet wurden. Die Betriebsleitungen der Häuser (Machtpromotoren) waren dann für die Umsetzung der Kernprozesse auf Standortebene verantwortlich.

Umsetzung der Veränderung unter Nutzung der Instrumente (Tool-Box) des Wandels
Alle Instrumente aus der Tool-Box des Change Managements wurden in die Projektstruktur integriert: Dies waren im Detail die Inhalte Projektmanagement, Projektcontrolling und Kommunikation. Auf das Thema Kommunikation wurde besonders großer Wert gelegt. Die Kommunikation erfolgte in Form von Mitarbeiterinformationsveranstaltungen, von „Newslettern" über Intranet und insbesondere durch die persönlichen Kontakte der Projektleiter mit den jeweiligen Key-Usern der Fachabteilungen (siehe Abb. 1.4).

Verstetigung
Ein besonderer Fokus lag bei dem MKK-Konzept auf der Definition einer Struktur, die eine flächendeckende Umsetzung von standardisierten Abläufen an allen fünf Standorten gewährleistet. Dabei sollte ein hoher Durchdringungsgrad von einheitlichen Kernprozessen in unterschiedlichen Krankenhäusern der MKK – vom Maximalversorger, über die Häuser der Grund- und Regelversorgung bis hin zum Spezialkrankenhaus – das Ergebnis sein.

Dieses Ziel wird durch die Definition einer Projektstruktur, die sowohl die Makroebene (MKK-Ebene), als auch die Meso-Ebene (Ebene des einzelnen Krankenhauses) und die Mikroebene (Ebene der einzelnen Fachabteilung) berücksichtigt (siehe Abb. 1.5).

Der Fokus der Verstetigung lag bei den Umsetzungsprojekten KIS KP an den einzelnen Standorten/Krankenhäusern der MKK und wurde durch fünf Instrumente unterstützt, die für eine hohe Transparenz sorgten:

- Die Projektleiter der Umsetzungsprojekte arbeiteten standardisiert nach den gleichen Grundprinzipien.
- Die Betriebsleitungen der Einzelkrankenhäuser hatten regelmäßige Berichtstermine mit ihren Projektleitern der Umsetzungsprojekte.

 Johannes Wesling
Klinikum Minden

Akademisches Lehrkrankenhaus der
Medizinischen Hochschule Hannover

Johannes Wesling Klinikum Minden-Hans-Nolte Straße 1 -32429 Minden

KIS Umstellung – Veränderungen und Informationen

Ärzte-Newsletter Nr. 1

Liebe Kolleginnen und Kollegen,

Mit diesem Newsletter möchten wir Sie über den aktuellen Stand zu verschiedenen Themen informieren bzw. wichtige Hinweise für Arbeitsabläufe geben. Bitte geben Sie diesen Newsletter an Ihre Kolleginnen/Kollegen in Ihrer Fachabteilung weiter und geben die Informationen auch persönlich weiter.

1. Arztbriefschreibung HTML-Word
Es wird für Ärzte und Schreibdienst/Kliniksekretariat dringend empfohlen möglichst nur in HTML zu arbeiten und den Brief erst zum Ausdruck nach Word zu übertragen. Falls eine vorherige Übertragung nach Word erfolgt ist – so sollten die Korrekturen auf jeden Fall in HTML erfolgen. Aktuell können HTML-Tabellen nicht befriedigend nach Word übertragen. An diesem Thema wird gemeinsam mit dem KIS-Hersteller weitergearbeitet.

2. Befunde aus Subsystemen
Zur Zeit können die Befunde aus den Subsystemen z.B. WRAD/Radiologie, E&L Endoskopie nur als gesamter Block übernommen werden. Auf Dauer wollen wir eine Weiterentwicklung. Eine „Befundaufteilung" nach Befund und Kernaussage in den Subsystemen soll erfolgen. Projekt KIS/IT und KIS-Hersteller arbeiten an diesem Thema weiter. Bericht dazu im nächsten Newsletter.

Abb. 1.4 Auszug aus einem News-Letter/Umsetzungsprojekt. (Eigene Darstellung)

- Die Geschäftsführungen der Krankenhäuser berichteten im Rahmen ihrer routinemäßigen Monatsberichte dem Vorstand der MKK über den Stand ihrer KIS-KP-Umsetzungsprojekte.
- Zudem gab es regelmäßige Berichte – über Erfolge aber auch Probleme bei der Umsetzung – der Projektleitungen der Umsetzungsprojekte im MKK-Projekt Gesamtsteuerungsgremium, in dem Vorstand, Betriebsleitungen aller Standorte und Mitarbeitervertretung vertreten waren.

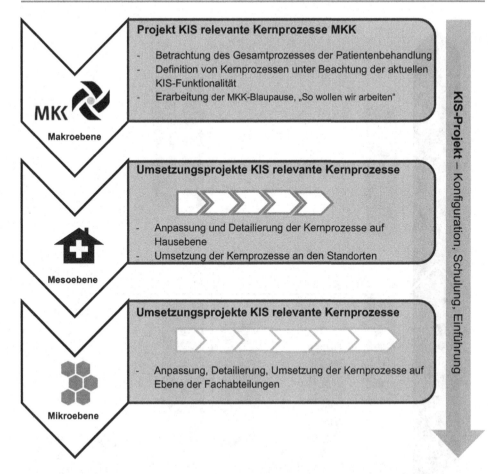

Abb. 1.5 Verstetigung MKK auf Makro-, Meso- und Mikroebene. (Eigene Darstellung)

1.5 Details zum Konzeptionsprojekt KIS-relevante Kernprozesse MKK

Projektauftrag

Das Projekt KIS-relevante Kernprozesse MKK war ein sogenanntes Konzeptionsprojekt. Es hatte den Auftrag, effiziente standortübergreifende klinische Kernprozesse von der Aufnahme bis zur Entlassung zu erarbeiten. Diese Kernprozesse sollten mit dem Blick auf den Gesamtprozess der Patientenbehandlung bearbeitet werden. Es sollte keine Einzeloptimierung einzelner Berufsgruppen erfolgen. Zudem sollten Lösungs- und Umsetzungsmöglichkeiten unter Nutzung der jeweils aktuellen Funktionalitäten des neuen KIS erfolgen. Das Projekt KIS KP MKK beantwortete auf der Makroebene (siehe Abb. 1.6) des Konzerns MKK die Frage „Wie wollen wir arbeiten?".

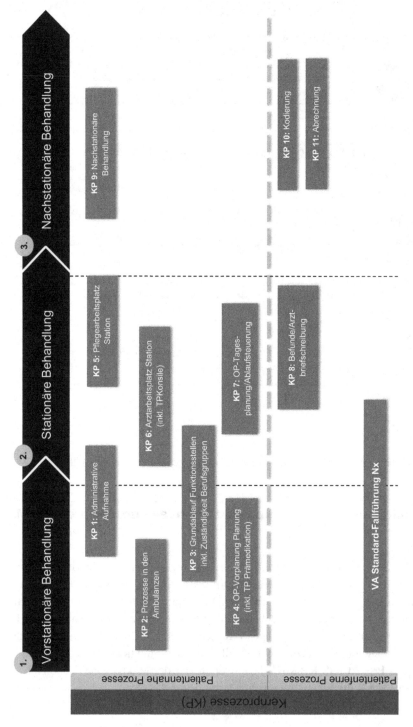

Abb. 1.6 Klinische Kernprozesse MKK. (Eigene Darstellung)

Grundsätzliche Herangehensweise im Konzeptionsprojekt

Der Hauptfokus im Projekt KIS KP MKK lag – wie aus den o. g. Projektinhalten erkennbar – in der konzeptionellen Arbeit. Aus diesem Grunde wurden von den theoretischen Grundlagen des Change Managements schwerpunktmäßig die ersten drei Hautpunkte angewendet.

1. Orientierung: Entwicklung einer Vision, Entwicklung von Zielen
2. Konzeption des Wandels
3. Motivation und Mobilisation der Organisation

Aus der Tool-Box des Wandels kamen in dieser Konzeptionsphase die Instrumente für Kommunikation und Projektmanagement zum Einsatz.

Die letzten beiden theoretischen Grundlagen des Change Managements, die Umsetzung der Veränderung unter Nutzung von Instrumenten (Tool-Box) des Wandels und die Verstetigung der neuen Abläufe, Überführung in die Routine wurden in den später folgenden Umsetzungsprojekten auf Standortebene angewendet.

Projektergebnisse

In interprofessionellen und standortübergreifenden Arbeitsgruppen wurden orientiert am Ablauf der Patientenversorgung elf klinische Kernprozesse erarbeitet, die jeweils als MKK-„Blaupause" für die spätere Umsetzung an allen Standorten diente. Jeder Kernprozess wurde in Form eines QM-Dokumentes erstellt und formal in das QM-System der Häuser übernommen.

Details zu den MKK KP

- **KP Administrative Aufnahme**
  Dieser KP umfasst sechs Haupttätigkeiten im KIS:
  - Erfassung aller administrativen Daten für eine Routineaufnahme
  - Durchführung von Kurzaufnahmen und Regelungen zur Nachbearbeitung der fehlenden Daten
  - Erfassung der administrativen Fallklassifikationen
  - Umsetzung der neuen Verfahrensanweisung „Standardfallführung MKK"
  - Klärung von Sonderkonstellationen zur administrativen Aufnahme
  - Zuständigkeit für die Zusammenführung von Dubletten (doppelte Patientenidentitäten)

Als Ausgangslage fanden sich bei den administrativen Abläufen noch unterschiedliche Prozesse in den fünf Krankenhäusern der MKK. Bei diesem neuen KP wurden viele Standards auf MKK-Ebene in Form von konkreten Verfahrens- und Arbeitsanweisungen erarbeitet, die an allen Standorten gültig sind. Für die spätere Umsetzung an den Standorten gab es bewusst nur wenig Spielraum für individuelle Standortlösungen, da sich alle

Betriebsleitungen über die strategische Bedeutung einer qualitativ hochwertigen administrativen Aufnahme zu Beginn des Behandlungsprozesses einig waren.

- **KP Prozesse in den Ambulanzen**
  Dieser KP umfasst fünf Haupttätigkeiten im KIS:
  - Terminplanung aller Patiententermine, die in den Ambulanzen versorgt werden
  - Administrative Aufnahme von Patienten
  - Durchführung der Patientenbehandlung und Dokumentation der Behandlung
  - Eingabe von Diagnosen (Langtext) und der abrechnungsrelevanten Kodierung
    (ICD-Kode) für alle nicht-stationären Fälle durch den ärztlichen Dienst
  - Weitere Terminplanungen wie z. B. Planung der stationären Aufnahme, Planung
    Bettenressource, Planung weitere Diagnostik

Die Ambulanzen der Fachabteilungen versorgen in unterschiedlicher Ausprägung verschiedene Patientengruppen (ambulante, vorstationäre, teilstationäre, stationäre und nachstationäre Patienten) und den unterschiedlichsten Abrechnungskategorien (DRG-Abrechnung, Institutsambulanz, Ermächtigungsambulanz, Sprechstunde Berufsgenossenschaften
etc.). Hierbei liegen naturgemäß große unterschiedliche organisatorische Abläufe zwischen z. B. der Ambulanz in der orthopädischen Fachklinik (Auguste-Viktoria Klinik Bad
Oeynhausen) und den Spezialambulanzen (Onkologische Ambulanz, D-Arztsprechstun-
de, Schwerverletztenverfahren etc.), im Maximalversorger-Krankenhaus, dem Johannes
Wesling Klinikum Minden und den zentralen Notaufnahmen aller Häuser vor.
   Hier wurden bei der Formulierung des MKK KP „nur" die die oben genannten fünf
Haupttätigkeiten als Rahmenbedingungen festgelegt, die in allen Fachabteilungen nur
noch im KIS durchgeführt werden.
   Bei diesem KP wurde bewusst Freiraum für die späteren Umsetzungsprojekte gelassen,
um möglichst maßgeschneiderte Lösungen auf Fachabteilungsebene zuzulassen.

- **KP Grundablauf Funktions- und Diagnostikstellen**
  Dieser KP beschreibt die Grundabläufe in Bereichen wie Radiologie, Endoskopie,
  Herzkatheterlabor, Labor etc. Dieser KP umfasst drei Haupttätigkeiten im KIS:
  - Terminplanung aller Patiententermine im KIS mit einem administrativ korrekten
    Fall
  - Durchführung der Patientenbehandlung und Dokumentation der Behandlung im
    KIS oder im „Experten-Subsystem" wie z. B. im Radiologiesystem
  - Eingabe der abrechnungsrelevanten Kodierung (ICD- und OPS-Kodes) durch den
    ärztlichen Dienst im KIS oder im „Experten-Subsytem"

Dieser KP ist auf der MKK-Ebene aktuell einfach aufgebaut und beschreibt „nur" die
oben genannten Hauptschritte. Bei diesem KP sind für die Umsetzung in den Fachabteilungen die späteren Detailregelungen zur elektronischen Befunderstellung und Leistungs-
dokumentation von Bedeutung.

In einer späteren Überarbeitung dieses KP ist die Umsetzung einer mittel- und langfristigen Vorplanung, analog zum KP OP-Vorplanung angedacht.

- **KP OP-Vorplanung**
  Dieser KP hat eine hohe strategische Komponente und ist neben dem KP Ambulanz der MKK-KP mit der größten organisatorischen Herausforderung. Dieser KP umfasst vier Haupttätigkeiten im KIS:
  - Die Termine von geplanten Operationen sollen so frühzeitig wie möglich von allen Fachabteilungen im KIS geplant werden.
  - Die Vorplanung der Fachabteilungen soll auf der Basis von vorher im KIS zugeteilten OP-Kontingenten erfolgen. Ziel des KP ist es, dem OP-Koordinator auf Hausebene zur Einleitung von Gegensteuerungsmaßnahmen bei erkennbaren Über- und/oder Unterplanungen der einzelnen Fachabteilungen ein Steuerungsinstrument in die Hand zu geben. Durch eine möglichst gleichmäßige Auslastung der OP-Säle für geplante Operationen soll die Zahl von verschobenen Operationen reduziert und der Anfall von Überstunden vermieden werden und somit die Patienten- und Mitarbeiterorientierung gesteigert werden.
  - Die OP-Vorplanung soll mit einem „administrativ korrekten" Fall im KIS erfolgen.
  - Dies setzt ein Arbeiten mit geplanten Ereignissen (geplante Aufnahme) im KIS voraus.
- **KP Arztarbeitsplatz**
  Dieser KP umfasst vier Haupttätigkeiten im KIS:
  - Dokumentation der ärztlichen Aufnahmedaten im Basisanamnesebogen
  - Elektronische ärztliche Verlaufsdiagnostik im Stationsbereich
  - Mobile elektronische Visite auf allen Stationen mit WLAN-Anschluss
  - Elektronische Konsilanforderung und Konsildokumentation
- **KP Pflegearbeitsplatz**
  Dieser KP umfasst fünf Haupttätigkeiten im KIS:
  - Umsetzungen Ebene Stationsmanagement
  - Umsetzungen Ebene Patient
  - Dokumentation von patientenbezogenen Skalen
  - Dokumentation von Sondertätigkeiten wie z. B. Verbandswechsel, Tätigkeiten, Wundmanagement etc.
  - Durchführung der administrativen Entlassung

In der Weiterführung des KP ist für das Jahr 2017 die Umsetzung der elektronischen Pflegeplanung und Pflegedokumentation vorgesehen.

- **KP OP-Tagesplanung**
  Dieser KP umfasst sechs Haupttätigkeiten im KIS:
  - Elektronische Prämedikation
  - OP-Tagesplanung

- Auflaufsteuerung des OP-Tagesprogramms
- Elektronische Dokumentation der OP-Maßnahmen durch alle beteiligten Berufs-gruppen
- Elektronische post-operative Anordnungen für die Weiterbehandlung der Patienten auf der Station
- Durchführung der Kodierung (ICD- und OPS-Kodierung) durch Ärzte der operativen Fachabteilung

- **KP Befunde/Berichte/Arztbriefe**

Dieser KP umfasst drei Haupttätigkeiten im KIS:

- Diktat von Berichten/Befunden und/oder Arztbrief
- ODER
- Erstellung von Berichten/Befunden und/oder Arztbrief durch den Arzt durch Nutzung von Standardbriefen, Textbausteinen und Schnelltexten
- Elektronischer Workflow zwischen Assistenzärzten, Sekretariat
- Elektronischer Workflow der Freigabe der Arztbriefe zwischen Assistenzarzt, Ober- und/oder Chefarzt

- **KP Nachstationäre Behandlung**

Dieser KP umfasst drei Haupttätigkeiten im KIS:

- Terminierung der nachstationären Behandlung im Ambulanzkalender
- Durchführung der nachstationären Behandlung inklusive Dokumentation der Behandlung
- Administrative Entlassung des Patienten

- **KP Kodierung**

Dieser KP umfasst drei Haupttätigkeiten im KIS:

Dieser KP regelt die Zusammenarbeit zwischen Kodierfachkräften, Assistenzärzten und DRG-beauftragten Fachärzten im KIS. Hier geht es im Detail um ein mehrstufiges Konzept für die Freigabe von DRG-Fällen.

- **KP Abrechnung**

Dieser KP umfasst drei Haupttätigkeiten im KIS:

Dieser KP regelt alle administrativen Schritte zur Abrechnung der verschiedenen in den MKK möglichen Abrechnungsarten: DRG-Abrechnung, Institutsambulanz, Ermächtigungsambulanz, Sprechstunde Berufsgenossenschaften, Abrechnung für Privatpatienten etc. Als Ausgangslage fanden sich hier noch recht unterschiedliche Abläufe in den fünf Krankenhäusern der MKK. Bei diesem KP wurden viele Standards auf MKK-Ebene in Form von zahlreichen Verfahrens- und Arbeitsanweisungen erarbeitet.

Die dargestellten elf Kernprozesse mit insgesamt vierundvierzig definierten Haupttätigkeiten wurden vom MKK-Projektsteuerungsgremium verabschiedet und standen damit als Grundlage/als Blaupause für die Umsetzung an den Standorten auf der Mesoebene und den Fachabteilungen auf der Mikroebene zur Verfügung.

Im KIS-Projekt wurden die getroffenen Festlegungen aus den Projekten KIS KP MKK in der Konfiguration umgesetzt. Das KIS-Projekt wurde dadurch von der Diskussion „wie

wollen wir arbeiten" entlastet, da diese Fragestellungen ja schon in der anderen Projektstruktur auf Konzernebene (Makroebene) von den Fachpromotoren interprofessionell
erarbeitet und von den Machtpromotoren entschieden worden war.

Zur weiteren Unterstützung der Verstetigung der neuen Prozessabläufe wurden zu allen
KP schriftliche Prozessdokumentationen in Form von Qualitätsmanagementdokumenten
erstellt. Diese Dokumentation wurde von den Betriebsleitungen aller Standorte freigege-
ben und in das jeweilige Qualitätsmanagementsystem der Krankenhäuser der MKK
übernommen.

1.6 Umsetzung der MKK-Kernprozesse im Johannes Wesling Klinikum Minden

Insgesamt gab es in den MKK drei Umsetzungsprojekte, die den Auftrag hatten, die
im Konzeptionsprojekt entwickelten Grundprozesse auf Standortebene umzusetzen. In
diesem Kapitel werden einige Details zum Umsetzungsprojekt am Maximalversorger-
Krankehaus der MKK, dem JWK, dargestellt.

Projektauftrag
Auch das Umsetzungsprojekt hatte einen schriftlichen Projektauftrag. Das Projekt hatte
den Auftrag die klinischen Kernprozesse auf Standortebene und Fachabteilungsebene einzuführen. Das Entscheidungsgremium für das Projekt war die Betriebsleitung des JWK.

Grundsätzliche Herangehensweise im Umsetzungsprojekt
Das Umsetzungsprojekt hatte den Fokus der Umsetzung der neuen Prozessabläufe, un-
ter Nutzung von Instrumenten (Tool-Box) des Wandels und der Überführung der neuen
Abläufe in die Routine. Von sehr großer Bedeutung war hier insbesondere das Thema
Kommunikation. Hierzu wurden alle verfügbaren Kommunikationsmittel und Kommuni-
kationsformen genutzt:

- Projektgruppensitzungen
- Direkte Information Projektleitung in den Chefarztsitzung
- Informationsveranstaltungen der Betriebsleitung
- Spezifische Newsletter im Intranet
- Viele Einzelgespräche mit Vertretern der einzelnen Berufsgruppen und der klinischen
  Fachabteilungen

Hierbei hatte die Projektleitung immer den Ansatz, die neuen elektronischen Abläufe
(die Kernprozesse) unter Nutzung bereits vorhandener – jedoch zum Teil wenig genutz-
ter technischer Möglichkeiten möglichst optimal und maßgeschneidert für die jeweilige
Fachabteilung anzupassen.

KP Admin. Aufnahme Hauptmaßnahmen - Umsetzungsmatrix JWK					
	Zuständigkeit/Regelungen				
Hauptmaßnahmen	Haus-ebene	Bereichs-ebene	MKK-Ebene	Prio	Umsetzungs-status
Erfassung aller administrativen Daten für eine Routineaufnahme	X	X	Abrechnung MKK	1	⇧
Durchführung von Kurzaufnahmen und Regelungen zur Nachbearbeitung der fehlenden Daten	X	X		1	⇧
Erfassung der administrativen Fallklassifikationen	X			2	⇧
Umsetzung der neuen Verfahrensanweisung "Standardfallführung MKK"	X	X		3	⇧
Klärung von Sonderkonstellationen zur admin. Aufnahme	X		Abrechnung MKK	2	⇧
Zuständigkeit für Zusammenführung Dubletten (doppelte Patientenidentitäten)	X	X	Abrechnung MKK	1	⇧

Abb. 1.7 Monitoring Umsetzung KP Ambulanzen. (Eigene Darstellung)

Beispielhafte Details zur Umsetzung der Kernprozesse im JWK

Beispiel KP Administrative Aufnahme

Am Beispiel dieses KP wird aufgezeigt, wie das Monitoring der Umsetzung über alle drei Umsetzungsprojekte in allen Krankenhäusern und Fachabteilungen der MKK erfolgte. Im Abschn. 1.5 wurde dargestellt, welche elektronischen Haupttätigkeiten im KIS für den jeweiligen KP definiert worden ist. Für jeden KP wurden die Einzeldetails der Umsetzung an den Standorten über Tabellenblätter (Excel) überwacht (siehe Abb. 1.7).

So konnte sichergestellt werden, dass die Projektleitungen und Projektteilnehmer standortübergreifend das gleiche Verständnis zu den Umsetzungsaufgaben hatten.

Beispiel KP Ambulanzen

Dieser KP wurde im JWK in 12 Elektivambulanzen und der großen Zentralen Notaufnahme eingeführt.

Durch die Umstellung der Terminplanung aller Patiententermine im KIS wurden zahlreiche Papierkalender, die isolierte Buchung von Patiententerminen im E-Mail-Tagesplan von Chef- und Oberärzten, zahlreiche Excellösungen/Terminkalender und sechs verschiedene „Stand alone"-Subprogramme abgeschafft.

Um eine Vorplanung der geplanten Elektivaufnahmen auf Hausebene durchführen zu können, wurde ein fachabteilungsübergreifender Planungskalender im KIS etabliert.

Mit jeder der zweiundzwanzig Fachabteilungen des Hauses – oftmals gemeinsam mit Mitarbeitern der Ambulanzen, Ärzten und Pflegekräften/Station – wurde der Planungsprozess durchgesprochen und neu festgelegt.

Ein ganz neuer Prozessablauf für den ärztlichen Dienst rund um die abrechnungsrelevante Verfügbarkeit von Aufnahmediagnosen wurde ebenfalls eingeführt.

Hierbei wurde die bisherige Erfassung von Langtextdiagnosen auf Papierdokumenten abgeschafft und durch die direkte elektronische Erfassung der Aufnahmediagnosen als ICD-Kode im KIS ersetzt.

Mit der Umstellung konnte eine Prozessverbesserung und Prozessverschlankung erreicht werden:

- Eindeutige Diagnosen (keine Probleme mehr mit nicht lesbaren Langtextdiagnosen).
- Abschaffung von drei verschiedenen Papierdokumenten, die vorher an verschiedenen Stellen im Haus nachbearbeitet wurden: Wegfall von Transport der Zettel von Stelle A zu Stelle B zum Übertrag der Diagnosen ins KIS, Transport von Stelle B zu Stelle C und Einscannen mit anschließender manueller Zuordnung dieser Einzeldokumente zum jeweiligen Fall in der elektronischen Patientenakte/Archivsystem.

Diese Prozessumstellung wurde mehrheitlich vom ärztlichen Dienst nicht begrüßt. In der Gesamtbetrachtung des Prozesses überwogen aber deutlich die Vorteile. Aus diesem Grunde wurde sich im Konzeptionsprojekt KIS KP MKK diese Haupttätigkeit im KP Ambulanz definiert.

Insgesamt konnte durch diese Prozessumstellung eine deutliche Verschlankung des Gesamtprozesses und eine höhere Qualität der ICD-Verschlüsselung von ambulanten Krankenhausfällen erreicht werden.

Beispiel KP Arztarbeitsplatz

Eine große Prozessumstellung gab es ebenfalls beim Ablauf für ärztliche Konsile: Der bisherige Ablauf mit Papierlösung, sowohl für die Anforderung als auch für die Dokumentation von Konsilen wurde abgeschafft. Implementiert wurde die elektronische Anforderungen und elektronische Dokumentation der Konsile. Diese Prozessumstellung war im JWK mit seinen zweiundzwanzig Fachabteilungen eine richtige Erfolgsstory. Der wichtigste Faktor für diese rasche Verstetigung der neuen Abläufe war hierbei die Arbeitsgruppe der ärztlichen Key-User (Fach- und Oberärzte der Kliniken), die die neuen Prozessabläufe in der MKK-Arbeitsgruppe (Projekt KIS KP MKK) als „Bottom Up"-Ansatz entwickelt hatten und das klare Ziel hatten, endlich die Befunde ihrer Kollegen zeitnah und leserlich zu erhalten. In der Weiterentwicklung können nun auch Konsile zwischen den Krankenhäusern der MKK angefordert und erstellt werden.

Beispiel KP OP-Tagesplan

Bei diesem Kernprozess kann exemplarisch die große Bedeutung des Herausarbeitens von Win-Win-Situationen für ein erfolgreiches Change Management dargestellt werden. Die Projektleitung hat jeden der ärztlichen Key-User der operativen Fachabteilungen gefragt, welche Inhalte für sie und ihre Fachabteilung bei den KIS-Prozessen OP von Bedeutung sind. Einer der Oberärzte nannte z. B. Optimierungsbedarf bei der regelmäßigen Überprüfung der abrechnungsrelevanten Kodeeingaben (ICD- und OPS-Kode) von Nichtfachärzten im OP-Modul. Dieser Optimierungsbedarf hatte primär nichts mit den elektronischen Haupttätigkeiten im KIS zu tun. Die Projektleitung entwickelte eine Lösung, die eine bisher nicht genutzte Funktionalität in der ans KIS angebundenen Kodierspezialsoftware beinhaltete. Die Fachabteilung nutzte ab sofort sogenannte Karteikästen für die Standardkodierung von Routinefällen. So konnte dem Oberarzt eine Vereinfachung seiner täglichen Arbeitsabläufe angeboten werden, die auch noch als Nebeneffekt eine Verbesserung der Erlössituation der Fachabteilung beinhaltete. Der Oberarzt hatte die folgende Umsetzung des KP OP-Tagesplan voll unterstützt. In analoger Herangehensweise wurden auch für andere Fachabteilungen individuelle Lösungen entwickelt.

Beispiel KP Nachstationäre Behandlung

Die Umsetzung der im KP formulierten drei Haupttätigkeiten verlief problemlos. Der Hauptfokus der Projektarbeit lag hier weniger bei KIS-Tätigkeiten als bei organisatorischen Optimierungen:

- Transparenz über Anzahl und Erlöse, die für einen einzelnen nachstationären Fall im Durchschnitt erlöst wurden.
- Transparenz über den aktuellen durchschnittlichen Personalaufwand pro nachstationärer Behandlung.
- Kommunikation dieser Kosten- und Erlösbetrachtung im Chefarztgremium.
- Transparenz über die Orte, an denen die nachstationäre Behandlung im Hause (in der Zentralen Notaufnahme, auf den Stationen) ohne Dokumentation erfolgt.
- Transparenz über die Störung der Abläufe in der Zentralen Notaufnahme am Wochenende durch nicht terminierte nachstationären Patienten der Fachabteilungen.
- Sorge für umfassende Information des ärztlichen Dienstes über die gesetzlichen Vorgaben zur nachstationären Behandlung (nur 7 Behandlungstage innerhalb von 14 Tagen).

Projektergebnisse auf Hausebene im JWK

Insgesamt konnten 41 von 44 Hauptmaßnahmen der 11 KP auf Hausebene erfolgreich umgesetzt werden. Die noch nicht umfängliche Umsetzung des KP Digitales Diktat ist auf eine längerfristige Erkrankung der Teilprojektleitung/Leitung Schreibdienst zurückzuführen. Dieser Kernprozess befindet sich noch in der Umsetzung.

Neben diesen rein zahlenmäßigen Ergebnissen zu KIS-bezogenen Arbeitsschritten konnte durch die Projektarbeit eine hohe Transparenz über klinische Hauptprozesse der Fachabteilungen und die Beschäftigung der klinischen Führungskräfte mit den Prozessen in ihren Arbeitsbereichen erreicht werden. Es hat sich ein höheres Bewusstsein über die

Bedeutung von suboptimalen Arbeitsschritten in Prozessketten und die dadurch resultierenden höheren interne Personalkosten entwickelt.

Durch die stringente Anwendung aller Instrumente des Change Managements konnten viele Abläufe stärker standardisiert und vielfach vereinfacht werden.

1.7 Umsetzung Kernprozesse an allen Standorten der MKK

Durch die dargestellte mehrdimensionale Projektstruktur mit einem Konzeptionsprojekt auf der Konzernebene (Makroebene) und einer einheitlichen Struktur der Umsetzung im IT-Projekt/KIS-Projekt (Mesobene) und den einzelnen Umsetzungsprojekten an den Standorten (Meso- und Mikroebene) konnten die formulierten Ziele der MKK erreicht werden.

- Ziel 1: Erfolgreiche Einführung eines neuen KIS-Systems an allen Standorten
- Ziel 2: Erarbeitung von effizienten klinischen Kernprozessen auf Konzernebene
- Ziel 3: Flächendeckende Einführung der neuen klinischen Kernprozesse an allen Standorten mit Erreichung eines hohen Durchdringungsgrades von 90 % pro Kernprozess. Siehe hierzu Abb. 1.8

Insgesamt konnte durch die Projektarbeit in Verbindung mit der Anwendung aller Instrumente des Change Managements ein gesteigertes berufsgruppen-übergreifendes Bewusstsein für die Bedeutung von Teilarbeitschritten und damit eine umfassende Wei-

KIS-Kernprozesse	BOE	AVK	JWK	LUR
1. KP Administrative Aufnahme	☑	☑	☑	☑
2. KP Ambulanzen	☒	☑	☑	☒
3. KP Nachstationäre Behandlung	☑	☑	☑	☑
4. KP OP Vorplanung	☒	☒	☒	☒
5. KP OP Tagesplanung	☑	☑	☑	☑
6. KP Elektronische Konsile	☑	☐	☑	☑
7. KP Funktionsstellen	☑	☑	☑	☑
8. KP Pflegearbeitsplatz	☑	☑	☑	☑
9. KP Arztarbeitsplatz	☑	☑	☑	☑
10. KP Digitales Diktat	☑	☑	☒	☑

Abb. 1.8 Übersicht über den Umsetzungsstand der KIS KP MKK. (Eigene Darstellung)

terentwicklung von klinischen Prozessabläufen an allen Standorten der MKK erreicht werden.

Für die MKK wurde rund um den KIS-Wechsel eine Projektstruktur entwickelt, die die interprofessionelle Erarbeitung von konzernweiten klinischen Kernprozessen und deren Einführung an allen Standorten der MKK ermöglicht hat. Von großer Bedeutung ist der hohe Durchdringungs- und Umsetzungsgrad, der erzielt werden konnte. Durch die Nutzung sowohl eines Bottom-up- als auch Top-Down-Ansatzes konnte sowohl die Beteiligung und Akzeptanz der Mitarbeiter als auch die Übernahme von Führungsverantwortung durch die Betriebsleitungen und Klinikleitungen der Häuser erzielt werden. Der durchgeführte Wandel führte zu einer intensiven Beschäftigung der klinischen Führungskräfte mit den Prozessen in ihren jeweiligen Arbeitsbereichen. Vor diesem Projekt gab es in Bezug auf Personal oft den Ausspruch „die Mitarbeiter sind doch sowieso da". Durch die Projektarbeit hat sich ein höheres Bewusstsein über die Bedeutung von Prozesskosten und die Bedeutung von berufsgruppenübergreifender Betrachtung von Arbeitsabläufen entwickelt.

Literatur

Krüger W, Bach N (2015) Excellence in Change (Wege zur strategischen Erneuerung), 5. Aufl., Springer Gabler, Wiesbaden

Lauer T (2014) Change Management (Grundlagen und Erfolgsfaktoren), 2. Aufl., Springer Gabler, Wiesbaden

Prozessgestaltung im Krankenhaus – Darstellung, Analyse und Evaluation eines Patientenentlassungsprozesses

Aline Wurm, Ralf Döhr und Winfried Zapp

Dieses Kapitel befasst sich mit der Frage, inwiefern durch die Prozessgestaltung die klinische Entlassung optimiert werden kann.

Hierzu werden zunächst die Definition eines Patientenentlassungsprozesses und die hierzu in Deutschland geltenden gesetzlichen Rahmenbedingungen dargestellt. Anschließend wird die Prozessgestaltung modellhaft an einem klinischen Patientenentlassungsprozess durchgeführt. Der Prozess wird abgegrenzt und beschrieben. Anschließend wird der Prozess in grafischer Form dargestellt. Im weiteren Verlauf werden im Zusammenhang mit der Prozessanalyse und -evaluation die bestehenden Defizite des klinischen Patientenentlassungsprozesses und deren möglichen Ursachen aufgezeigt.

Die Ergebnisse verdeutlichen die prozessualen Schwachstellen. Des Weiteren werden theoriegeleitete Lösungsmöglichkeiten anhand zwei verschiedener Ansätze zur Prozessgestaltung aufgezeigt.

A. Wurm (✉)
Universitätsklinikum Bonn
Sigmund-Freud-Straße 25, 53127 Bonn, Deutschland
E-Mail: Aline.Wurm@ukbonn.de

R. Döhr
Marienhospital Osnabrück
Bischofstraße 1, 49074 Osnabrück, Deutschland
E-Mail: ralf.doehr@mho.de

W. Zapp
Hochschule Osnabrück
Osnabrück, Deutschland
E-Mail: W.Zapp@hs-osnabrueck.de

© Springer Fachmedien Wiesbaden GmbH 2017
W. Zapp und J. Ahrens (Hrsg.), *Von der Prozess-Analyse zum Prozess-Controlling*,
Controlling im Krankenhaus, DOI 10.1007/978-3-658-13171-5_2

2.1 Definition der klinischen Patientenentlassung

In diesem Abschnitt wird die klinische Patientenentlassung definiert, und bezüglich ihrer Merkmale und Anforderungen beschrieben.

Die klinische Patientenentlassung kann als „Übergang von der stationären Krankenhausversorgung in eine weitergehende medizinische, rehabilitative oder pflegerische Versorgung"[1] definiert werden. Die Entlassung aus dem Krankenhaus in einen anderen Versorgungsbereich ist für die weitere gesundheitliche Entwicklung und Versorgung des Patienten ein kritischer Vorgang.[2] Für eine ununterbrochene und adäquate Weiterversorgung des Patienten bedarf es entsprechender vorbereitender Maßnahmen.[3] Dies gilt es insbesondere bei Patienten mit einem erhöhten Risiko nachstationärer gesundheitlicher Beeinträchtigungen zu beachten.[4]

Das Entlassungsmanagement ist als eine multidisziplinäre Aufgabe der am Entlassungsprozess Beteiligten zu verstehen. Der Pflegekraft kommt dabei aufgrund ihrer berufsbedingten Nähe und dem häufigen Kontakt zum Patienten und deren Angehörigen eine wesentliche Bedeutung zu. Sie kann im Vergleich zu den anderen Professionen den Unterstützungsbedarf des Patienten zuverlässiger ermitteln.[5] Neben der Pflege ist die Ärzteschaft Hauptakteur im Entlassungsprozess. Sie fungiert als Entscheidungsträger und delegiert in weiten Teilen die Aufgaben der Entlassung.[6] Darüber hinaus ist in Deutschland der Sozialdienst eine entscheidende Berufsgruppe im Entlassungsprozess, da sie beratend, unterstützend und vermittelnd in Bezug auf die individuellen Bedürfnisse des Patienten in sozialen, finanziellen und rechtlichen Angelegenheiten wirkt.[7]

Die Abb. 2.1 veranschaulicht die einzelnen Phasen der stationären Krankenhausbehandlung. Daraus wird ersichtlich, dass die Tätigkeiten der Entlassung in den stationären Prozess eingeordnet ist. [8]

Die sinkende Verweildauer der Patienten im Krankenhaus verkürzt die Zeitspanne, innerhalb derer die Maßnahmen zur Überleitung des Patienten aus dem Krankenhaus in eine nachsorgende Einrichtung oder nach Hause getroffen werden müssen. Die Tätigkeiten im Rahmen des Entlassungsmanagements erfüllen ein großes Spektrum an Aufgaben, um den Anforderungen des Patienten gerecht zu werden. Daher sind die Maßnahmen in Bezug auf die Entlassung frühzeitig zu planen und einzuleiten.[9] Der Nachsorgebedarf bezieht sich neben der somatischen Versorgung auch auf die psychischen Bedürfnisse und die sozialen

---

[1] Vgl. Bundesministerium für Gesundheit (2011).
[2] Vgl. Wingenfeld (2005, S. 11), vergleiche hierzu auch Schaeffer (1993, S. 270–291).
[3] Vgl. Wingenfeld (2005, S. 11–12).
[4] Vgl. Wingenfeld (2005, S. 99).
[5] Vgl. DNQP (2009, S. 53).
[6] Vgl. Wingenfeld (2005, S. 20 f.).
[7] Vgl. Wingenfeld (2005, S. 60–64).
[8] Vgl. Bundesärztekammer (2010, S. 9).
[9] Vgl. Schneider (2006, S. 56 f.).

Abb. 2.1 Phasen des klinischen Behandlungsprozesses. (Eigene Darstellung in Anlehnung an Bundesärztekammer 2010, S. 9)

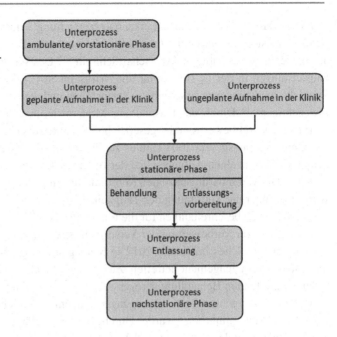

und finanziellen Belange des Patienten und dessen Angehörigen.[10] Zur Sicherstellung der Versorgungskontinuität sind die Patienten und Angehörigen entsprechend ihrer Bedürfnisse zu unterrichten und zu schulen.[11] Zudem bedarf es, um den Heilungsprozess des Patienten nach der Krankenhausbehandlung zu sichern, entsprechender organisatorischer Maßnahmen für die nachstationäre Versorgung. Um die Bedürfnisse des Patienten adäquat erfüllen zu können, sind an der Schnittstelle zwischen Krankenhaus und der anschließenden Versorgung eine gezielte Zusammenarbeit und Koordination mit den jeweiligen Akteuren zu gewährleisten. Dazu sind geeignete Prozesse und Strukturen im Krankenhaus zu implementieren.[12]

2.2 Gesetzliche Rahmenbedingungen der klinischen Patientenentlassung

In diesem Abschnitt werden die gesetzlichen Bestimmungen zur klinischen Patientenentlassung dargestellt. Darüber hinaus wird die rechtliche Relevanz des „Expertenstandards Entlassungsmanagement in der Pflege" überprüft.

---

[10] Vgl. Schneider (2006, S. 56 f.).
[11] Vgl. DNQP (2009, S. 53 ff.).
[12] Vgl. Schneider (2006, S. 54 f.).

Die Entlassung ist Teil der Krankenhausbehandlung[13] und unterliegt somit, wie alle Krankenhausleistungen, dem Wirtschaftlichkeitsgebot.[14] Dazu müssen „die Leistungen ausreichend, zweckmäßig und wirtschaftlich sein".[15] Des Weiteren müssen „die Krankenhausleistungen in der [. . .] Qualität und Wirksamkeit [..] dem allgemein angerkannten Stand der medizinischen Erkenntnisse entsprechen und den medizinischen Fortschritt berücksichtigen".[16] Durch das Gesundheits-Modernisierungsgesetz 2004, das Gesetz zur Stärkung des Wettbewerbs in der gesetzlichen Krankenversicherung 2006 und das Pflegeweiterentwicklungsgesetz 2008 kam es zu Unklarheiten hinsichtlich der Verantwortlichkeiten für die einzelnen Aufgaben und der Bereiche des Versorgungs- oder Prozessmanagements. Die Vereinbarungen zu den Koordinierungsmaßnahmen geben nur unzureichend Aufschluss über die Zuordnung der Tätigkeiten auf die Berufe. Um dem entgegenzuwirken, sind Prozessbeschreibungen für die transsektoralen Übergänge notwendig.[17]

Das Gesetz zur Verbesserung der Versorgungsstrukturen in der gesetzlichen Krankenversicherung, welches im Januar 2012 in Kraft getreten ist, beinhaltet Regelungen, die das Entlassungsmanagement betreffen. Ziel der gesetzlichen Änderungen ist es, den sektorenübergreifenden Behandlungsprozess besser zu koordinieren.[18] Seit 2007 haben die Patienten ein Anrecht auf ein Versorgungsmanagement, welches bisher jedoch nicht im geforderten Maße umgesetzt wurde. Durch die Gesetzesänderungen der §§ 39 und 112 Fünftes Buch Sozialgesetzbuch (SGB V) ist das Entlassungsmanagement seit dem 1. Januar 2012 ein integrativer Bestandteil der Krankenhausbehandlung. Die konkreten Ausgestaltungen über das vom Krankenhaus anzubietende Entlassungsmanagement werden im Rahmen von bilateralen Verträgen zwischen dem Krankenhaus und der Krankenversicherung festgehalten.[19] Demgemäß ist der § 39 Absatz 1 SGB V um folgenden Satz ergänzt: „Die Krankenhausbehandlung umfasst auch ein Entlassungsmanagement zur Lösung von Problemen beim Übergang in die Versorgung nach der Krankenhausbehandlung. Das Entlassungsmanagement und eine dazu erforderliche Übermittlung von Daten darf nur mit Einwilligung und nach vorheriger Information des Versicherten erfolgen. § 11 Absatz 4 Satz 4[20] gilt."[21]

Folglich ist das Entlassungsmanagement Teil der Krankenhausbehandlung und somit dem Aufgabenbereich des Krankenhauses zuzuordnen.

---

[13] Vgl. § 112 S. 1 Nr. 1a SGB V.

[14] Vgl. § 2 iVm. § 12 SGB V.

[15] § 12 SGB V.

[16] § 12 SGB V.

[17] Vgl. Bundesärztekammer (2010, S. 6–8).

[18] Vgl. Deutscher Bundestag (2011, S. 1).

[19] Vgl. Deutscher Bundestag (2011, S. 1–55).

[20] Innerhalb des § 11 Abs. 4 S. 4 SGB V befasst sich mit der Patientendatenübermittlung seitens der Krankenversicherungen vergleiche hierzu § 11 Abs. 4 S. 4 SGB V.

[21] Deutscher Bundestag (2011, S. 14).

Die Abänderung der Begrifflichkeit von „Versorgungsmanagement" in „Entlassungs-
management" wird damit begründet, dass bei der stationären Entlassung die häufigsten
Schwierigkeiten auftreten.[22]
Der Gesetzgeber formuliert als Ziele des Entlassungsmanagements:

(...) die Kontinuität der Versorgung zu gewährleisten, die Kommunikation zwischen den
beteiligten ambulanten oder stationären Versorgungsbereichen zu verbessern, die Entlassung
von Patienten und ihren Angehörigen zu ermöglichen, sowie zu einer möglichen Vermeidung
des ‚Drehtüreffektes'[23] beizutragen.[24]

Das Deutsche Netzwerk für Qualitätsentwicklung in der Pflege (DNQP) hat einen
„Expertenstandard Entlassungsmanagement in der Pflege" veröffentlicht. Dieser Standard beruht auf einer umfassenden Literaturrecherche[25] und stellt die derzeit geltenden
Darlegungen und Verfahrensweisen dar.[26] Der Standard versucht den bestehenden Anforderungen der stationären Entlassung mit einer strukturierten Vorbereitung der Patienten und deren Angehörigen sowie einer Kommunikation und Kooperation der beteiligten
Berufsgruppen gerecht zu werden.[27] Für die Verwendung des „Expertenstandards Entlassungsmanagement in der Pflege" existieren im SGB V keine unmittelbaren Regelungen.[28]
Die Verbindlichkeit der Expertenstandards in Bezug auf die Krankenhausbehandlung ergibt sich aber mittelbar aus dem § 135a SGB V. Demnach „[sind] die Leistungserbringer
[.] zur Sicherung und Weiterentwicklung der Qualität der von ihnen erbrachten Leistungen verpflichtet. Die Leistungen müssen dem jeweiligen Stand der wissenschaftlichen
Erkenntnisse entsprechen und in der fachlich gebotenen Qualität erbracht werden." Innerhalb von haftungsrechtlichen Fragen, kann der „Expertenstandard Entlassungsmanagement in der Pflege" zur Urteilsfindung bei Gerichten herangezogen werden.[29]

---

[22] Vgl. Deutscher Bundestag (2011, S. 55).
[23] Der Drehtüreffekt bezeichnet die vorzeitige Verlagerung des Patienten vom stationären in den
nachsorgenden Bereich. Fehlt es an einer adäquaten Weiterversorgung nach der Krankenhausbehandlung, kann es zu Komplikationen im weiteren Krankheitsverlauf kommen, so dass der Patient
wieder in das Krankenhaus eingewiesen wird. Ursächlich für die frühzeitige Entlassung ist der An-
reiz der Verweildauerkürzung durch die fallpauschale Vergütung des G-DRG-Systems. Vergleiche
hierzu Gorschlüter (2003, S. 322).
[24] Vgl. Deutscher Bundestag (2011, S. 55).
[25] Der „Expertenstandard Entlassungsmanagement in der Pflege" umfasst eine Literaturstudie aus
429 Quellen. Das Deutsche Netzwerk für Qualitätsentwicklung der Pflege setzt sich aus Pflege-
fachkräften, einem Lenkungsausschuss, sowie einem wissenschaftlichem Team an der Hochschule
Osnabrück zusammen. Die Aufgabengebiete sind die „Entwicklung, Konsentierung und Implementierung evidenzbasierter Expertenstandards" und die „Beforschung von Methoden und Instrumente
zur Qualitätsentwicklung und -messung". DNQP (2009, S. 103–129).
[26] Vgl. Lusiardi (2004, S. 38–48).
[27] Vgl. Georg und Schär (2009, S. 488).
[28] Im SGB XI ist die Verbindlichkeit des Expertenstandards für die „Pflegekassen und deren Ver-
bände und zugelassenen Einrichtungen unmittelbar verbindlich." § 113a Abs. 3 SGB XI geregelt.
Vergleiche hierzu auch DNQP (2009, S. 5).
[29] Vgl. DNQP (2009, S. 5).

2.3   Praktische Durchführung

In diesem Abschnitt des Beitrags wird die Prozessgestaltung beispielhaft an einem Patientenentlassungsprozess in einem Modellkrankenhaus dargestellt. Zu Beginn erfolgt die
Prozessbeschreibung des Patientenentlassungsprozesses. Dazu werden die Ziele definiert,
sowie der Patientenentlassungsprozess im Kontext der Krankenhausbehandlung erfasst
und zu den vor- und nachgelagerten Prozessen abgegrenzt. Im darauffolgenden Abschnitt
wird der Prozess in seinem Ist-Zustand durch die Ablauf-Matrix dargestellt. Innerhalb der
Prozessanalyse und Prozessevaluation werden die Schwachstellen und deren potentielle
Ursachen des klinischen Entlassungsprozesses dargestellt.

2.3.1   Prozessbeschreibung

Für die Prozessgestaltung der Patientenentlassung in dem Modellkrankenhaus ergeben
sich die Ziele aus den gesetzlichen Vorgaben.

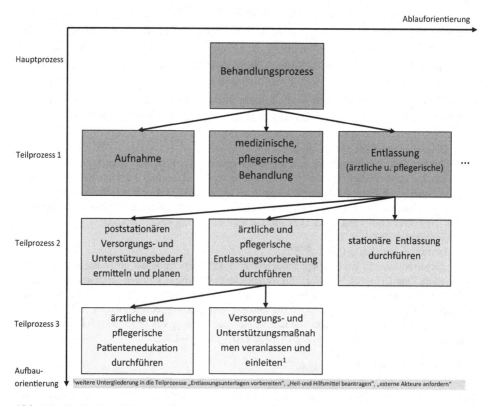

Abb. 2.2 Vertikale und horizontale Gliederung des stationären Patientenentlassungsprozesses. (Eigene Darstellung in Anlehnung an Straub 1997, S. 224)

In dem Modellbeispiel fokussiert die Prozessgestaltung die ärztlichen und pflegerischen Tätigkeiten im Entlassungsprozess. Dementgegen sind die Unterstützungsprozesse z. B. der Verwaltung und der Hauswirtschaft kein Bestandteil, so dass deren Auswirkungen auf die Entlassung nicht erfasst werden.

In dem Modellkrankenhaus ist der Beginn des Prozesses definiert als die Ermittlung des nachstationären Versorgungs- und Unterstützungsbedarfs innerhalb der ärztlichen und pflegerischen Anamnese des Patienten. Das Ende des Prozesses wird durch die stationäre Entlassung des Patienten und den damit verbundenen Abschluss der Vorbereitung der nachstationären Versorgung und die administrative Patientenentlassung markiert. Die Prozessgestaltung umfasst die ärztlich angeordnete Entlassung aus dem Krankenhaus in den rehabilitativen, pflegenden, häuslichen Sektor, sowie in andere Kliniken. Demzufolge sind interne Verlegungen auf eine andere Station sowie Entlassungen gegen den ärztlichen Rat hier ausgenommen.

In dem Modellkrankenhaus gliedert sich der Hauptprozess „Ärztliche und pflegerische Entlassung" in die Teilprozesse „Poststationären Versorgungs- und Unterstützungsbedarf ermitteln und planen", „Ärztliche und pflegerische Entlassungsvorbereitung durchführen" und „Stationäre Entlassung durchführen". Die Zuordnung der einzelnen Teilprozesse zum Hauptprozess wird in der Abb. 2.2 dargestellt.

2.3.2 Prozessdarstellung

Nach der Prozessbeschreibung wird im Folgenden der Prozess visualisiert. Die Prozessdarstellung schafft Transparenz über die Leistungserstellung, indem die Bestandteile und jeweiligen Beziehungen des Prozesses verdeutlicht werden.[30]

Die Prozessdarstellung erfolgt in grafischer Form durch die Ablauf-Matrix. Die Ablauf-Matrix stellt den Prozessablauf, die jeweiligen Aufgaben und deren Träger sowie die dafür benötigten Sachmittel und Bewertungsindikatoren dar. [31] In der Ablauf-Matrix werden zunächst die einzelnen Prozessschritte in patientennahe und patientenferne Tätigkeiten unterschieden. Im Weiteren werden die Aktivitäten durch die Matrixschnittpunkte den Funktionen zugeordnet. Die Tätigkeiten und Entscheidungen werden durch gesonderte Symbole im Prozessverlauf unterschieden. In der Spalte „Parallele Aktivitäten" sind Tätigkeiten, welche verhältnismäßig ungebunden von den Kernaktivitäten ablaufen, wiedergegeben. Darunter sind das tätigkeitsunterstützende System bzw. Medium sowie die Bewertungsindikatoren aufgeführt.[32]

Im Folgenden wird der Prozess der ärztlichen und pflegerischen Entlassung mit seinen Teilprozessen abgebildet. Zur besseren Verständlichkeit sind die Tätigkeiten der einzelnen Schritte unterhalb der Matrix aufgeführt (siehe Abb. 2.3, 2.4, 2.5 und 2.6).

---

[30] Vgl. Blonski (2003, S. 116).
[31] Vgl. Blonski (2003, S. 116).
[32] Vgl. Zapp und Otten (2010, S. 95 f.).

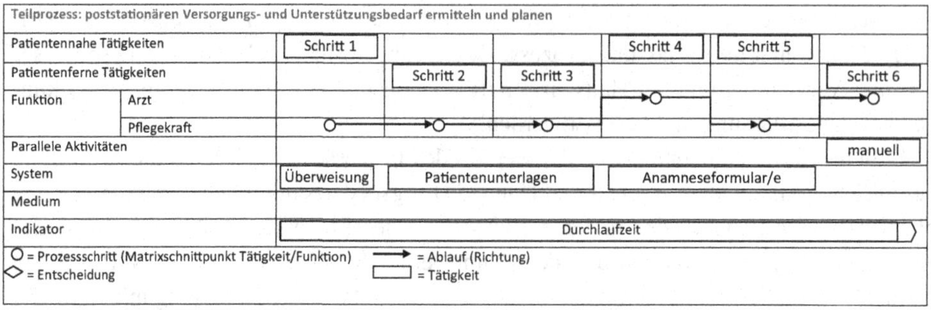

Teilprozess: poststationären Versorgungs- und Unterstützungsbedarf ermitteln und planen							
Patientennahe Tätigkeiten		Schritt 1			Schritt 4	Schritt 5	
Patientenferne Tätigkeiten			Schritt 2	Schritt 3			Schritt 6
Funktion	Arzt				→O		→O
	Pflegekraft	O—	→O	→O		→O	
Parallele Aktivitäten							manuell
System		Überweisung	Patientenunterlagen		Anamneseformular/e		
Medium							
Indikator		Durchlaufzeit					

O = Prozessschritt (Matrixschnittpunkt Tätigkeit/Funktion)   → = Ablauf (Richtung)
◇ = Entscheidung   ☐ = Tätigkeit

Abb. 2.3 Teilprozess „poststationären Versorgungs- und Unterstützungsbedarf ermitteln und planen". (Eigene Darstellung in Anlehnung an Scheer et al. 1996, S. 79)

Schritt 1 = „Patient aufnehmen"

Schritt 2 = „Patientenakte anlegen"

Schritt 3 = „Befundmappe anlegen"

Schritt 4 = „Ärztliche Anamnese durchführen"

Schritt 5 = „Pflegerische Anamnese durchführen"

Schritt 6 = „Poststationären Versorgungs- und Unterstützungsbedarf ermitteln/planen"

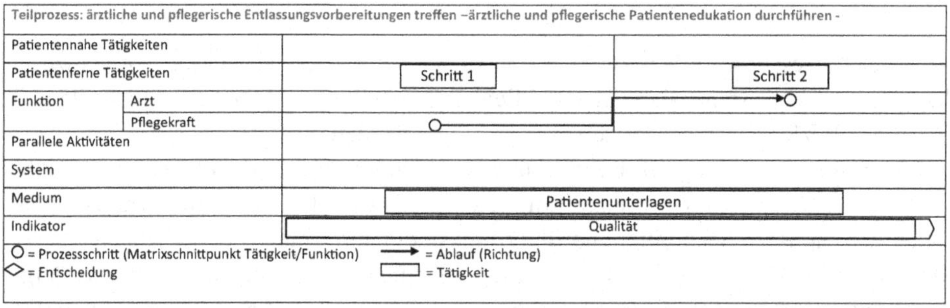

Teilprozess: ärztliche und pflegerische Entlassungsvorbereitungen treffen –ärztliche und pflegerische Patientenedukation durchführen -				
Patientennahe Tätigkeiten				
Patientenferne Tätigkeiten		Schritt 1		Schritt 2
Funktion	Arzt			→O
	Pflegekraft		O	
Parallele Aktivitäten				
System				
Medium		Patientenunterlagen		
Indikator		Qualität		

O = Prozessschritt (Matrixschnittpunkt Tätigkeit/Funktion)   → = Ablauf (Richtung)
◇ = Entscheidung   ☐ = Tätigkeit

Abb. 2.4 Teilprozess „ärztliche und pflegerische Entlassungsvorbereitung treffen – ärztliche und pflegerische Patientenedukation durchführen". (Eigene Darstellung in Anlehnung an Scheer et al. 1996, S. 79)

Schritt 1 = „Ärztliche Patientenedukation durchführen"

Schritt 2 = „Pflegerische Patientenedukation durchführen"

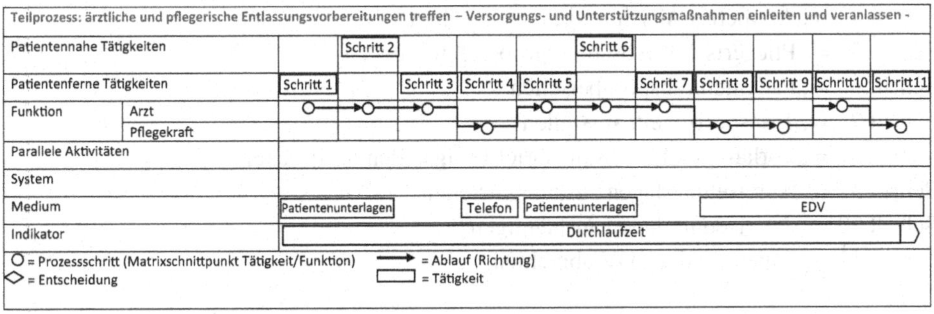

Teilprozess: ärztliche und pflegerische Entlassungsvorbereitungen treffen – Versorgungs- und Unterstützungsmaßnahmen einleiten und veranlassen -														
Patientennahe Tätigkeiten			Schritt 2					Schritt 6						
Patientenferne Tätigkeiten		Schritt 1		Schritt 3	Schritt 4	Schritt 5			Schritt 7	Schritt 8	Schritt 9	Schritt10	Schritt11	
Funktion	Arzt	O→	→O→	→O→			→O→	→O→	→O				→O	
	Pflegekraft				→O						→O→	→O		→O
Parallele Aktivitäten														
System														
Medium		Patientenunterlagen				Telefon	Patientenunterlagen			EDV				
Indikator		Durchlaufzeit												

O = Prozessschritt (Matrixschnittpunkt Tätigkeit/Funktion)   ⟶ = Ablauf (Richtung)
◇ = Entscheidung   ▭ = Tätigkeit

Abb. 2.5 Teilprozess „ärztliche und pflegerische Entlassungsvorbereitung treffen – Versorgungs- und Unterstützungsmaßnahmen einleiten und veranlassen". (Eigene Darstellung in Anlehnung an Scheer et al. 1996, S. 79)

Schritt 1 = „Poststationären Heil- und Hilfsmittelbedarf feststellen"
Schritt 2 = „Poststationären Heil- und Hilfsmittelbedarf mit Patient besprechen"
Schritt 3 = „Heil- und Hilfsmittelbestellung veranlassen"
Schritt 4 = „Heil- und Hilfsmittel bestellen"
Schritt 5 = „Poststationären Versorgungs- und Unterstützungsbedarf feststellen"
Schritt 6 = „Poststationären Versorgungs- und Unterstützungsbedarf mit Patienten besprechen"
Schritt 7 = „Poststationären Versorgungs- und Unterstützungsmaßnahmen veranlassen"
Schritt 8 = „Sozialdienst anfordern"
Schritt 9 = „Pflegeexperten anfordern"
Schritt 10 = „Vorläufigen Entlassungsbrief erstellen"
Schritt 11 = „Überleitungsbericht/e erstellen"

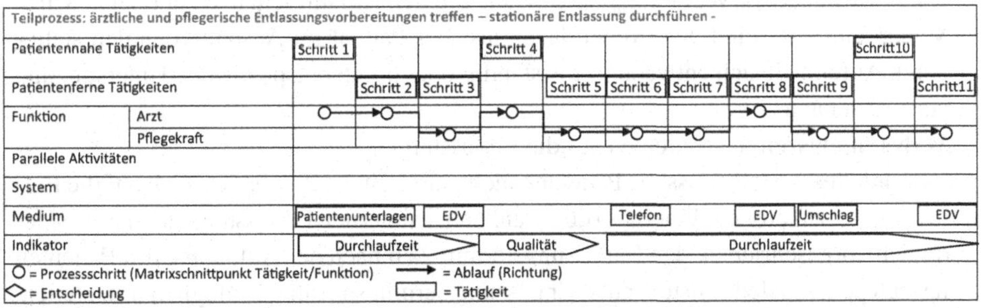

Teilprozess: ärztliche und pflegerische Entlassungsvorbereitungen treffen – stationäre Entlassung durchführen -										
Patientennahe Tätigkeiten		Schritt 1		Schritt 4					Schritt10	
Patientenferne Tätigkeiten			Schritt 2	Schritt 3		Schritt 5	Schritt 6	Schritt 7	Schritt 8	Schritt 9	Schritt11
Funktion	Arzt	O→	→O		→O			→O			
	Pflegekraft		→O→			→O→	→O→	→O→		→O→	→O→	→O
Parallele Aktivitäten										
System										
Medium		Patientenunterlagen	EDV			Telefon		EDV	Umschlag		EDV
Indikator		Durchlaufzeit			Qualität			Durchlaufzeit		

O = Prozessschritt (Matrixschnittpunkt Tätigkeit/Funktion)   ⟶ = Ablauf (Richtung)
◇ = Entscheidung   ▭ = Tätigkeit

Abb. 2.6 Teilprozess „ärztliche und pflegerische Entlassungsvorbereitung treffen – stationäre Entlassung durchführen". (Eigene Darstellung in Anlehnung an Scheer et al. 1996, S. 79)

Schritt 1 = „Entlassungstermin festlegen"
Schritt 2 = „Entlassungstermin mitteilen"
Schritt 3 = „Überleitungsbericht/e fertigstellen/ausdrucken"

Schritt 4   = „Ärztliches Abschlussgespräch führen"
Schritt 5   = „Pflegerisches Abschlussgespräch führen"
Schritt 6   = „Patiententransport bestellen"
Schritt 7   = „Transportschein ausstellen"
Schritt 8   = „Vorläufigen Entlassungsbrief fertigstellen/ausdrucken"
Schritt 9   = „Abreiseunterlagen zusammenstellen"
Schritt 10 = „Abreiseunterlagen aushändigen"
Schritt 11 = „Patient in der EDV abmelden"

2.3.3 Prozessanalyse

Zur weiteren Prozessanalyse wurde der Patientenentlassungsprozess in seinem Aufbau und Ablauf auf Schwachstellen hin analysiert. Zudem wurde der Ist-Zustand des klinischen Patientenentlassungsprozesses mit den Empfehlungen aus dem derzeitigen „Expertenstandard Entlassungsmanagement in der Pflege" abgeglichen. Darüber hinaus wurden, um weitere Schwachstellen und Ursachen zu ermitteln, die Prozesse in Bezug auf statische und dynamische Aspekte hin analysiert, ein Benchmark mit einer Vergleichsstation durchgeführt und entsprechende Literatur recherchiert.

1. Patientenedukation:
   Die Prozessanalyse hat ergeben, dass die Patienten einen erhöhten Bedarf an Information, insbesondere auf die Vorbereitung auf die Zeit nach der Entlassung haben. Die Edukation des Patienten dient dazu, den Patienten über seine Erkrankung und den Umgang damit aufzuklären. Dabei wird der Patient während seiner Krankenhausbehandlung vom ärztlichen und pflegerischen Personal über seine gesundheitliche Entwicklung und die weitere Behandlung informiert. Zudem wird er zur weitestgehenden selbstständigen Versorgung im Umgang mit den Hilfsmitteln und zur pflegerischen Versorgung angeleitet. Dies dient dazu, dass der Patient im Anschluss an den stationären Aufenthalt sich entweder selbstständig oder durch entsprechende Unterstützung versorgen kann.
2. Vorbereitungszeit des Patienten auf die Entlassung:
   Es wurde festgestellt, dass die Patienten nicht ausreichend Zeit hatten, sich auf die Entlassung vorzubereiten. Innerhalb des krankenhausinternen Entlassungsstandards ist lediglich vorgeschrieben, den Entlassungstermin 24 h nach der Aufnahme des Patienten festzulegen und den feststehenden Entlassungstermin so früh wie möglich mitzuteilen. In dem Expertenstandard „Entlassungsmanagement in der Pflege" wird empfohlen, 24 h vor der faktischen Entlassung mit dem Patient und deren Angehörigen die geplanten Maßnahmen durchzusprechen.[33]

---

[33] Vgl. DNQP (2009, S. 25).

3. Erstellung der Abreiseunterlagen:

Die zeitlichen Vorgaben zur Fertigstellung der Abreiseunterlagen können nicht immer eingehalten werden. Da die Abreiseunterlagen dem Patienten bei der Entlassung ausgehändigt werden müssen, kommt es zu Verzögerungen im Entlassungsprozess. Die notwendigen Dokumente wie Überleitungsbericht, vorläufiger Entlassungsbrief und Wunddokumentation sind während der Krankenhausbehandlung vorbereitet und 24 h vor der Entlassung fertigzustellen. Abweichungen von den terminlichen Vorgaben beeinträchtigen eine reibungslose, zeitnahe Erstellung des Entlassungsbriefes die kontinuierliche Weiterversorgung des Patienten und den Ablauf der Überleitung.

4. Sicherung des Transports und der Ankunft/Versorgung:

Die Prozessanalyse hat ergeben, dass der Transport und die Ankunft/Versorgung nicht stets gewährleistet sind. Die Planung der Entlassung bei Patienten mit nachstationärem Versorgungsbedarf ist am Tag der Aufnahme im Krankenhaus zu beginnen. So können frühzeitig, entsprechend der individuellen Bedürfnislage des Patienten, die notwendigen Schritte eingeleitet werden.[34] Eine organisierte Entlassung des Patienten hat Auswirkung auf den weiteren Heilungsprozess (Ergebnisqualität) und auf die Zufriedenheit des Patienten.[35] Der geregelte Transport, wie auch die gesicherte Ankunft und Versorgung des Patienten in den nachsorgenden Bereich ist Voraussetzung für eine kontinuierliche Weiterversorgung. Aufgrund der Schnittstelle des Behandlungsprozesses vom stationären in den nachstationären Bereich bedarf es hier entsprechender Instrumente, die die Versorgung des Patienten sicherstellen.[36]

5. Entlassungstag:

Innerhalb der stationären Entlassung kommt es zu Verzögerungen bei der Bettenräumung, welche Auswirkungen auf die Neuaufnahmen haben. Erst, wenn ein Bett geräumt und für den nächsten Patienten vorbereitet ist, kann dieses neu belegt werden. Da die Neuaufnahmen und Entlassungen jeweils morgens stattfinden, kommt es zu zeitlichen Überschneidungen. Folglich werden durch eine verzögerte Bettenräumung die nachfolgenden Prozesse der Patientenentlassung und der Neuaufnahmen beeinflusst.

6. Kontroll-/Evaluationsinstrumente:

Die Kontrolle und Evaluation der Entlassung zählt zu den Qualitätssicherungsmaßnahmen. Durch eine gezielte Reflektion und Auswertung der eigenen Leistung kann Optimierungspotential erkannt werden. Eine Kontrolle und Evaluation erfolgt im Anschluss an die Leistungserbringung und ist bei der Entlassung im nachstationären Bereich anzusetzen.[37] Indem das Krankenhaus nach dem stationären Aufenthalt noch einmal Kontakt zum Patienten aufnimmt und sich über seine Situation informiert, fühlt sich der Patient gut betreut.[38] Dies wirkt sich positiv auf seine Zufriedenheit aus.

---

[34] Vgl. DNQP (2009, S. 77).
[35] Vgl. Schneider (2006, S. 57 f.).
[36] Vgl. Schneider (2006, S. 54 f.).
[37] Vgl. DNQP (2009, S. 101).
[38] Vgl. DNQP (2009, S. 101).

Derzeit beschränkt sich die Evaluation auf die Überleitung in eine weiterbetreuende Einrichtung. Hier wird die Möglichkeit gegeben, die Überleitung mittels eines Formulars zu beurteilen und Rückfragen zu stellen. Aus den Antworten der externen Einrichtungen kann das Krankenhaus eigene Rückschlüsse auf die Überleitung ziehen und gegebenenfalls Verbesserungsmaßnahmen ableiten. Laut Angaben des Sozialdienstes wurde dieses Evaluationsinstrument in der Anfangszeit positiv aufgenommen und genutzt. Derzeit ist eine rückläufige Beteiligung an der Evaluation der nachstationären Einrichtungen zu verzeichnen. Ursache dafür könnte sein, dass die Einrichtungen keinen eigenen Nutzen daraus erkennen oder die Beurteilungsformulare nicht mehr wahrgenommen werden.

2.3.4 Prozessevaluation

Durch die Prozessevaluation wird überprüft, ob die Prozessleistung der bestehenden Prozesse den Sollvorgaben entspricht.[39] Das Benchmarking von Prozessen ermöglicht es, Unterschiede in den Prozessabläufen zu ermitteln und die wertschöpfenden Tätigkeiten zu bestimmen. Die durch den Vergleich generierten Daten können im Weiteren dazu verwendet werden, um Prozessoptimierungsmöglichkeiten abzuleiten.[40] Somit kann auf Basis der Ist-Prozesse die bestehende Vorgehensweise analysiert und daraus weitere Sollvorgaben ermittelt werden.[41]

Für das Benchmarking im Modellkrankenhaus wurde der medizinische und pflegerische Entlassungsprozess auf einer Vergleichsstation identifiziert.

Die Unterschiede der Vergleichsstation sind im Folgenden näher erläutert. Die Arbeitskultur unterscheidet sich dahingehend, dass die Pflegekräfte selbstständiger arbeiten und die im täglichen Arbeitsprozess entstehenden Aufgaben nicht auf den nachfolgenden Schichtdienst übertragen werden. Der Zuständigkeitsbereich in Bezug auf die Patientenbetreuung ist auf der Vergleichsstation um die Anordnung standardisierter Untersuchungen durch die Pflege ergänzt. Ebenfalls verfügt diese Station über eine Arztassistentin, die die Ärzte in ihren administrativen Tätigkeiten unterstützt. Sie übernimmt die Anmeldung der individuell geplanten Untersuchungen und die Dokumentation der Befundergebnisse im Krankenhausinformationssystem.

Im Weiteren wird auf die Unterschiede für die Teilprozesse „poststationären Versorgungsbedarf ermitteln" und „poststationären Versorgungsbedarf durch extern Akteure veranlassen" eingegangen. Bei der Bestellung eines Patiententransports greift die Vergleichsstation auf bestehende Verträge zurück. Der Vorteil liegt darin, dass die Personentransportunternehmen mit den Besonderheiten des Patiententransports vertraut sind, so dass die Patienten gemäß ihrer Bedürfnisse befördert werden. Zudem ist in den vertraglichen

---

[39] Vgl. Zapp und Otten (2010, S. 115).
[40] Vgl. Zapp und Oswald (2009, S. 215–220).
[41] Vgl. Renner (2005, S. 74).

Konditionen geregelt, dass die Patienten bis zu der nachbehandelnden Einrichtung, der Haustür oder der Bezugsperson des Patienten, gebracht werden. Dadurch wird sichergestellt, dass der Patient nach dem Krankenhausaufenthalt in einer sicheren Umgebung aufgenommen wird. Liegend- oder problematische Sitzendtransporte werden durch die Feuerwehr durchgeführt. Die Feuerwehr ist ebenfalls mit den Besonderheiten des Patiententransportes vertraut und gewährleistet neben dem sicheren Transport auch eine adäquate Übergabe des Patienten.

Im Weiteren konnten Differenzen im Teilprozess „Ärztliche und pflegerische Entlassungsmaßnahmen durchführen" festgestellt werden. Anders als auf der untersuchten Station wird in der Vergleichsstation vor dem endgültigen Beschluss der Entlassung stets Rücksprache mit der zuständigen Pflegekraft gehalten. Das liegt darin begründet, dass die Pflegekraft aufgrund des intensiveren Patientenkontakts ein differenziertes Bild von dem Patienten bekommt. Somit kann die Pflegekraft unter Berücksichtigung der psychosozialen Situation und des körperlichen Zustandes des Patienten Empfehlungen für einen Entlassungstermin aussprechen.

Ein weiterer Unterschied im Entlassungsprozess ist die Erstellung des Entlassungsbriefes. Da die Vergleichsstation aufgrund einer geringeren durchschnittlichen Verweildauer täglich bis zu 17 Entlassungen durchführt, sind die Entlassungsbriefe rechtzeitig zu erstellen. Dazu werden die vorläufigen Entlassungsbriefe jeweils um die neu gewonnenen Angaben über den Patienten direkt in der Vorlage des Entlassungsbriefes aktualisiert. Anders als in der untersuchten Station wird der Entlassungsbericht vorausschauend erstellt. Wenn die weitere medizinische Behandlung des Patienten vorhersehbar ist, wird bereits vorab die Dokumentation darum erweitert und andersfarbig markiert. Sobald die Maßnahmen erfolgt sind, wird die Dokumentation im Entlassungsbrief angepasst, vervollständigt und wiederum farblich als durchgeführt gekennzeichnet. Die Befunde, die ebenfalls im vorläufigen Entlassungsbrief enthalten sind, werden durch die Arztassistentin eingetragen. Das hat den Vorteil, dass der ärztliche Dienst von administrativen Aufgaben entlastet wird. Kommt es nun dazu, dass der Patient früher als geplant entlassen werden kann, ist der vorläufige Entlassungsbrief bereits soweit vorbereitet, dass er am Tag der Entlassung fertiggestellt und dem Patienten mitgegeben werden kann.

Zudem gehen die Pflegekräfte bei der Zusammenstellung der Abreiseunterlagen strukturiert vor. Der Inhalt des Umschlags wird auf der Vorderseite festgehalten. Die Medikamente und Verbandsmaterialien für die Erstversorgung des Patienten werden in der Blisterverpackung mit der jeweiligen Dosierung versehen.

Zusammenfassend werden in den nächst genannten Punkten die Unterschiede der Vergleichsstation aufgeführt, die in Bezug auf die Prozessgestaltung als förderlich angesehen werden können.

Organisation (Aufbauorganisation, Verteilungsbeziehungen)

- Interprofessionelle Kommunikation: Durch die feste Bereichsaufteilung innerhalb der Station ist der Ansprechpartner bekannt. Die regelmäßige Rücksprache zwischen der behandelnden Pflegekraft und dem Arzt gewährleistet einen kontinuierlichen Informationsaustausch.

- Aufgabenbereiche: Hinsichtlich der Ausgestaltung der Aufgabenfelder werden die Ärzte durch die Arztassistentin und Pflegekräfte von den administrativen Aufgaben entlastet.

- Externe Akteure: Der Patiententransport ist durch vertragliche Bedingungen mit den Personentransportunternehmen gesichert.

Behandlungsprozess (Ablauforganisation, Arbeitsbeziehungen)

- schriftliche Informationsweitergabe

Die Erstellung der Abreiseunterlagen und Entlassungsbriefe erfolgt standardisiert, kontinuierlich und vorausschauend.

2.3.5 Theoriegeleitete Verbesserungspotentiale

Im Folgenden werden die prozessgestalterischen Verbesserungsmaßnahmen der Clinical Pathways und des Lean Managements theoretisch erläutert und problembezogen angewendet. Die Prozessanalyse und -evaluation zeigten die defizitären Strukturen und Abläufe des medizinischen und pflegerischen Patientenentlassungsprozesses auf. Die Maßnahmen zur Prozessoptimierung werden anhand der Clinical Pathways und dem Lean Management aufgezeigt. Clinical Pathways und Lean Management gemeinsam ist die kundenorientierte Ausrichtung und die Gestaltung der Prozesse nach den Größen Qualität, Zeit und Kosten. Indessen wird der Prozess ganzheitlich und funktionsübergreifend betrachtet.[42]

2.3.5.1 Clinical Pathway

Für die Qualität der Outcomegröße, also dem Gesundheitszustand des Patienten, ist der Prozess berufsgruppen- und funktionsübergreifend, bezogen auf die gesamte Behandlung, patientenorientiert zu koordinieren. Clinical Pathways sind ein Instrument, um die Patientenbehandlung zielgerichtet zu strukturieren.[43] Die Clinical Pathways geben ein standardisiertes Vorgehen für eine homogene Patientengruppe wieder.[44] Ziel ist es, eine möglichst hohe Qualität zu erreichen. Dazu wird die geeignetste Vorgehensweise angewendet. Diese geht aus dem gemeinsamen Konsens der beteiligten Berufsgruppen und unter Einbezug der aktuellen Erkenntnisse der evidenzbasierten Medizin hervor. Darüber hinaus ist der derzeitige Standard hinsichtlich seiner Qualität zu hinterfragen und zu optimieren.[45] Zur Qualitätssicherung werden Ziele für den Teilprozess und den Gesamtprozess festgelegt.

---

[42] Vgl. Haubrock (2009, S. 168), Roeder und Küttner (2006, S. 684–687).
[43] Vgl. Thiemann und Voss (1998, S. 176).
[44] Vgl. Pföhler (2010, S. 46).
[45] Vgl. Küttner und Roeder (2007, S. 686 f.).

Bei Zielabweichungen gilt es die Ursachen zu analysieren und möglichst Gegenmaß-nahmen einzulenken.[46] Für die jeweiligen Tätigkeiten im Prozess werden klar definierte Verantwortlichkeiten verbindlich zugeordnet, so dass die Prozessbeteiligten ein einheitli-ches Verständnis über ihre Aufgabengebiete und dem prozessualen Ablauf verfügen.[47] Folglich bezieht sich die Prozessoptimierung bei den Clinical Pathways auf die Stan-dardisierung nach dem klinikspezifischen, besten Behandlungsverfahren. Dazu wird das Vorgehen für die Prozessbeteiligten sowie die zu erreichende Qualität durch Zielvorgaben dargestellt.

Patientenedukation

Die Edukation stellt eine wichtige Komponente in der Vorbereitung auf die Patienten-entlassung dar.[48] In der untersuchten Fachabteilung ist kein Instrument zur strukturierten Edukation vorhanden. Der Krankenhausaufenthalt ist zeitlich beschränkt, so dass es sinn-voll ist, rechtzeitig die Edukation den Patientenbedürfnissen entsprechend zu planen und den Wissensstand der Patienten und Angehörigen zu überprüfen.[49]

Innerhalb der Clinical Pathways wird die zu erreichende Qualität in Zielen formuliert. Weiterhin erfüllen die Ziele eine Kontrollfunktion, indem die Zielerreichung überprüft wird.[50]

Um sicherzustellen, dass die Patienten bei der Entlassung über die notwendigen Kennt-nisse und Fertigkeiten für die nachstationäre Versorgung verfügen, sollte die Patienten-edukation geplant werden. Aufbauend auf dem ermittelten Versorgungs- und Unterstüt-zungsbedarf bei der Patientenaufnahme können entsprechende Maßnahmen sowie Teil- und Gesamtziele formuliert werden. Die Ziele sind für alle beteiligten Ärzte, Pflegekräfte und weitere patientennahe Berufe sowie den Sozialdienst zugänglich zu hinterlegen. Dies kann beispielsweise über das Krankenhausinformationssystem erfolgen.

Die Erkrankung des Patienten kann seine Aufnahmefähigkeit beeinträchtigen.[51] Daher können ergänzend zu der direkten Kommunikation mit dem Patient oder dessen An-gehörige schriftliche Anleitungen als verständnisfördernde Maßnahmen eingesetzt wer-den.[52]

Vorbereitungszeit des Patienten auf die Entlassung

Nach den krankenhausinternen Vorgaben ist der Entlassungstermin 24 h nach der Aufnah-me des Patienten vorläufig zu planen und einen Tag vor der Entlassung dem Patienten mitzuteilen. Eine verspätete Information des Patienten tritt auf, wenn seine gesundheitli-che Entwicklung unklar ist. Ursächlich dafür können noch ausstehende Untersuchungser-

---

[46] Vgl. Lauterbach et al. (2009, S. 172).
[47] Vgl. Küttner und Roeder (2007, S. 686).
[48] Vgl. DNQP (2009, S. 93).
[49] Vgl. DNQP (2009, S. 94 f.).
[50] Vgl. Lauterbach et al. (2009, S. 172).
[51] Vgl. Wingenfeld (2005, S. 176).
[52] Vgl. DNQP (2009, S. 94 f.)

gebnisse oder erforderliche Rücksprachen mit dem Chefarzt sein. Um die krankenhausinternen Vereinbarungen einhalten zu können, sind die notwendigen Tätigkeiten an dem geplanten Entlassungstermin auszurichten.

Durch die Clinical Pathways werden klare Regelungen für die Organisation der Patientenbehandlung vorgegeben.[53] Verzögerungen können vermieden werden, wenn die Regelungen für alle verpflichtend im Vorhinein getroffen werden.[54]

Bezogen auf die untersuchte Fachabteilung sind die existierenden Vorgaben verbindlich festzulegen und allen beteiligten Berufsgruppen mitzuteilen.

Sicherung des Transports und der Ankunft/Versorgung
In der untersuchten Einrichtung erfolgt die Planung und Koordination der nachstationären Versorgung des Patienten durch die Pflegekraft, den Sozialdienst und den Wund- und Stomatherapeuten. Inwiefern die geplanten Vorkehrungen durch die Berufsgruppen erfolgt sind, wird nicht überprüft.

Die Clinical Pathways erfüllen unter anderem eine Dokumentationsfunktion. Die bestehenden Unterlagen können im Clinical-Pathway-Dokument integriert werden. Um den Dokumentationsaufwand zu verringern, besteht die Möglichkeit die erfüllten Aufgaben durch eine Symbol oder Handzeichen zu kennzeichnen.[55]

In dem Modellkrankenhaus könnte dadurch ein Überblick über die notwendigen Maßnahmen für die nachstationäre Versorgung des Patienten und deren Erfüllung ermöglicht werden. Darüber hinaus kann es als Kontrolle der durchzuführenden Schritte dienen. Die konkrete Umsetzung wäre in Form einer multiprofessionellen Checkliste möglich. Um zu gewährleisten, dass die notwendigen Maßnahmen erfolgt sind, bekommt die für den Patienten zuständige Pflegekraft die Verantwortung zugeordnet.

Kontroll-/Evaluationsinstrumente
Die in den Überleitungsbögen enthaltenen Formulare zur Bewertung der Überleitung werden von den externen Einrichtungen nicht mehr genutzt.

In dem Clinical Pathway ist das möglichst optimale Vorgehen unter Berücksichtigung der krankenhausinternen Ressourcen und Strukturen darzustellen. Dazu ist der aktuelle Standard stetig auf Verbesserungsmöglichkeiten hin zu überprüfen und anzupassen.

Daher sollten das vorhandene Evaluationsinstrument in den Überleitungsbögen wieder von den externen Einrichtungen genutzt werden, damit die Bewertungen zur weiteren Prozessverbesserung herangezogen werden können. Darüber hinaus wird im „Expertenstandard Entlassungsmanagement in der Pflege" eine nachstationäre Kontaktaufnahme zu den Patienten empfohlen. Dadurch kann auf eventuellen Informationsbedarf des Patienten eingegangen werden. Die Patienten bewerten eine solche Möglichkeit positiv.[56] Die konkrete Umsetzung kann durch ein sogenanntes „Follow-up" erfolgen. Dazu werden die

---

[53] Vgl. Amelung (2007, S. 186).
[54] Vgl. Roeder und Küttner (2006, S. 686).
[55] Vgl. Roeder und Küttner (2006, S. 688).
[56] Vgl. DNQP (2009, S. 101).

Patienten 48 h nach der klinischen Entlassung telefonisch kontaktiert.[57] Der gemeldete Informationsbedarf der Patienten kann anschließend zur weiteren Verbesserung der klinischen Patientenentlassung analysiert werden.

2.3.5.2   Lean Management

Die Aktivitäten des Lean Management beziehen sich auf die Wertschöpfung im Unternehmen. Relevant ist der Nutzenzuwachs für interne Kunden im Unternehmen innerhalb des Gesamtprozesses und externe Kunden, als Endverbraucher.[58] Tätigkeiten, die keinen Nutzen für den Kunden besitzen, sind als Verschwendung zu identifizieren und zu beseitigen, um Kosten zu sparen.[59] Im Allgemeinen wird zwischen sieben Arten der Verschwendung unterschieden. In der Abb. 2.7 werden die verschiedenen Formen aufgeführt.

Im Krankenhaus ist ein Indiz der Verschwendung, wenn Unklarheiten bestehen oder überflüssige Bewegungen im Prozess erfolgen. Ein weiterer Ansatzpunkt sind die Wartezeiten an den Schnittstellen auf Patienten oder Krankenhauspersonal. Zudem gelten eine

Abb. 2.7 Die 7 Arten der Verschwendung. (Eigene Darstellung in Anlehnung an Töpfer 2009, S. 28#S)

___

[57] In dem „Expertenstandard Entlassungsmanagement in der Pflege" wird angemerkt, dass sich einige Probleme am zweiten Tag nach der stationären Entlassung noch nicht äußern, so dass das Follow-up eventuell zu einem späteren Stichtag erfolgen muss. Vergleiche hierzu DNQP (2009, S. 101).
[58] Vgl. Wiegand und Franck (2008, S. 28).
[59] Vgl. Töpfer (2009, S. 28 f.).

fehlende Ausrichtung am Prozess, welche sich in Bereichsegoismen äußern und zu hohe Lagerbestände als Verschwendung. Ebenso sind unzureichende Qualifikationen der Mitarbeiter negativ zu bewerten. Die Überproduktion im Krankenhaus, indem die Patienten mit nicht wertschöpfenden Leistungen versorgt werden, ist eine Form der Verschwendung.[60] Ergänzend zur Wertsteigerung sind die Prozesse durch Standardisierung und Flexibilisierung zu gestalten. Die Prozesse und die Verantwortlichkeiten sind klar zu definieren.[61] Ferner sind die Prozesse zu modularisieren, so dass jederzeit die Prozesse entsprechend der individuellen Kundenbedürfnisse angepasst werden können.[62] Dadurch, dass die Prozesse definiert und klar voneinander abgegrenzt werden, können sie unternehmensintern miteinander verglichen werden. So werden gleich ablaufende Prozesse über die organisatorischen Grenzen hinweg ersichtlich und zeigen Möglichkeiten zur Standardisierung auf.[63]

Patientenedukation

In der untersuchten Fachabteilung wird die Patientenedukation, abhängig vom Bedarf des Patienten, von unterschiedlichen Berufsgruppen durchgeführt. Inwiefern dazu der Sozialdienst und die Pflegeexperten hinzugezogen werden, wird zentral von dem verantwortlichen Arzt entschieden. Anschließend führt die zuständige Pflegekraft die Anweisungen des Arztes aus. Dieser zentrale Entscheidungsvorgang ist unflexibel. Zudem kann es durch die Aufbereitung und Weiterleitung der notwendigen Informationen vom Arzt an die Pflege zu zeitlichen Verzögerungen kommen.[64]

Verbesserungsmöglichkeiten bietet das Lean Management durch die Übertragung von Entscheidungsautonomien auf die unteren Hierarchien. Die Verantwortung ist weiterhin durch die Vorgesetzten zu übernehmen.[65] Folglich wird der Entscheidungsprozess verkürzt, so dass die weiteren Berufsgruppen frühzeitig an der Patientenedukation beteiligt werden können.

Daher sollte in der untersuchten Fachabteilung überprüft werden, inwieweit die Pflegekraft den Entscheidungsprozess übernehmen kann, ohne die Qualität der Behandlung zu gefährden.[66]

Erstellung der Abreiseunterlagen

In dem Entlassungsbrief sind die medizinisch bedeutenden Informationen für die weitere Patientenversorgung enthalten.[67] In dem untersuchten Krankenhaus ist der Entlassungsbrief während der Krankenhausbehandlung anzufertigen und bis zu der Patientenentlas-

---

[60] Vgl. Haubrock (2009, S. 176).
[61] Vgl. Töpfer (2009, S. 29).
[62] Vgl. Töpfer (2009, S. 29).
[63] Vgl. Wiegand und Franck (2008, S. 18–20).
[64] Vgl. Glossmann (2000, S. 471).
[65] Vgl. Glossmann (2000, S. 472).
[66] Vgl. Glossmann (2000, S. 473).
[67] Vgl. Rapp (2008, S. 101).

sung fertigzustellen. In dem Modellkrankenhaus kommt es bei der stationären Entlassung zu Wartezeiten, wenn der Entlassungsbrief nicht rechtzeitig fertiggestellt ist.

Nach dem Lean Management sind Wartezeiten zu vermeiden. Tätigkeiten, die bei der Erstellung des Entlassungsbriefes zu Verzögerungen führen, sind zu eliminieren.[68]

Die Vergleichsstation fertigt den Entlassungsbrief termingerecht an. Die Vorgehensweise ist auf die untersuchte Station übertragbar. Der Entlassungsbrief ist vorausschauend von dem verantwortlichen Arzt zu erstellen, so dass am Tag der Entlassung lediglich geringe Ergänzungen notwendig sind. Der Entlassungsbrief ist von vornherein weitestgehend vollständig und richtig zu erstellen, so dass Nacharbeiten möglichst vermieden werden. Ferner ist die proaktive Arbeitsweise zu übernehmen. Demnach sind die weiteren Abreiseunterlagen rechtzeitig von der zuständigen Pflegekraft anzufordern. Um eine termingerechte Fertigstellung der Unterlagen zu ermöglichen, ist der Entlassungstermin des Patienten 24 h vor der stationären Entlassung, den beteiligten Professionen mitzuteilen.

Sicherung des Transports und der Ankunft/Versorgung

Die Vereinbarungen zwischen der Fachabteilung und dem Personentransportunternehmen enthalten die bedarfsgerechte Beförderung des Patienten. Jedoch sind keine Vereinbarungen bezüglich der Ankunft des Patienten in der nachstationären Unterkunft enthalten.

Die Prozessgestaltung nach dem Ansatz des Lean Management beinhaltet die Ausgestaltung der Kunden- und Lieferantenbeziehungen an den Schnittstellen des Gesamtprozesses.[69] Demnach sind die Anforderungen zu definieren und mit der jeweils anderen Partei die Konditionen zu vereinbaren.[70]

Die Vergleichsstation arbeitet ebenfalls mit den gleichen Transportunternehmen zusammen wie die untersuchte Station. Jedoch sind hier mündliche Vereinbarungen getroffen worden, die sicherstellen, dass der Patient nach dem eigentlichen Transport auch in die häusliche oder weiterversorgende Einrichtung hineinkommt. Im Gegenzug kontaktiert die Vergleichsstation stets diese Transportunternehmen. Um die Ankunft auch für die Patienten der untersuchten Station möglichst sicher zu gestalten, sollten ebenfalls entsprechende Vereinbarungen mit den Transportunternehmen getroffen werden.

Entlassungstag

Bei der stationären Entlassung kam es zu zeitlichen Überschneidungen der Aufnahmen und Entlassungen. Folglich kam es zu Verzögerung bei der Zimmerbelegung.

Nach dem Lean Management sind die Tätigkeiten gemäß dem Fluss-Prinzip zu strukturieren. Die Prozessschritte greifen von Prozessbeginn bis Prozessende ineinander und vermeiden somit Wartezeiten und Doppelarbeiten.[71] Bei der Analyse des Prozesses sind

---

[68] Vgl. Wiegand und Franck (2008, S. 25 f., 29).

[69] Die Prozessgestaltung mittels Clinical Pathways sieht ebenfalls die geregelte Zusammenarbeit an den prozessualen Schnittstellen vor. Hierzu werden die Vereinbarungen zwischen den Beteiligten in den Clinical Pathways fixiert. Vergleiche hierzu Roeder und Küttner (2006, S. 686).

[70] Vgl. Gruß (2010, S. 169).

[71] Vgl. Wiegand und Franck (2008, S. 25–27).

die Tätigkeiten nach ihren Qualifikationsanforderungen und ihrem Prioritäten zu überprüfen. So können bei zeitlichen Engpässen Aufgaben übertragen werden. Des Weiteren sind Tätigkeiten vorher oder nach der Engpasssituation zu erledigen.[72]

Auf der Station bedarf es einer verbesserten zeitlichen Planung der Aufnahmen, so dass die Patienten nicht unnötig lange Wartezeiten hinnehmen müssen. In Bezug auf die Tätigkeiten der Patientenentlassung ist es möglich, die Pflegekräfte zu entlasten, indem die Angehörigen die Patienten bei dem Packen der persönlichen Gegenstände unterstützen. Eine weitere Entlastung kann erreicht werden, wenn die Abreiseunterlagen im Vorhinein fertiggestellt werden.

2.4 Ausblick

Im vorliegenden Beitrag wurde überprüft, welche Verbesserungen durch die Prozessgestaltung in Bezug auf den klinischen Patientenentlassungsprozess erreicht werden können. Die Ergebnisse dieser Arbeit zeigen, dass die Prozessgestaltung in hohem Maße geeignet ist, um die Vorgänge in Krankenhäusern zu analysieren und Verbesserungen aufzuzeigen. In der Prozessanalyse konnte festgestellt werden, dass die Probleme der krankenhausinternen Abläufe häufig auf organisatorische Schwachstellen zurückzuführen sind. Fehlende verbindliche Regelungen zur fristgerechten Aufgabenerfüllung und den Kommunikationswegen der Berufsgruppen können hier als Hauptschwachstelle angeführt werden.

In Bezug auf die prozessgestalterischen Maßnahmen der Clinical Pathways konnte gezeigt werden, dass durch eine Definition der Vorgehensweise und der zu erreichenden Prozessziele positive Änderungen erreicht werden können. Am klinischen Entlassungsprozess sind mehrere Berufsgruppen beteiligt. Viele Probleme im klinischen Ablauf entstehen durch fehlende Absprachen und Terminierung zwischen verschiedenen Berufsgruppen. Auch eine eindeutige Zuteilung der Aufgaben kann helfen, die Zusammenarbeit der Professionen besser zu regeln. Um eine hohe Qualität der Patientenbehandlung zu gewährleisten, müssen allerdings auch individuelle Eigenschaften des Patienten berücksichtigt werden. Daher ist es empfehlenswert zu überprüfen, bei welchen Prozessen eine Standardisierung möglich ist und wie detailliert die Vorgaben der Clinical Pathways sein sollen.

Die Prozessgestaltung unter den Gesichtspunkten des Lean Management erfolgt durch die Erhöhung der Wertschöpfung, sowie die Standardisierung und Flexibilisierung der Prozesse. Die Anwendungen in dieser Arbeit zeigen, dass die Prozessgestaltung nach dem Lean Management in hohem Maße geeignet ist, um die Durchlaufzeit zu reduzieren. Dazu können in Engpasssituationen Aufgaben in Abhängigkeit der Qualifikation und Priorität an andere Mitarbeiter delegiert oder zu einem anderen Zeitpunkt erledigt werden. Hier ist jedoch anzuführen, dass die Delegation der Aufgaben aufgrund der hohen Spezialisierung der einzelnen Funktionen im Krankenhaus nur beschränkt möglich ist.

---

[72] Vgl. Wiegand und Franck (2008, S. 111–113).

Es bleibt zu erwähnen, dass bei der Prozessanalyse neben den Schwächen auch Stärken bestehender Prozesse erkannt werden können. Die Bewertung des Ist-Prozesses durch einen Vergleich mit einem anderen Patientenentlassungsprozess lieferten weitere Verbesserungspotentiale. An dieser Stelle kann festgehalten werden, dass bereits durch geringe Veränderungen beispielsweise durch eine strukturiertere und proaktive Erstellung des Arztbriefes oder durch eine gezielte Definition der Leistungsanforderungen mit dem Transportunternehmen, positive Effekte für den klinischen Entlassungsprozess erreicht werden können.

Zusammenfassend kann festgestellt werden, dass die Prozessgestaltung ein geeignetes Mittel zur Optimierung von Prozessen im Krankenhaus ist. Dies wurde am Beispiel des Entlassungsprozesses gezeigt. In dieser Fallstudie konnte keine eindeutige Präferenz für die Clinical Pathways oder das Lean Management getroffen werden. Beide Ansätze richten ihre Prozesse kundenorientiert aus, setzen allerdings verschiedene Schwerpunkte. Während die Methode der Clinical Pathways vorrangig das Ziel der Qualitätsverbesserung verfolgt, ist das Lean Management insbesondere für den optimalen Ressourceneinsatz geeignet. Welcher Ansatz bei der Prozessgestaltung gewählt wird, ist daher abhängig von der Zielsetzung und den Prozessmerkmalen der durchführenden Institution.

Literatur

Gedruckte Publikationen

Amelung VE (2007) Managed Care. Neue Wege im Gesundheitsmanagement. Mit 17 Fallstudien aus den USA, Großbritannien und Deutschland, 4. Aufl. Gabler, Wiesbaden

Blonski H (2003) Prozessmanagement in Pflegeorganisationen. Grundlagen – Erfahrungen – Perspektiven. Schlütersche Verlag, Hannover

DNQP (2009) Expertenstandard Entlassungsmanagement in der Pflege. Schriftenreihe des Deutschen Netzwerks für Qualitätsentwicklung in der Pflege. DNQP, Osnabrück

Georg J, Schär W (2009) Praktische Bedeutung des Managements in der Gesundheitswirtschaft. Entlassungsmanagement. In: Haubrock M, Schär W (Hrsg) Betriebswirtschaft und Management in der Gesundheitswirtschaft, 5. Aufl. Huber, Bern, S 485–496

Glossmann J-P (2000) „Lean Management" im ärztlichen Bereich. Med Klin 8:470–473

Gorschlüter P (2003) Versorgungssicherung unter DRG-Bedingungen. Trauma Berufskr 6(Supplement 3):321–323

Gruß R (2010) Schlanke Unikatfertigung. Zweistufiges Taktphasenmodell zur Steigerung der Prozesseffizienz in der Unikatfertigung auf Basis der Lean Produktion. Gabler, Wiesbaden

Haubrock M (2009) Praktische Bedeutung des Managements in der Gesundheitswirtschaft. In: Haubrock M, Schär W (Hrsg) Betriebswirtschaft und Management in der Gesundheitswirtschaft, 5. Aufl. Huber, Bern, S 270–308

Küttner T, Roeder N (2007) Definition klinischer Behandlungspfade. In: Roeder N, Küttner T (Hrsg) Klinische Behandlungspfade. Mit Standards erfolgreich arbeiten. Deutscher Ärzte-Verlag, Köln, S 17–27

Lauterbach KW, Stock S, Brunner H (2009) Gesundheitsökonomie. Lehrbuch für Mediziner und andere Gesundheitsberufe, 2. Aufl. Huber, Bern

Lusiardi S (2004) Überleitungsmanagement. Wege zur Umsetzung in die Praxis. Urban & Vogel, München

Pföhler M (2010) Klinische Behandlungspfade. Theoretisch und empirisch gestützte Erfolgsfaktoren für eine ressourcenorientierte Implementierung im Krankenhaus. Berliner Wissenschafts-Verlag, Berlin

Rapp B (2008) Praxiswissen DRG. Optimierung von Strukturen und Abläufen. Kohlhammer, Stuttgart

Renner A (2005) Potenzialermittlung durch Benchmarking. In: Horváth, Partners (Hrsg) Prozessmanagement umsetzten. Durch nachhaltige Prozessperformance Umsatz steigern und Kosten senken. Schäffer-Poeschel, Stuttgart, S 69–86

Roeder N, Küttner T (2006) Behandlungspfade im Licht von Kosteneffekten im Rahmen des DRG-Systems. Internist (Berl) 47(7):684–689

Schaeffer D (1993) Integration von ambulanter und stationärer Versorgung. In: Badura B, Feuerstein G, Schott T (Hrsg) System Krankenhaus. Arbeit, Technik und Patientenorientierung. Juventa, Weinheim München, S 270–291

Scheer AW, Chen R, Zimmermann V (1996) Prozessmanagement im Krankenhaus. In: Adam D (Hrsg) Krankenhausmanagement. Schriften zur Unternehmensführung, Bd. 59. Gabler, Wiesbaden, S 76–96

Schneider R (2006) Überleitungsmanagement. In: Bühler E (Hrsg) Überleitungsmanagement und Integrierte Versorgung. Brücke zwischen Krankenhaus und nachstationärer Versorgung. Kohlhammer, Stuttgart, S 51–76

Straub S (1997) Controlling für das wirkungsorientierte Krankenhausmanagement: Ein Value-Chain basierter Ansatz. Bayreuth. Diss. St. Gallen Verlag PCO

Thiemann H, Voss H (1998) Clinical Pathways. Hilfsmittel für ressourcenschonendes Handeln in der Medizin. In: Eichhorn S, Schmidt-Rettig B (Hrsg) Chancen und Risiken von Managed Care. Perspektiven der Vernetzung des Krankenhauses mit Arztpraxen, Rehabilitationskliniken und Krankenkassen. Kohlhammer, Stuttgart, S 175–186

Töpfer A (2009) Lean Management und Six Sigma: Die wirkungsvolle Kombination von zwei Konzepten für schnelle Prozesse und fehlerfreie Qualität. In: Töpfer A (Hrsg) Lean Six Sigma. Erfolgreiche Kombination von Lean Management, Six Sigma und Design for Six Sigma. Springer, Heidelberg, S 25–68

Wiegand B, Franck P (2008) Lean Administration I. So werden Geschäftsprozesse transparent. Workbook für Manager und Mitarbeiter in Industrie, Verwaltung und Dienstleistung, 3. Aufl. Lean Management Institut, Aachen

Wingenfeld K (2005) Die Entlassung aus dem Krankenhaus. Institutionelle Übergänge und gesundheitlich bedingte Transitionen. Huber, Bern

Zapp W, Oswald J (2009) Controlling-Instrumente für Krankenhäuser. Kohlhammer, Stuttgart

Zapp W, Otten S (2010) Vorgehensweise und Ablauf der Gestaltung von Prozessen. In: Zapp W (Hrsg) Prozessgestaltung in Gesundheitseinrichtungen. Von der Analyse zum Controlling, 2. Aufl. economica, Heidelberg

Internet-Publikationen

Bundesärztekammer (2010) Prozessverbesserung in der Patientenversorgung durch Kooperation und Koordination zwischen den Gesundheitsberufen. http://www.bundesaerztekammer.de/downloads/FachberufeProzessverbesserung201111.pdf. Zugegriffen: 28. Okt. 2011

Bundesministerium für Gesundheit (2011) Glossarbegriff. Entlassungsmanagement. www.bmg.bund.de/glossarbegriffe/entlassungsmanagement.html. Zugegriffen: 14. Dez. 2011

Deutscher Bundestag (2011) Drucksache des Deutschen Bundestages. 17/6906 vom 05.09.2011. Gesetzentwurf der Bundesregierung. Entwurf eines Gesetzes zur Verbesserung der Versorgungsstrukturen in der gesetzlichen Krankenversicherung (GKV-Versorgungsstrukturgesetz-GKV-VStG). www.bundesgesundheitsministerium.de. Zugegriffen: 28. Okt. 2011

Prozessanalyse des Entlassmanagements – Theoretische Fundierung und anwendungsorientierte Optimierung unter besonderer Beachtung des Lean Hospital Managements

Markus Krahforst, Hans-Martin Kuhlmann und Winfried Zapp

3.1 Einleitung

3.1.1 Problemstellung und Zielsetzung

In den letzten Jahren hat eine dynamische Entwicklung der Krankenhausfinanzierung stattgefunden. Nachdem das DRG-Fallpauschalensystem im Jahre 2003 freiwillig beziehungsweise 2004 verpflichtend eingeführt wurde, könnte man davon ausgehen, dass nach einer angemessenen Zeit eine ausreichende Anpassung der Kliniken erfolgt ist. Den aktuellen Zahlen zufolge lässt sich diese Vermutung nicht unterstreichen. Über 50 % der Allgemeinkrankenhäuser haben im Jahre 2012 Verluste verbuchen müssen. Bei 57 % der Kliniken war das Jahresergebnis im Jahr 2012 im Vergleich zum Vorjahr weiter gesunken. Ebenso erwarten die Klinikmanager keine positive Erholung in den nächsten Jahren.[1] Insbesondere die Erlöse sind durch die Krankenhäuser nur schwer beeinflussbar. Relativgewichte der Behandlungsfälle sowie die Landesbasisfallwerte sind vorgegebene Größen. Lediglich das Produktportfolio, also die Art der Behandlungsfälle und die Menge der er-

---

[1] Vgl. Blum et al. (2013, S. 100 ff.).

M. Krahforst (✉)
Brügger Hof 5, 49124 Georgsmarienhütte, Deutschland
E-Mail: Markus.Krahforst@hs-osnabrueck.de

H.-M. Kuhlmann
Krankenhaus Jerusalem
Moorkamp 6, 20357 Hamburg, Deutschland
E-Mail: Kuhlmann@jerusalem-hamburg.de

W. Zapp
Hochschule Osnabrück
Osnabrück, Deutschland
E-Mail: W.Zapp@hs-osnabrueck.de

© Springer Fachmedien Wiesbaden GmbH 2017
W. Zapp und J. Ahrens (Hrsg.), *Von der Prozess-Analyse zum Prozess-Controlling*,
Controlling im Krankenhaus, DOI 10.1007/978-3-658-13171-5_3

brachten beziehungsweise geplanten Leistungen können zumindest teilweise durch die Kliniken beeinflusst werden. Der Fokus der Krankenhäuser beinhaltet als Thema die Kostensenkung und ist daher nachvollziehbar. Doch das „Cost Cutting" der letzten Jahre hat weitgehend seine Grenzen erreicht.[2] Outsourcing und die minimale personelle Besetzung auf den Stationen sei hier nur als Beispiel genannt. Doch von Seiten der Krankenkassen gibt es immer wieder die Forderung an den Gesetzgeber, das Budget für die Krankenhäuser weiter zu senken oder lediglich moderat ansteigen zu lassen. Die Krankenkassen sehen weiterhin Ineffizienzen und somit wirtschaftliche Potenziale der Krankenhausversorgung. Die derzeitige wirtschaftliche Lage der Krankenhäuser und die Pläne der Krankenkassen senken nicht den Druck auf die stationäre Versorgung, sondern erfordern Veränderungen und innovatives Handeln. So müssen die derzeit bestehenden Abläufe und Prozesse in der stationären Versorgung kritisch hinterfragt respektive verändert werden, um in den nächsten Jahren wirtschaftlich erfolgreich zu sein.

Ein wesentlicher Kernprozess ist unter anderem die Entlassung des Patienten[3]. Das Thema Entlassungsmanagement wurde in den vergangen Jahren immer wieder als bedeutsam und wichtig beschrieben. Besonders im Bereich der Pflege gibt es einschlägige Literatur und Bemühungen, diesen Prozess richtig zu managen und zu verbessern. Dabei sollen verschiedene Aspekte berücksichtigt werden. Zum einen soll der Prozess auf die Wünsche des Patienten respektive Kunden ausgerichtet sein, um dessen Zufriedenheit zu steigern. Daneben sollen Fallzusammenführungen durch einen schlecht abgestimmten Übergang in die weiterversorgenden Institutionen, mit der Folge von Wiederaufnahmen, vermieden werden. Dieses Phänomen wird in der Literatur auch als Drehtüreffekt bezeichnet.[4] Aber auch die Reduzierung der Verweildauer kann durch ein gut geplantes Entlassungsmanagement erreicht werden.[5]

Mithilfe des § 21-Datensatzes konnte ermittelt werden, dass im Beispielkrankenhaus durchaus Potenzial für ein gut geplantes Entlassungsmanagement vorhanden ist. Die Ergebnisse der Datenuntersuchung haben ergeben, dass im Jahr 2014 knapp 32 % der Patienten in der Zeit zwischen 14:00 und 19:00 Uhr entlassen wurden. Die Ergebnisse des Fragebogens, der mit Interviews der Beteiligten ausgefüllt wurde, haben ergeben, dass die Probleme im Bereich des Entlassungsmanagements nicht durch externe Einrichtungen verursacht sind, sondern interne Prozesse zu den Verzögerungen führen.

Ziel dieses Kapitels ist, dem Leser den Ablauf der Prozessgestaltung Schritt für Schritt zu erläutern und zu beweisen, dass der Lean-Ansatz auch im Krankenhaussektor für die Gestaltung von Prozessen anwendbar ist und dem Krankenhaus wirtschaftlichen Nutzen erbringen kann. Die Evaluation der erfolgten Prozessgestaltung und die Einführung eines Prozesscontrollings sind hingegen nicht Teil dieses Kapitels.

---

[2] Vgl. Sudmann (2015, S. 163).
[3] Frick und Winkler (2010, S. 143)
[4] Vgl. Frick und Höhmann (2010, S. 26), vgl. auch Bono (2006, S. 23).
[5] Vgl. Frick und Stähli (2010, S. 160).

3.1.2 Vorgehensweise und Aufbau

Das vorliegende Kapitel ist in vier Hauptpunkte unterteilt. Der erste Punkt umfasst die Einleitung in das Thema mit der Problemstellung und Zielsetzung, sowie der Vorgehensweise und dem Aufbau.

Im zweiten Gliederungspunkt werden die theoretischen Grundlagen von Prozessen und einer Prozessanalyse beschrieben. Dabei wird auch auf das Entlassmanagement und das Lean Hospital Management eingegangen. Die kritische Würdigung bildet den Schluss der theoretischen Grundlagen.

Der dritte Punkt beschäftigt sich mit der praktischen Untersuchung. Hier erfolgt die Beschreibung der momentanen Ist-Situation des Entlassungsprozesses in dem Beispielkrankenhaus anhand des Ablaufs der Prozessgestaltung von Zapp. Nach Zerlegung und Darstellung des Ist-Zustandes erfolgt eine Schnittstellenanalyse und Prozesswürdigung. Vor der kritischen Würdigung erfolgt noch die Beschreibung der Prozessstruktur und -organisation. Zum Ende der praktischen Untersuchung wird das Sollkonzept für das Entlassungsmanagement vorgestellt. Anschließend folgen ein Fazit und ein Ausblick auf weitere Schritte des Prozesses nach den hier beschriebenen Arbeitsschritten und die Entwicklung sowie Relevanz von Prozessgestaltungen für Krankenhäuser in den nächsten Jahren.

3.2 Theoretische Grundlagen einer Prozessanalyse

3.2.1 Begriffsdefinitionen von Prozessen

3.2.1.1 Begriffsdefinition Prozess

Zu dem Begriff „Prozess" findet sich eine Vielzahl von Definitionen in der Literatur, die die Kernaussagen des Prozesses wiedergeben. Je nach Betrachtungsweise und Spezifizierung können sich die Definitionen unterscheiden. Guido Fischermanns bestimmt beispielsweise den Prozess als Struktur, deren Elemente Aufgaben, Aufgabenträger, Sachmittel und Informationen sind, die durch logische Folgebeziehungen verknüpft werden. Er verweist weiterhin darauf, dass ein Prozess durch verschiedene Dimensionen – Zeit, Raum und Menge – beeinflusst wird. Der Prozess wird durch ein definiertes Starterereignis (Input) ausgelöst und endet mit dem Ergebnis (Output), welches dazu dienen soll, einen Wert für Kunden zu schaffen.[6] Eine ähnlich treffende Definition hat Siegfried Eichhorn für den Krankenhaussektor getätigt. Er beschreibt den Prozess als Abfolge von Aktivitäten des Krankenhausleistungsgeschehens, der dadurch in einem logischen inneren Zusammenhang steht, dass er im Ergebnis zu einer Leistung führt, welche vom Patienten nachgefragt wird.[7] Des Weiteren erwähnt Winfried Zapp in seiner Definition den monetären oder nicht

---

[6] Vgl. Fischermanns (2013, S. 14), Schmidt (1997, S. 5).
[7] Vgl. Eichhorn (1997, S. 140).

monetären Mehrwert: „Ein Prozess ist die strukturierte Folge von Verrichtungen. Diese Verrichtungen stehen in ziel- und sinnorientierter Beziehung zueinander und sind zur Aufgabenerfüllung angelegt mit definierten Ein- und Ausgangsgrößen und monetärem oder nicht monetärem Mehrwert unter Beachtung zeitlicher Gegebenheiten."[8] Aus dieser Definition lassen sich die folgenden Merkmale für einen Prozess zusammenfassen:[9]

1. strukturierte Abfolge
2. Verrichtung
3. ziel- und sinnorientierte Beziehung
4. Aufgabenerfüllung
5. definierte Ein- und Ausgangsgrößen
6. Wertzuwachs
7. Zeitperiode

Dabei ist zu beachten, dass die strukturierte Abfolge nicht nur ein Nacheinander, sondern auch ein Nebeneinander der einzelnen Elemente bedeuten kann und letztendlich auf eine sinnvolle Wertschöpfungskette abzielt.[10] Aus der betriebswirtschaftlichen Sicht handelt es sich bei einem Prozess um eine Aufgabenerfüllung, die materielle oder immaterielle Leistungen hervorbringt. Das kann beispielsweise die Schaffung eines Produktes oder einer Dienstleistung sein. Der Prozess zeichnet sich durch definierte und messbare Eingangs- (Input) und Ausgangsgrößen (Output) aus.[11] Des Weiteren spielt der Wertzuwachs – oder auch Wertschöpfung genannt – aus betriebswirtschaftlicher Sicht eine besondere Rolle. Denn der Grad der Erfüllung von Kundenerwartungen (in diesem Zusammenhang Patientenerwartung) entscheidet über den Erfolg der Unternehmung. Wertschöpfung wird durch den Kunden bewirkt und bedeutet nichts anderes, als die Bereitschaft des Kunden mehr zu bezahlen als das Unternehmen in das Produkt oder die Dienstleistung investiert hat. Oder anders gesagt, die beim Kunden realisierten Erlöse (Preis), die vom Unternehmen eingesetzten Ressourcen (Kosten) übersteigen.[12]

In der Literatur respektive den Definitionen des „Prozesses" werden viele unterschiedliche Tätigkeitsbegriffe verwendet. Welche Bedeutung die einzelnen Tätigkeitsbegriffe wiedergeben, wird im Folgenden beschrieben.

Das Tun wird als eine rein betrachtende Zustandsbeschreibung verstanden. Es fehlen Intention und zielführende Eigenschaften. Die Aktion hingegen geht auf eine menschliche Entscheidung zurück, welcher aufbauend weitere Tätigkeiten folgen können. Damit von einer Aktion gesprochen werden kann, müssen deshalb Entscheidungen durch Personen als Auslöser von Tätigkeiten feststehen.[13] Die Handlung wird definiert als eine Tätigkeit,

---

[8] Zapp und Dorenkamp (2002, S. 26), vgl. auch Zapp und Oswald (2010, S. 37).
[9] Zapp und Dorenkamp (2002, S. 27).
[10] Vgl. Fischermanns (2013, S. 19).
[11] Vgl. Zapp et al. (2010, S. 22).
[12] Vgl. Fischermanns (2013, S. 590 und S. 17).
[13] Vgl. Zapp et al. (2010, S. 21). Vgl. auch: Hehlmann (1974, S. 8 ff.).

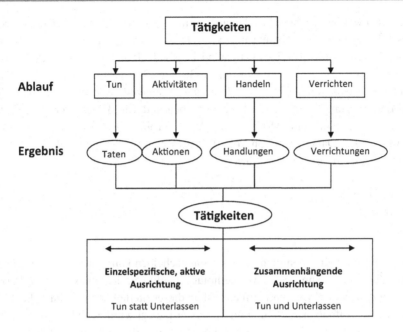

Abb. 3.1 Tätigkeitsbegriffe. (Quelle: Zapp et al. 2010, S. 21)

bei der der Handelnde ein zielorientiertes, planmäßiges Handeln zeigt. Sie wird durch eine Beziehung zur Umwelt des Handelnden aufgenommen und stellt somit das willensgetragene menschliche Verhalten zur Gestaltung der Wirklichkeit dar.[14] Die Handlung wird auch als „Mittel zur Erreichung eines Zweckes"[15] gesehen. Aus betriebswirtschaftlicher Perspektive sind Prozesse in Form von Verrichtungen zu betrachten. Sie beschreiben, wie und durch welche Arten von Tätigkeiten die Aufgabe erfüllt wird, wobei das Ziel der Aufgabenerfüllung feststeht.[16] Die Abb. 3.1 soll einer besseren Übersicht der Begriffe dienen.

3.2.1.2 Prozesstypen

Bei der Thematisierung von Prozessen tritt häufig die Vorstellung auf, dass man den Verlauf eines Prozesses immer vorhersehen und in einem Modell abbilden kann. Die möglichen alternativen oder parallelen Wege sind bekannt und können als Verzweigungen dargestellt werden. Diese Vorstellung wird verstärkt, indem Prozesse oft in kontrollflussorientierten Prozessdiagrammen modelliert werden.[17] Das wohl bekannteste kontrollflussorientierte Prozessdiagramm ist die Ereignisgesteuerte Prozesskette (EPK). Allerdings ist nicht jeder verlaufende Prozess exakt planbar[18] und sollte im Krankenhaus nicht außer

---

[14] Vgl. Zapp et al. (2010, S. 21). Vgl. auch: Fuchs et al. (1988, S. 303); Köbler (1997, S. 184).
[15] Schreyögg und Steinmann (1980, Sp. 2401).
[16] Vgl. Zapp et al. (2010, S. 22). Vgl. auch: Kosiol (1976, S. 43).
[17] Vgl. Fischermanns (2013, S. 20).
[18] Vgl. Fischermanns (2013, S. 20).

Acht gelassen werden, da diese Problematik oft thematisiert wird. Und genau hier besteht ein wesentlicher Punkt im Kontext mit den verschiedenen Berufsgruppen im Krankenhaus. Der Genesungsprozess eines Patienten ist individuell und daher nicht exakt planbar. Dies führt teilweise zur Argumentation, dass es keinen „Standardpatienten" gibt und daher auch keine standardisierten Prozessmodellierungen sinnvoll sind. Doch an dieser Stelle entsteht ein Irrglaube, denn nur weil die Aufgaben und Tätigkeiten nicht immer gleich strukturiert ablaufen und eine Modellierung des Kontrollflusses schwierig ist, ist es trotzdem ein Prozess.[19] Daher ist es von Vorteil, Prozesse zu typisieren. Guido Fischermanns unterteilt Prozesse in drei Prozesstypen:

- Routineprozesse
- Regelprozesse
- Ad-hoc-Prozesse

Anhand welcher Kriterien man Prozesse unterscheiden kann oder sollte ist sehr weitreichend. Zum einen kann das die Wiederholungshäufigkeit, Komplexität, Konstanz oder Determiniertheit sein.[20] Determiniertheit soll an dieser Stelle bedeuten, dass die Abfolge und die Art der Aufgabenerledigung im Voraus festgelegt wurden und sämtliche alternativen Wege durch Verzweigungen und Verknüpfungen vorher bekannt und definiert sind. Konstanz beinhaltet, dass die prozentuale Verteilung bei Weggabelungen des Prozesses bekannt ist und gleichmäßig verläuft. Aber auch relevante Kundenbedürfnisse wie Qualität, Kosten und Zeit können zur Charakterisierung von Prozessen herangezogen werden.[21]

Routineprozess

Ein Routineprozess ist ein Ablauf, dessen Aufgabenerledigung determiniert (festgelegt) und beständig ist. Durch Standardisierung wird die Komplexität eingedämmt und durch hohe Automatisierung werden die von Menschen ausgeführten Tätigkeiten stark reduziert.[22] Beim Routineprozess handelt es sich somit klassischerweise um eine Massenfertigung. Dieses kann zum Beispiel die industrielle Fließbandfertigung sein, aber auch die standardisierte Gehaltsabrechnung.

Ad-hoc-Prozess

Beim Ad-hoc-Prozess handelt es sich um einen Ablauf, dessen zeitlich-logische Aufgabenfolge nicht vorhersehbar und kalkulierbar ist.[23] Der Ad-hoc-Prozess zeichnet sich insbesondere durch seinen dynamischen, situativen und flexiblen Charakter aus. Wobei hier schnell der Eindruck entsteht, dass dieser Prozesstyp durch überraschende Wendungen und Zufälle gekennzeichnet ist. Betrachtet man jedoch einen solchen Ad-hoc-Prozess genauer, entdeckt man in der Regel doch einen wiederkehrenden groben Ablauf. Daher

---

[19] Vgl. Fischermanns (2013, S. 21), vgl. auch Zapp und Oswald (2009a, S. 112).
[20] Zapp et al. (2005).
[21] Vgl. Fischermanns (2013, S. 21).
[22] Vgl. Fischermanns (2013, S. 22).
[23] Vgl. Fischermanns (2013, S. 22).

ist es sinnvoll, einen solchen Prozess ähnlich wie bei einem Projekt mit Meilensteinen zu planen, um ein grobes Gerüst zu gestalten. Weiter zeichnen sich Ad-hoc-Prozesse durch Komplexität, hohen Personaleinsatz und sehr geringe Automatisierbarkeit aus. Sie werden durch hoch qualifiziertes Personal bearbeitet, die über sehr viel Wissen und Erfahrung verfügen.[24] Betrachtet man die Charakteristik eines Ad-hoc-Prozesses, so stellt man fest, dass der Behandlungsprozess eines Patienten in einem Krankenhaus viele dieser charakteristischen Punkte enthält.

Regelprozess
Neben dem determinierten Routineprozess und dem agilen Ad-hoc-Prozess gibt es auch Mischformen und Grauzonen bei der Charakterisierung von Prozesstypen. Bei einem Regelprozess handelt es sich um eine solche Mischform. Dieser ist ein Ablauf, dessen Aufgabenerledigung sowie Mengen- und Zeitgerüst durch eine Anzahl von Regeln weitgehend prognostiziert werden kann. Denn die Aufgabenfolge (was zuerst, was zuletzt; primär und sekundär) und Entscheidungen können im Vorfeld generell festgelegt werden. Außerdem können die Mengengerüste und Wahrscheinlichkeiten, sowie die Fristen und Termine aufgrund langjähriger Erfahrung mit gewissen Toleranzwerten prognostiziert werden. Trotzdem sollte der Regelprozess ausreichend flexibel sein, um beispielsweise innovative Wege zuzulassen, ohne dass hierfür eine Arbeitsanweisung angepasst werden muss.[25] Entscheidend für einen Prozesstyp ist aber auch, in welchem Kontext er dem Unternehmenszweck beziehungsweise der Wettbewerbssituation dient. So kann es im Extremfall sein, dass der gleiche Prozess in einem Unternehmen ein Ad-hoc-Prozess ist und in einem anderen ein Regel- oder Routineprozess. Beispielsweise kann die Entwicklung einer neuen Maschine in einem Industriebetrieb ein Ad-hoc-Prozess sein. Wohingegen der gleiche Prozess bei einer Ingenieurdienstleistungsfirma als strukturierter Kernprozess[26] abläuft und dort eher als Routine-/Regelprozess eingestuft wird.

Die Abb. 3.2 stellt zusammenfassend die wesentlichen Charaktermerkmale von Routine-, Regel- und Ad-hoc-Prozessen dar.

Eine Einteilung in die unterschiedlichen Prozesstypen ist von Vorteil, um sich den Charakter des jeweiligen Prozesses vor Augen zu halten. Da Prozesse oft komplex sind, kann die Prozesstypisierung helfen, erste mögliche Probleme des Prozesses respektive der Prozessgestaltung aufzudecken. Ebenso hilft es bei der Auswahl und Entwicklung des passenden Prozessmodells.

3.2.1.3 Darstellungsvarianten eines Prozesses und Prozessarten
Bei den Prozessvarianten lassen sich grundsätzlich zwei Darstellungsarten unterscheiden: die horizontale und die vertikale Darstellung. Ziel der horizontalen als auch der vertikalen Auflösung der Prozesse ist die Erstellung eines kompletten hierarchischen Modells.

---

[24] Vgl. Fischermanns (2013, S. 22).
[25] Vgl. Fischermanns (2013, S. 23).
[26] Erläuterung: siehe Abschn. 3.2.1.3 Darstellungsvarianten eines Prozesses und Prozessarten.

Abb. 3.2 Charaktermerkmale von Routine-, Regel- und Ad-hoc-Prozessen. (Quelle: Fischermanns 2013, S. 24)

Bei der horizontalen Darstellung ist der Prozessablauf (zeitliche Abfolge) im Vordergrund. Hierbei werden in sich abgeschlossene Prozesseinheiten gebildet, unabhängig von der Anzahl der Bereiche bzw. Abteilungen, die an der Leistungserstellung beteiligt sind. In der horizontalen Struktur wird das Beziehungsgeflecht zwischen den vor- und nachgelagerten Prozessen aufgezeigt.[27] Abhängigkeiten zu anderen Bereichen sowie zu organisatorischen und prozessualen Schnittstellen können somit wiedergespiegelt werden.[28]

Die vertikale Sichtweise resultiert aus der Zerlegung (Dekomposition) des Hauptprozesses. In einem Hauptprozess werden die verschiedenen Teilprozesse zusammengefasst. Die Teilprozesse haben zum Ziel die definierten, abgrenzbaren Arbeitsaufgaben zu erfüllen. Daher wird bei dieser Sichtweise der Hauptprozess in über- und untergeordnete Teilprozesse zerlegt. Der Verwaltungsprozess kann zum Beispiel für einen Patienten im

---

[27] Vgl. Zapp et al. (2010, S. 23).
[28] Vgl. Zapp et al. (2010, S. 23). Vgl. auch: Scholz und Vrohlings (1994d, S. 40), Vahs (2007, S. 83), Scholz und Vrohlings (1994b, S. 99, 1994c, S. 38).

Krankenhaus in die Teilprozesse Patientenaufnahme, Patientenbetreuung und Patienten-entlassung aufgesplittet werden.[29] Die Prozesse werden aus funktionaler Sicht den Pro-zessebenen zugeordnet. Die erforderliche Strukurtransparenz ist dabei oft nur schwer zu erreichen. Im Gegensatz zur horizontalen Variante können die Abhängigkeiten und Schnittstellen nur unzureichend wiedergegeben werden.[30] Die Abb. 3.3 verdeutlicht die Zerlegung des Hauptprozesses aus der horizontalen und vertikalen Sichtweise am Bei-spiel des medizinischen Behandlungsprozesses.

Neben der vertikalen und horizontalen Auflösung und Darstellung des Prozesses ist auch von Bedeutung, welcher Bereich betroffen ist und welche Rolle der Prozess im Un-ternehmen einnimmt. Als grundsätzliche Unterscheidung ist die Frage zu stellen, ob der Prozess den Kernleistungsbereich der Unternehmung betrifft oder nicht.[31] Je nachdem welche Anforderungen das Unternehmen mit sich bringt und in welchem Geschäftsbe-reich es agiert, gibt es eine duale oder triale Aufteilung der Prozesse.

Als erster und wesentlichster Prozess und Unterscheidungsmerkmal ist für jedes Un-ternehmen der Kernprozess zu nennen. Dieser besteht aus einer Verknüpfung von zu-sammenhängenden Verrichtungen, Entscheidungen, Informationen sowie Materialflüssen.

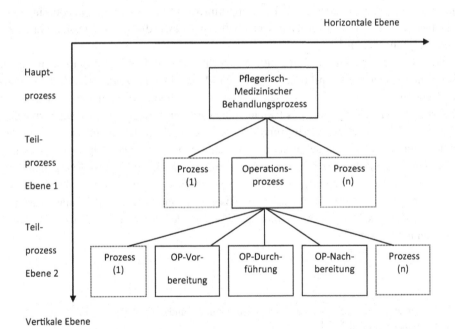

Abb. 3.3 Vertikale und horizontale Auflösung eines Hauptprozesses in seine Teilprozesse. (Quelle: Zapp und Otten 2010, S. 93, in Anlehnung an Straub 1997, S. 224)

---

[29] Vgl. Zapp et al. (2010, S. 25).
[30] Vgl. Zapp et al. (2010, S. 26).
[31] Vgl. Zapp et al. (2010, S. 24). Vgl. auch: Greulich et al. (1997, S. 17).

Die Kernprozesse werden unmittelbar aus der Strategie abgeleitet und machen den Wettbewerbsvorteil einer Unternehmung aus. Damit es nicht zu einer endlosen Auflistung bereits vorhandener Prozesse kommt, muss sich eine Unternehmung auf wenige Kernprozesse beschränken, die einen wahrnehmbaren Kundennutzen stiften.[32] Die Kernleistungsaufgabe eines Krankenhauses besteht darin, den Zustand respektive den Status des Patienten zu verändern. Dabei ist die Gesundheitsverbesserung und damit ein verbessertes Wohlbefinden des Patienten der wesentliche Inhalt des Prozesses. Die Handlungen von Ärzten, Pflegekräften und anderen beteiligten Berufsgruppen sowie den benötigten Sachmitteln führen im Krankenhaus zur Erreichung dieser Zustandsveränderung.[33] Welche weiteren Aspekte im Krankenhaus Einfluss auf die Statusveränderung des Patienten haben ist dem Zweistufigen Leistungserstellungsprozess[34] von Siegfried Eichhorn zu entnehmen. Die Prozesse, die nicht direkt für die Erbringung der Kernleistungsaufgabe des Krankenhauses benötigt werden, werden als Supportprozesse bezeichnet.[35] Die Zubereitung der Speisen für die Patienten oder die Versorgung mit Wäsche im Krankenhaus sind zum Beispiel als Supportprozess einzustufen. Die Supportprozesse stellen die Grundlage für die Leistungserbringung einer Unternehmung her.[36] Dabei unterstützen und entlasten diese die Kernprozesse, indem sie beispielsweise Ressourcen bereitstellen oder die Informationsversorgung sicherstellen.[37] Die Supportprozesse können durch Outsourcing oder Privatisierung ausgelagert werden und beinhalten genau wie die Kernprozesse umfassende Wertschöpfungsketten.[38]

Weil die Abgrenzung von Kern- und Supportprozessen nicht immer ganz einfach ist, gibt es noch einen weiteren Prozesstypen, den Managementprozess. Gerade im Gesundheitsbereich ist die Einteilung zwischen Kern- und Supportprozessen immer wieder zu hinterfragen, da die Genesung des Patienten im Vordergrund steht und der Support anderweitig erstellt werden kann. Aufgrund dessen ist es auch im Krankenhaussektor in den letzten Jahren häufig dazu gekommen, dass einige Supportprozesse (Speisenversorgung, Wäscherei, Raumreinigung, Sterilgutversorgung) privatisiert oder fremd vergeben wurden.[39] Während die Kernprozesse auf unternehmungsspezifische Prozesse abstellen, sind die Supportprozesse für die Unterstützung dieser Tätigkeiten zuständig. Managementprozesse schaffen eine Integrationsleistung, da sie die beiden vorgenannten Prozessvarianten gestalten und lenken.[40]

---

[32] Vgl. Zapp et al. (2010, S. 24). Vgl. auch: Osterloh und Hundziker (1998, S. 10).

[33] Vgl. Zapp et al. (2010, S. 24).

[34] Vgl. Eichhorn (2008, S. 91).

[35] Vgl. Zapp et al. (2010, S. 24).

[36] Vgl. Zapp et al. (2010, S. 24). Vgl. auch: Gaitanides et al. (1994, S. 210).

[37] Vgl. Zapp et al. (2010, S. 24). Vgl. auch: Osterloh und Frost (1996, S. 224).

[38] Vgl. Zapp et al. (2010, S. 24). Vgl. auch: Osterloh und Hundziker (1998, S. 10).

[39] Vgl. destatis (2015).

[40] Vgl. Zapp et al. (2010, S. 25). Vgl. auch: Zapp (2008, S. 254).

Tab. 3.1 Vor-und Nachteile von kurzen Prozessdurchlaufzeiten. (Quelle: Eigene Darstellung in Anlehnung an Fischermanns 2013, S. 332)

Vorteile	Nachteile
– Gutes Image durch Liefer- und Termintreue – Wettbewerbsvorteile durch kürzere Lieferfristen als die Konkurrenz – Senkung von Lagerkosten, da Rohstoffe und Materialien schneller verbraucht werden – Verbesserung der Liquidität durch höhere Umschlagsgeschwindigkeit der Ware und somit geringerer Kapitalbindung (siehe Beispiel oben) – Konzentration der Führungskräfte auf die eigentlichen Fach- und Führungsaufgaben durch weniger „Terminhetze" – Geringeres Risiko, veraltete Produkte („Ladenhüter") zu lagern – Kurzfristige und flexible Reaktion auf Marktveränderungen	– Aufgrund von Beschleunigung erhöhte Verschleißerscheinungen bei Mensch und Maschine – Möglicherweise Zunahme von Krankheitsfällen und -zeiten bei den Mitarbeitern – Höhere Energie- und Instandhaltungskosten (Reparatur und Wartungskosten) bei den Maschinen – Höhere Personal- und Sachkosten aufgrund bereitgestellter Kapazitäten, um Liegezeiten zu vermeiden – Qualitätsmängel aufgrund der eingesparten Prüfungsaktivitäten

3.2.1.4 Prozesszeit

Die Minimierung der Durchlaufzeit genießt in den meisten Unternehmen einen hohen Stellenwert.[41] Als Durchlaufzeit wird der Zeitraum vom Start eines Prozesses bis zu dessen Beendigung bezeichnet. Wobei der Anfangszeitpunkt als der Termin gilt, zu dem Menschen und/oder Sachmittel erstmalig aktiv werden.[42] Der Endzeitpunkt ist durch die Übergabe des vollständigen und fehlerfreien Outputs bestimmt.[43] Eine Reduzierung der Prozesszeit hat eine Reihe von positiven Auswirkungen. Eine längere Prozesszeit hat zum Beispiel keinen Einfluss auf den direkten Einkaufspreis des Stahls und somit auf die Kosten, jedoch verschlechtert sich die Liquidität für das Unternehmen durch die längere Kapitalbindung, bis das Produkt soweit fertiggestellt ist, dass es beim Kunden zu Verkaufserlösen führen kann. Neben den Vorteilen einer kürzeren Durchlaufzeit kann diese gleichzeitig Nachteile mit sich bringen. Die Tab. 3.1 soll einen Auszug möglicher Vor- und Nachteile geben.

Bei Betrachtung der Prozesszeit gibt es auch eine Reihe unterschiedlicher Begriffe für Zeitdauern. Sie unterscheiden sich darin, dass sie aus verschiedenen Perspektiven betrachtet werden. Beispielsweise können sie objekt- oder aufgabenträgerbezogen sein. Die aus Sicht der Autoren relevanten Aspekte der Zeitdauer werden nachfolgend beschrieben. Unter dem Begriff der Bearbeitungszeit (Tätigkeitszeit) ist die Zeitdauer aller Tätigkeiten zu verstehen, die dazu dienen, den Zustand des Objektes in Richtung „fertiges Ergebnis der Aufgabenerfüllung" weiterzuentwickeln. Dabei soll „fertig" den Zustand des Outputs be-

---

[41] Vgl. Fischermanns (2013, S. 331).
[42] Vgl. Zapp et al. (2010, S. 22).
[43] Vgl. Zapp et al. (2010, S. 23). Vgl. auch: Vahs (1997, S. 179).

zeichnen, den er am Ende des Prozesses erreicht haben soll, um den Wert für den Kunden darzustellen.[44]

Die Transportzeit oder auch Wegzeit soll die Zeitdauer beschreiben, die für die räumliche Veränderung des Objektes von Bearbeitungsort zu Bearbeitungsort oder auch Liegeort anfällt.

Mit der Liegezeit oder auch Wartezeit wird die Zeitdauer erfasst, in der das Objekt weder bearbeitet noch transportiert wird. Die Ursachen für die Liegezeiten sind vielfältig. Zum einen sind es Rüstzeiten, bei denen sich der Aufgabenträger zuerst für die Aufgabenerfüllung vorbereiten muss.[45] Das bekannteste Beispiel für Rüstzeiten im Krankenhaussektor ist der OP-Bereich. Hier muss das OP-Team zuerst Maßnahmen treffen, um den OP-Saal sowie sich selbst (chirurgische Händedesinfektion, Anlegen von sterilen Kitteln und Handschuhen etc.) für die Operation (Bearbeitung) vorzubereiten. Aber auch die Ruhezeiten zählen mit zu den Liegezeiten.[46] Ein klassisches Beispiel für die Ruhezeit ist im Baugewerbe zu finden. Nachdem eine Betondecke „gegossen" wurde, ist eine bestimmte Ruhezeit einzuhalten bis die weitere Bearbeitung an beziehungsweise auf der Betondecke fortgesetzt werden kann. Grundsätzlich ist es oft von Vorteil (siehe o. a. Grafik) die Bearbeitungs-, Transport- und Liegezeiten zu verkürzen. Wobei die Liegezeiten durch die Verschwendung (Muda)[47] innerhalb des Lean Managements ein besonderes Augenmerk erhalten.

3.2.2 Entlassmanagement

Das Entlassmanagement fokussiert sich auf einen bestimmten Teil des gesamten Behandlungs- respektive Versorgungsprozesses. Im Krankenhaus wird darunter oftmals die zielgerichtete und systematische Überleitung des Patienten in die ambulante oder stationäre Nachsorge zur weiteren Behandlung, Pflege und Betreuung verstanden.[48] Das Entlassmanagement soll dabei die patientenzentrierte Entlassungsplanung (Fallmanagement) mit der Organisation der Nachsorger (Systemmanagement) verbinden. Es ist zielgerichtet organisiert, da es sowohl auf den Einzelfall als auch auf die Versorgungsstruktur ausgerichtet ist.[49] Diese sektorenübergreifende Sichtweise ist in vielen Veröffentlichungen der Pflegewissenschaften der letzten Jahre zu finden, die sich stark mit diesem Thema beschäftigt hat.[50] An dem Entlassungsprozess sind jedoch nicht nur die Berufsgruppe der Pflege, sondern ebenfalls die weiteren im Krankenhaus tätigen Berufsgruppen beteiligt.

---

[44] Vgl. Fischermanns (2013, S. 333).
[45] Vgl. Fischermanns (2013, S. 333).
[46] Vgl. Fischermanns (2013, S. 334).
[47] Vgl. Womack und Jones (2013, S. 23).
[48] Vgl. Frick und Feuchtinger (2010, S. 42).
[49] Vgl. Frick und Feuchtinger (2010, S. 42).
[50] Siehe beispielhaft Frick, U. und DNQP.

Die wichtigsten Ecksteine im Entlassmanagement sind Kooperation, Integration und Kontinuität. Dabei handelt es sich um die Kooperation der Beteiligten sowohl krankenhausintern als auch mit externen Institutionen und Integration der krankenhausinternen und -externen Strukturen. Kontinuität gilt mit und für den Patienten und dessen Angehörige. Für den Patienten und dessen Angehörige steht im Vordergrund, die richtige Hilfe zum richtigen Zeitpunkt zu erhalten. Durch geeignete Informationen und Schulungen sollen der Patient und dessen Angehörige innerhalb des Selbstmanagements im Umgang mit der Krankheit und in der nachstationären Etablierung zu Hause unterstützt werden.[51] Die Ziele des Entlassmanagements sind zum einen die patientenorientierte Gestaltung des Entlassungsprozesses zur Steigerung der Qualität, aber auch die Reduzierung des sogenannten „Drehtüreffekts"[52]. Durch den Drehtüreffekt kommt es oftmals zu Fallzusammenführungen nach § 2 FPV und verursacht damit einen wirtschaftlich negativen Einfluss für das Krankenhaus. Des Weiteren kann durch ein gut strukturiertes, organisiertes Entlassmanagement die Verweildauer der Patienten gekürzt werden. Dieses führt zu sinkenden Kosten des Falles, ermöglicht eine Steigerung der Fallzahlen und somit höhere Einnahmen für das Krankenhaus.[53]

Im vorliegenden Kapitel soll nicht nur auf die optimale Überleitung des Patienten aus dem Krankenhaus in die ambulante oder stationäre Nachsorge eingegangen werden. Relevant sind die berufsgruppen- und abteilungsübergreifenden Teilprozesse und Teilschritte des Entlassungsprozesses.

3.2.3 Lean Hospital Management

Der Ansatz von „lean" stammt aus der Automobilindustrie. Taiichi Ohno (1912–1990), Führungskraft bei Toyota Motor Company gilt als Urvater des Lean-Ansatzes und war der stärkste Feind von „muda" (Verschwendung).[54] Anfang der 1950er-Jahre[55] war auch Toyota noch von den Folgen des Zweiten Weltkrieges stark betroffen. Ohno wusste, dass Toyota für eine wirtschaftliche Überlebenschance zukünftig deutlich mehr Leistung mit deutlich weniger verfügbaren Mitteln erreichen musste.[56] Er verstand unter „muda" vor allem jede menschliche Aktivität, die Ressourcen verbraucht, aber keinen Wert erzeugt. Das sind Fehler, die korrigiert werden müssen; die Versetzung von Personal und Gütern von einem Ort zum anderen ohne irgendeinen Zweck; Menschen die in nachgelagerten Aktivitäten herumstehen, weil vorgelagerte Arbeiten nicht rechtzeitig durchgeführt wurden, aber ebenso Güter und Dienstleistungen, die nicht den Wünschen der Kunden entspre-

---

[51] Vgl. Frick und Feuchtinger (2010, S. 43).
[52] Vgl. Schiemann et al. (2009, S. 21).
[53] Vgl. Frick und Feuchtinger (2010, S. 42).
[54] Vgl. Womack und Jones (2013, S. 23).
[55] Vgl. Fischermanns (2013, S. 55).
[56] Vgl. Sudmann (2015, S. 166).

chen und gegebenenfalls die Lagerbestände ansteigen lassen.[57] Allerdings wusste er, dass das Management allein diese Herausforderungen nicht beheben konnte, weshalb er alle Mitarbeiter involvierte. Diese sollten ihre Arbeitsabläufe nach und nach strukturiert untersuchen und kritisch hinterfragen. Methodische Unterstützung erhielten sie durch ihn und das Management. Die Mitarbeiter durften ihre zukünftigen Prozesse selbst ausgestalten, was zu deutlich besseren Prozessen mit hoher Praxistauglichkeit führte. Auch heute noch informiert sich das Management von Toyota persönlich und täglich vor Ort, welche neuen Probleme aufgetreten sind und welche Verbesserungsideen die Mitarbeiter vorschlagen. Dieses führt seit circa 60 Jahren zu einer kontinuierlichen Verbesserung des Unternehmens „aus sich selbst heraus".[58]

Da Toyota mit dem Lean-Ansatz großen Erfolg hatte, wurden immer mehr Unternehmen darauf aufmerksam. Inzwischen haben Marktführer aus den unterschiedlichsten Bereichen den Lean-Ansatz für die kontinuierliche Verbesserung ihrer Leistungsfähigkeit erfolgreich etabliert. Dabei sind die grundsätzlichen Prinzipien und Instrumente branchenunabhängig einsetzbar. So wenden nicht nur die Produktionsunternehmen, sondern zunehmend auch Dienstleistungsunternehmen das Lean Management erfolgreich an.[59] Der aktuellen wirtschaftlichen Grundproblematik deutscher Kliniken standen andere Branchen bereits viele Jahre zuvor gegenüber.[60]

Womack und Jones beschreiben in ihren Ausführungen zum Lean Thinking die Spezifikation des Wertes, den Flow und Pull, welche allgemeingültig und branchenübergreifend sind. Da die Ideen und Ausführungen maßgeblichen Einfluss auf den vorliegenden Beitrag haben, werden ausgewählte Abschnitte an dieser Stelle erläutert.

Der entscheidende Ausgangspunkt von Lean Thinking ist der Wert bzw. Kundenwert. Der Wert kann nur vom Endverbraucher her definiert werden. Aus Sicht von Womack und Jones ist es mehr als sinnvoll, wenn der Wert über ein spezifisches Produkt definiert wird (Produkt oder Dienstleistung, oftmals beides zugleich), welches den Bedarf des Kunden zu einem bestimmten Preis befriedigt. Dabei wird der Wert vom Hersteller erzeugt. Aus der Sichtweise des Kunden ist das der Grund, weshalb es überhaupt Hersteller gibt. Sicherlich kann argumentiert werden, dass in deutschen Krankenhäusern nicht der Kunde (Patient) die Dienstleistung zu einem bestimmten Preis nachfragt, sondern der Preis in der Regel über die Fallpauschale geregelt und somit nicht flexibel ist. Als direkter Zahler des Preises fungiert in der Regel[61] die Krankenkasse. Jedoch herrscht unter den Krankenhäusern Wettbewerb und besonders die elektiven Patienten können sich das Krankenhaus oft aussuchen. Der Preis für die Krankenkasse ist zwar fix, allerdings sind die Leistungen und die Qualität der Krankenhäuser unterschiedlich. Das bedeutet in diesem Kontext, dass der Patient (Kunde) den Wert und die Nachfrage über Leistung und Qualität des Krankenhau-

---

[57] Vgl. Womack und Jones (2013, S. 23).

[58] Vgl. Sudmann (2015, S. 167).

[59] Vgl. Sudmann (2015, S. 167).

[60] Vgl. Sudmann (2015, S. 166).

[61] Da ca. 90 % der Einwohner GKV-Versichert sind, wird die GKV als regelhaft betrachtet. Quelle: vdek (87 % in 2014).

ses steuert. Der Patient wird bei befriedigender Leistung das Krankenhaus auch in Zukunft wieder aufsuchen oder eben fernbleiben, folglich seine Erfahrungen in seiner Umgebung entsprechend positiv oder negativ kommunizieren.

Der Flow ist ein Schritt, für den ein vollkommen neues Denken erforderlich ist.[62] Die Einteilung in Funktions- und Abteilungsstrukturen sind nach wie vor üblich. Oftmals besteht die Überzeugung, dass Aufgaben nach Typen geordnet werden müssen, damit sie effizienter durchgeführt werden können. Ebenfalls besteht die Annahme, dass effiziente Aktivitäten stapelweise bearbeitet werden müssen.[63] Beispielhaft könnte die Abrechnung eines Krankenhauses zunächst alle A-DRGs, dann alle B-DRGs, alle C-DRGs usw. abrechnen. Dies kann insbesondere dazu führen, dass nachgelagerte Abteilungen warten, bis die vorgelagerte Abteilung ihre Arbeit abgeschlossen hat.

Dieses Schubladendenken soll bekämpft werden, weil die Aufgaben fast immer effizienter und genauer durchgeführt werden können, wenn das Produkt kontinuierlich vom Rohmaterial bis zum fertigen Gut bearbeitet wird. Auf den Punkt gebracht, die Abläufe verbessern sich, wenn man sich auf das Produkt respektive Dienstleistung und seine Bedürfnisse konzentriert statt auf die Organisation oder das Equipment.[64]

Das Pull-Prinzip ist darauf ausgerichtet, die Fähigkeit zu entwickeln dem Kunden genau das zu konstruieren und zu fertigen, wie er es möchte und wann er es möchte. Der Kunde soll das Produkt abrufen (Pull) können, anstatt dass man ihm ein Produkt anbietet (Push), welches er gar nicht will.[65] Dinge, die dem Kunden wichtig sind, sind für ihn wertschöpfend und er ist bereit dafür zu bezahlen. Damit das Pull-Prinzip zeitlich funktioniert, müssen die Abteilungen und stapelförmige Abläufe so optimiert werden, dass die benötigte Zeit zwischen Auftragseingang und Auslieferung zum Kunden drastisch zurückgeht. Mit dem Pull-Prinzip können nicht nur Durchlaufzeiten und übermäßige Lagerbestände reduziert, sondern auch die Individualität für den Kunden erhöht werden.[66]

Speziell zum Lean Management in Krankenhäusern haben beispielsweise Sudmann und Scholz Ideen und Umsetzungsmöglichkeiten beschrieben. Sie sehen in vielen Kliniken große wirtschaftliche Verbesserungspotenziale. Dabei sind statt einer ungesunden weiteren Arbeitsverdichtung positive Produktivitäts- und Effizienzsteigerungen möglich. Damit diese Potenziale identifiziert werden, ist ein Umdenken notwendig, um sich auf eine neue Betrachtungsebene zu begeben. Denn um die Potenziale auszuschöpfen, bedarf es einer detaillierten Auseinandersetzung mit den eigenen, internen Arbeitsprozessen.[67] Das nachfolgende metaphorische Zitat ist aus Sicht der Autoren sehr prägnant beschrieben: „Anstatt das System immer weiter auszuquetschen, gilt es zukünftig weniger Saft zu verschütten."[68]

---

[62] Vgl. Womack und Jones (2013, S. 31).
[63] Vgl. Womack und Jones (2013, S. 31).
[64] Vgl. Womack und Jones (2013, S. 32).
[65] Vgl. Womack und Jones (2013, S. 35).
[66] Vgl. Womack und Jones (2013, S. 34).
[67] Vgl. Sudmann (2015, S. 165).
[68] Sudmann (2015, S. 165).

Weshalb Lean so erfolgreich ist, sollen die folgenden Beispiele erläutern. Denn durch die Patienten-Sicht wird das Verständnis über das Gesamtsystem Klinik gefördert, indem die Zusammenhänge der Prozesse abteilungsübergreifend betrachtet werden. Fragen nach dem Wer, Was, Wie, Warum sowie Schnittstellenprobleme und Informationsverluste werden offen gelegt. Durch das gemeinsame Entwickeln von Lösungen verbessert sich das gegenseitige Verständnis und stärkt das Wir-Gefühl.[69] Auch Doppelarbeiten respektive Doppeluntersuchungen sind Resultat suboptimaler Informationswege und können mit Lean reduziert werden. Genauso sind fehlende Transparenz (z. B. die Suche freier Betten auf der Station) und Wartezeiten kein seltenes Phänomen in den Kliniken.[70] Ein konkretes Praxisbeispiel aus einer amerikanischen Klinik: Dort hat man mithilfe von Lean nicht nur die Versorgung von Spritzenpumpen auf der Notfallstation verbessert, sondern auch die Suchzeit für eine Spritzenpumpe pro Pfleger pro Schicht drastisch gesenkt. Ebenso konnten durch weniger benötigte Geräte Kosteneinsparungen in Höhe von 300.000 $ realisiert werden.[71]

Für die Betrachtung der Liegezeiten hat Scholz eine Wertstromanalyse am Beispiel eines Patienten durchgeführt. Diese Analyse hat ergeben, dass der Patient von neun Tagen Krankenhausaufenthalt lediglich eine kumulierte Summe von 1,2 Tagen im Sinne der Therapie oder Wertschöpfung erhalten hat. Dabei wurden die Zeiten aller Behandlungen, Zuwendungen, Untersuchungen, Mahlzeiten, Visiten etc. addiert. Die restliche Zeit hat er gewartet oder sich anderweitig beschäftigt, demnach musste er für jede Behandlungsminute 7 min warten.[72] Dies verdeutlicht, welche Bedeutung und welches Potenzial in den Liegezeiten stecken und weshalb die Reduzierung der Liegezeiten für die Autoren dieses Beitrags von größerer Bedeutung war als die Ermittlung beispielsweise der Prozesskosten.

3.2.4 Kritische Würdigung der theoretischen Grundlagen

Neben Fischermanns verwendet auch Zapp et al. den Begriff Prozesstyp[73], jedoch in unterschiedlichem Kontext. Zapp et al. unterteilt die Prozesstypen in Kernprozesse, Supportprozesse und Managementprozesse. Da auch andere Autoren an dieser Stelle die Kernprozesse, Supportprozesse und Geschäftsprozesse als Prozessarten und nicht als Prozesstypen deklarieren, ist eine einheitliche Verwendung des Terminus von Vorteil.[74] Aus diesem Grund hat der Verfasser unter Abschn. 3.2.1.3 den Titel „Darstellungsvarianten eines Prozesses und Prozessarten" gewählt.

---

[69] Vgl. Sudmann (2015, S. 172).

[70] Vgl. Sudmann (2015, S. 174).

[71] Vgl. Sudmann (2015, S. 171).

[72] Vgl. Scholz (2014, S. 47).

[73] Zapp et al. (2010, S. 25), vgl. auch Eberlein-Gonska und Albrecht (2013, S. 426).

[74] Vgl. Kruse (2009, S. 53), vgl. auch Haubrock und Schär (2002, S. 125).

3.3 Praktische Untersuchung

3.3.1 Ist-Analyse des Entlassungsmanagements

3.3.1.1 Vorgehensweise und Ablauf der Gestaltung von Prozessen

Für die Vorgehensweise und den Ablauf der Gestaltung der Prozesse diente die Gliederung zum Ablauf der Prozessgestaltung von Zapp. Für die Institution Krankenhaus beziehungsweise Gesundheitseinrichtung hat er den Ablauf einer Prozessgestaltung anhand eines Hauses dargestellt. Die erste Veröffentlichung der Darstellung in Form eines Hauses erfolgte im Jahr 2002 und wurde seitdem kontinuierlich erweitert und aktualisiert.

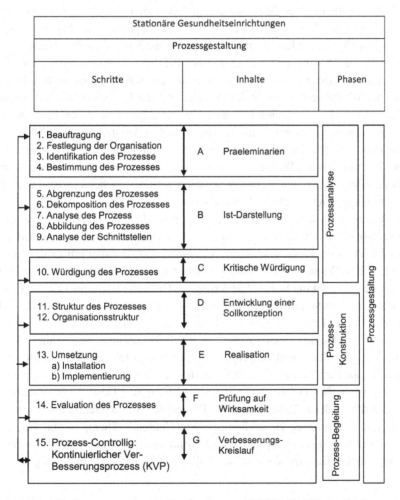

Abb. 3.4 Ablauf der Prozessgestaltung. (Quelle: Zapp et al. 2014, S. 155; in Anlehnung an Zapp und Otten 2010, S. 117)

Die Abb. 3.4 ist die aktuellste Veröffentlichung aus dem Jahr 2014, die Gliederungs- und Bearbeitungspunkte der praktischen Untersuchung orientieren sich stark an diesem Ablauf.

3.3.1.1.1 Prozessidentifikation

Mithilfe einer Prozessanalyse werden Prozesse aufgedeckt, die ineffektiv und nicht wertschöpfend sind oder den Kundenbedürfnissen nicht entsprechen. Optimierungspotentiale in der Unternehmung werden ebenso erkannt. Die Prozessidentifikation beinhaltet das Erkennen der in einer Institution ablaufenden Prozesse und ist somit eine wichtige Voraussetzung der Prozessanalyse.[75] Die Literatur unterscheidet zwei Ansätze zur Prozessidentifikation, die deduktive und die induktive Vorgehensweise. Grundlegende und allgemeingültige Prozesse, die in allen Unternehmungen vorkommen, gehören der deduktiven Prozessidentifikation an. Diese werden auf der Basis idealtypischer Geschäftsprozesse identifiziert, indem allgemeine Rahmenprozesse unternehmungsspezifisch differenziert sowie ihre Strukturen auf Basis wettbewerbskritischer Erfolgsfaktoren generiert werden.[76] Bei den induktiven Prozessen wird die Annahme getroffen, dass aufgrund der Kundenbedürfnisse und der Wettbewerbssituation die Prozesse in jeder Unternehmung unterschiedlich sind. Die individuellen Probleme können nicht mit allgemeingültigen Prozessen behoben werden, sondern benötigen induktive (individuelle) Ansätze. Die Auswahl zwischen dem deduktiven und induktiven Verfahren entscheidet am Ende maßgeblich über den Umfang und die Intensität des Wandels in der Unternehmung. Sollte ein radikaler Wandel in Betracht gezogen werden, wie es häufig gefordert wird, so erscheint insbesondere die induktive Prozessgenerierung als denkbare Variante.[77]

Insbesondere in Gesundheitseinrichtungen gibt es eine Vielzahl von Prozessen. Soll ein Prozessmodell abgebildet werden, so bietet es sich an, sich zunächst auf die charakterisierenden Prozesse zu konzentrieren. Ausgangspunkt ist dabei immer der Unternehmungszweck der Gesundheitseinrichtung. Zielsetzung und Kernprozess beispielsweise eines Krankenhauses ist die Statusveränderung des Gesundheitszustandes eines Patienten. Kernprozesse reichen von den Schnittstellen der Lieferanten bis hin zu den Schnittstellen der Kunden und sind funktions- bzw. abteilungsübergreifend angesiedelt. Dabei setzen sie sich aus einer unterschiedlichen Anzahl von inhaltlich zusammenhängenden Hauptprozessen in der ersten Ebene und Teilprozessen in der darauf folgenden Ebene zusammen.

In dem Beispielkrankenhaus hat man sich dazu entschlossen, eine Prozessanalyse am Kernprozess, nämlich dem Prozess der Statusveränderung des Gesundheitszustandes eines Patienten, durchzuführen. Dabei wurde der Prozess der Statusveränderung in die Hauptprozesse Aufnahmeprozess, Behandlungsprozess (laufende Therapie) und Entlassungsprozess unterteilt. Aufgrund der Größe und Strukturen des Krankenhauses erschien die Unterteilung in drei Hauptprozesse als sinnvoll. Eine abweichende Einteilung ist in ande-

---

[75] Vgl. Zapp und Otten (2010, S. 88).
[76] Vgl. Zapp und Otten (2010, S. 89). Vgl. auch: Gaitanides und Ackermann (2004, S. 15).
[77] Vgl. Zapp und Otten (2010, S. 89). Vgl. auch: Gaitanides und Ackermann (2004, S. 17).

ren Einrichtungen durchaus denkbar und sollte individuell an die Einrichtung angepasst werden. Da der Kernprozess eines Krankenhauses nicht in jeder Einrichtung verschieden ist und kein radikaler Wandel erfolgen sollte, wurde die deduktive Prozessgenerierung als die richtige Variante angesehen.

3.3.1.1.2 Prozessauswahl

3.3.1.1.2.1 Theoretische Analyse
Nach der Prozessidentifikation erfolgt die Prozessauswahl. Weil nur die wesentlichen Prozesse bzw. Teilprozesse genauer untersucht werden sollen, findet an dieser Stelle eine problemorientierte Auswahl von Prozessen statt. Bedeutsam sind hierbei generell das Nutzenpotenzial für die Prozessanalyse und die möglichen folgenden Gestaltungsschritte. Die Patienten- beziehungsweise Kundensichtweise sind ebenso zu beachten. Die Rationalisierungsreserven und die Erfolgschancen sowie die Machbarkeit des Projektes sind zu erkennen und einzuschätzen.[78] Mit Hinblick auf eine patientenorientierte Prozessgestaltung sollen auch möglichst patientennahe Abläufe optimal gelenkt werden. Deshalb bietet es sich an, zunächst ausgewählte Teilprozesse des Behandlungsprozesses wie beispielsweise den Ablauf im Operationsbereich oder die pflegerische Versorgung von Patienten ins Auge zu fassen.[79]

Bei der Prozessauswahl kamen der Ablauf im Operationsbereich und der Prozess der Entlassung für das Beispielkrankenhaus in Betracht. Da seitens der Geschäftsführung derzeit die größeren Probleme im Entlassungsprozess gesehen wurden, hat man sich für eine Prozessanalyse des Entlassungsprozesses entschieden.

3.3.1.1.2.2 Praktische Umsetzung
Die Geschäftsführung hatte den Eindruck, dass es zu erheblichen und häufigen zeitlichen Verzögerungen in der Entlassung der Patienten kommt. Um diesen Eindruck mit quantitativen Argumenten (Zahlen) zu belegen und das Nutzenpotenzial darzustellen, wurde der § 21-Datensatz[80] des Jahres 2014 zu Hilfe gezogen. Die Datei „FAB-intern" enthält, neben anderen Informationen, den genauen Entlassungszeitpunkt eines Falles. Somit lässt sich auch die Anzahl der Fälle, die in einem bestimmten Zeitraum entlassen wurden, ermitteln. Für die Untersuchung wurde der Zeitraum von 14:00 bis 19:00 Uhr gewählt. Einerseits hat man unterstellt, dass eine gut geplante Entlassung bis 14:00 Uhr durchgeführt werden kann, andererseits findet die Übergabe des Pflegedienstes zwischen Früh- und Spätdienst ab circa 13:15 Uhr statt. Sollte ein Patient im Laufe des Frühdienstes entlassen werden, dieses im KIS (Krankenhausinformationssystem) jedoch nicht entsprechend erfasst sein,

[78] Vgl. Zapp und Otten (2010, S. 91). Vgl. auch: Pfohl et al. (1996, S. 246 f.).
[79] Vgl. Zapp und Otten (2010, S. 91).
[80] Nach § 21 Krankenhausentgeltgesetz (KHEntgG) ist jedes Krankenhaus (welches dem Anwendungsbereich des KHEntgG unterliegt) dazu verpflichtet einen standardisierten Datensatz bis zum 31. März für das jeweils vorangegangene Kalenderjahr an das InEK-Institut für das Entgeltsystem im Krankenhaus zu übermitteln.

wird dieses Versäumnis in der Übergabe festgestellt. Dies bedeutet, auch wenn die Entlassung nicht in Echtzeit im KIS erfasst wurde, sollte dieses bis 14:00 Uhr durch den
Pflegedienst nachträglich erfasst werden. Bei den Entlassungen nach 19 Uhr wurde unterstellt, dass diese nicht geplant waren, beziehungsweise konkrete Gründe hierfür vorlagen.
Es wurden 1586 Fälle (n = 4841) mit einer Entlassung zwischen 14:00 bis 19:00 Uhr ermittelt. Das sind 32,76 % aller Entlassungen im Jahr 2014.

In einem weiteren Schritt wurden in der Datei „FALL-intern" die Entlassungsgrün-
de der Fälle im veranschlagten Zeitraum betrachtet. Um ein möglichst genaues Bild zu
erhalten, wurden die Fälle mit dem Entlassungsgrund „079" (Tod) sowie „069" (Verlegung in ein anderes Krankenhaus) und „089" (Verlegung in ein anderes Krankenhaus im
Rahmen einer Kooperation) des besagten Zeitraumes aus der Untersuchung eliminiert.
Anschließend wurde ein Ergebnis von 1541 (n = 4841) Fällen für das Jahr 2014 ermittelt,
was einem prozentualen Wert von 31,83 % entspricht. Die Tatsache, dass über 30 % der
Entlassungen zwischen 14:00 und 19:00 Uhr stattgefunden haben, wurde von den Verfassern, allerdings auch seitens der Geschäftsführung als nicht unerheblich eingestuft und
unterstreicht quantitativ die Relevanz des Entlassungsprozesses. Im zweiten untersuchten
Zeitraum von 16:00 bis 19:00 Uhr wurden 14,87 % (n = 4841) aller Fälle im Jahr 2014
entlassen.

An dieser Stelle sei bereits vorweggenommen, dass der § 21-Datensatz auch für zukünftige Untersuchungen gute und valide Daten bietet. Beispielsweise kann im Rahmen
eines Prozesscontrollings die Prozessgestaltung des Entlassungsprozesses zukünftig mithilfe des o. a. Datensatzes quantitativ evaluiert werden, sodass ein regelmäßiger Soll-Ist-
Vergleich mithilfe der Informationen des § 21-Datensatzes erfolgt.

3.3.1.1.3 Prozessabgrenzung und Prozessdekomposition

3.3.1.1.3.1 Theoretische Analyse

Nach erfolgter Prozessauswahl werden die Prozesse voneinander abgegrenzt. Die Grenzen
der Betrachtung werden dabei für die Prozessanalyse fixiert. Um eine Überschneidung der
angrenzenden Prozessabläufe zu vermeiden, müssen Beginn und Ende des Prozesses oder
Teilprozesses konkret definiert werden.[81] Laut Gaitanides ist die Prozessabgrenzung ein
subjektiver Entscheidungsprozess des Betrachters.[82] Häufig ergeben sich allerdings aus
dem inhaltlichen Zusammenhang für Prozessbeginn und Prozessende weitgehend natürliche Prozessgrenzen. Im Krankenhaus beispielsweise ist der Behandlungsprozess von der
Patientenaufnahme bis zur Entlassung des Patienten als natürliche Prozessgrenze anzusehen. Die Prozessabgrenzung erfolgt meist bezüglich vor- und nachgelagerter Aktivitäten,
aber auch die nebengelagerten und inhaltlich verwandten Aktivitäten werden miteinbezo-
gen. Bei der Abgrenzung der Prozesse ist zu beachten, dass die Prozessgestaltung über Ab-
teilungsgrenzen hinweg erfolgen kann. Die sogenannte Prozessverantwortung muss von

---

[81] Vgl. Zapp und Otten (2010, S. 91). Vgl. auch: Pfohl et al. (1996, S. 246 f.).
[82] Vgl. Zapp und Otten (2010, S. 91). Vgl. auch: Gaitanides (1983, S. 64 f.).

allen beteiligten Abteilungen wahrgenommen werden. Zu empfehlen ist ein Prozessteam, welches sich aus den verschiedenen Akteuren der einzelnen Bereiche zusammensetzt und gemeinsam die Prozessverantwortung wahrnimmt.[83]

Für die Analyse eines Prozesses muss sowohl die Komplexität als auch die Dynamik des Prozesses reduziert werden, damit er übersichtlicher und strukturierter wird.[84] Ähnlich wie bei einem Modell muss der Detaillierungsgrad angemessen sein. Für die Dekomposition wird der Prozess in seine Teilprozesse und dieser wiederum in seine Teilschritte zerlegt. Dieser schrittweise Vorgang erfolgt solange, bis eine weitere Zerlegung nicht mehr sinnvoll respektive möglich ist. Somit entsteht eine hierarchische Gliederung des Prozesses, in dem sich die Hierarchieebenen durch den Grad der Detaillierung unterscheiden lassen.[85]

Die Prozesse können horizontal und vertikal zerlegt werden. Die horizontale Auflösung stellt den Prozessablauf in den Vordergrund. Dabei werden in sich abgeschlossene Prozesseinheiten gebildet, die unabhängig von der Anzahl der Bereiche die an der Leistungserstellung beteiligt sind[86] (siehe auch Abschn. 3.2.1.3). Vorteil dieser Darstellungsform ist, dass der vollständige Prozess mit den entsprechenden Schnittstellen dargestellt werden kann und eine prozessuale, bereichsübergreifende Optimierung möglich ist.[87]

Die vertikale Auflösung geht hingegen von einer bestehenden Organisationsstruktur aus. Die einzelnen Prozesse werden innerhalb der Bereiche respektive Abteilungen aus funktioneller Sicht modelliert. Schnittstellen und funktionsübergreifende Aspekte werden jedoch nur unzureichend berücksichtigt. Das Optimierungspotenzial beschränkt sich zum Großteil auf Bereichs- beziehungsweise Abteilungsebenen[88] (siehe auch Abschn. 3.2.1.3).

3.3.1.1.3.2 Praktische Umsetzung

Für den vorliegenden Beitrag wurde als Prozessbeginn des Entlassungsprozesses die laufende Therapie/Behandlung gewählt. Die Grenze zwischen dem Behandlungsprozess und dem Entlassungsprozess lässt sich dabei nicht ganz trennscharf vornehmen. Damit die Grenze der Betrachtung trotzdem fixiert wird, wurden die letzten 48 h des Patienten vor seiner Entlassung als besonders relevant eingestuft und die Grenze entsprechend gesetzt. Aufgrund wichtiger Aspekte wie die abschließende Diagnostik/Therapie und Kommunikationswege war eine Überlappung der Prozesse sinnvoll, da besonders an dieser Stelle die Prozesse fließend ineinander übergehen und nachgelagerte Prozesse durch die Ergebnisse der vorgelagerten Prozesse beeinflusst werden. Die 48 h wurden als praktikabel eingestuft, eine andere Einteilung ist ebenfalls möglich und sollte individuell geprüft werden, da die Prozessabgrenzung eine subjektive Entscheidung ist.[89]

---

[83] Vgl. Zapp und Otten (2010, S. 92). Vgl. auch: Schmidt-Rettig und Böhning (1999, S. 212).
[84] Vgl. Zapp und Otten (2010, S. 92).
[85] Vgl. Zapp und Otten (2010, S. 92).
[86] Vgl. Zapp et al. (2010, S. 23).
[87] Vgl. Zapp und Otten (2010, S. 92).
[88] Vgl. Zapp und Otten (2010, S. 92).
[89] Vgl. Zapp und Otten (2010, S. 91). Vgl. auch: Gaitanides (1983, S. 64 f.).

Als Prozessende wurde die natürliche Grenze der physischen Entlassung des Patienten gewählt.

3.3.1.1.4 Prozessabbildung

3.3.1.1.4.1 Theoretische Analyse

Nachdem die Prozesse zerlegt wurden, erfolgt die Prozessabbildung. Sie ist Vorausset- zung, um die im Krankenhaus vorhandenen Prozesse später gestalten zu können. Die Abbildung soll eine wertfreie Ordnung jener wichtigen Informationen gewährleisten, aus denen eine klare Prozessbeschreibung und Definition der Schnittstellen hervorgeht.[90] Die Darstellung der Prozessabläufe hat die wesentliche Aufgabe, durch die Schaffung von Transparenz allen Prozessbeteiligten ein einheitliches Verständnis über Inhalte und Zie- le der Prozesse zu vermitteln.[91] Die Darstellung soll kurz und prägnant sowie in einer einheitlichen unternehmungsbezogenen Sprachform erfolgen. Ablaufdiagramme dienen der vereinfachten Darstellung von einzelnen Arbeitsschritten unter Berücksichtigung der Abhängigkeiten zwischen den internen und externen Kunden, aber auch Lieferanten. Bei einer zu umfangreichen Darstellung besteht die Gefahr, dass Teilprozesse zu detailliert und somit zu unübersichtlich für die Mitarbeiter beschrieben werden und auf diese Weise von den wesentlichen Informationen ablenken.[92] Der Detaillierungsgrad sollte dabei so ge- wählt werden, dass er zweckmäßig und innerhalb der jeweiligen Prozessebene einheitlich ist. Damit der optimale Detaillierungsgrad bestimmt werden kann, muss eine Orientie- rung am Prozessumfang erfolgen. Hierbei können sowohl Interviews mit den am Prozess Beteiligten aber auch die Erfassung des Ist-Zustandes durch Beobachtung behilflich sein.

In der Literatur gibt es eine Vielzahl von Techniken, mit welchen man Prozesse darstel- len kann. Beispielhaft sei an dieser Stelle das Vierdimensionale Prozessdiagramm (VPD- Diagramm), die Ablauf-Matrix[93] und der Prozess-Plan[94] zu nennen. Die Vierdimensio- nale Prozessdarstellung trägt die Bezeichnung aufgrund der Darstellung der Kriterien. Mit diesem Diagramm können die vier wichtigen Kriterien wie Tätigkeiten, das dafür benutzte System beziehungsweise Medium (welches den Arbeitsschritt unterstützt), die durchführende Funktion sowie ein Schlüsselindikator abgebildet werden. Für eine leich- tere Orientierung wird im oberen Bereich der übergeordnete Teilprozess aufgeführt. Im mittleren Bereich wird der Prozessfluss beschrieben, wobei die Tätigkeiten den Funktions- bereichen zugeordnet sind. Die Tätigkeiten, welche relativ unabhängig vom Kernprozess verlaufen und deren Anfang nicht zugeordnet werden kann, sind unter der Bezeichnung parallele Tätigkeiten gesondert aufgeführt. Die eingesetzten Hilfsmittel und ein Indika- tor wie beispielsweise die Qualität, Durchlaufzeit oder ein Kostenindikator werden im

---

[90] Vgl. Zapp und Otten (2010, S. 94 f.).

[91] Vgl. Zapp und Otten (2010, S. 95). Vgl. auch: Scholz und Vrohlings (1994d, S. 38 ff.); Pfohl et al. (1996, S. 246 f.).

[92] Vgl. Zapp und Otten (2010, S. 95). Vgl. auch: Helbig (2003, S. 79).

[93] Vgl. Scholz und Vrohlings (1994a, S. 50 ff.).

[94] Vgl. Zapp und Dorenkamp (2002, S. 124) in Anlehnung an GSG Consulting GmbH, Herne.

unteren Drittel abgebildet.[95] Die Stärken des VPD-Diagramms liegen in der Darstellung von Schnittstellen beziehungsweise der Abbildung beim Wechsel der Verantwortung. Außerdem erhält der Betrachter einen Überblick über die eingesetzten Bearbeitungs- und Informationsmittel.

Bei Abläufen mit wenigen Schnittstellen ist dieses Diagramm jedoch weniger vorteilhaft. Falls kein Aufgabenwechsel stattfindet, befindet sich die Darstellung immer in einer Zeile, der zur Verfügung stehende Platz wird dabei nicht ausgenutzt. Eine Darstellung von verschiedenen Varianten des Prozesses ist durch die starre Funktionszuordnung infolge des geringen Platzangebotes nur schwer zu realisieren.[96] Der Aufbau eines VPD-Diagramms wird in der Abb. 3.5 erkennbar.

Die Ablauf-Matrix ist vom Aufbau sehr ähnlich wie das VPD-Diagramm und unterscheidet sich in der Darstellung der Tätigkeiten. Die Tätigkeiten werden in einer separaten Leiste aufgeführt und die Funktionen werden diesen mit Hilfe von Matrixschnittpunkten zugeordnet. Entscheidungen und Tätigkeiten werden hierbei durch eigene Symbole dargestellt. Dabei sollen Tätigkeiten und Entscheidungen in der Darstellung klar und übersichtlich voneinander abgegrenzt werden. Deshalb werden die Tätigkeiten in patientennahe und patientenferne Tätigkeiten unterteilt und jeweils in einer gesonderten Zeile aufgeführt. Aufgrund des vorhandenen Platzangebotes können die Verzweigungen mit der Ablauf-Matrix gut dargestellt werden. Daher liegt die Stärke der Ablaufmatrix in der Konzentration auf die Ablauffolge sowie in der Darstellung von Verzweigungen und Schnittstellen. Wie eine Ablauf-Matrix grafisch dargestellt wird, kann der Abb. 3.6 entnommen werden.

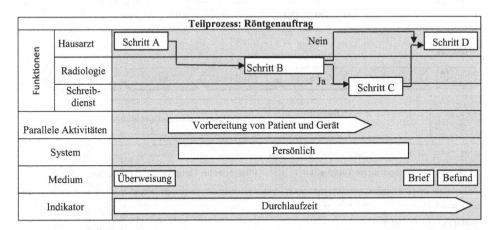

Abb. 3.5 Aufbau eines VPD-Diagramms. (Quelle: Zapp und Otten 2010, S. 96; in Anlehnung an Scholz und Vrohlings 1994a, S. 51)

---

[95] Vgl. Zapp und Otten (2010, S. 95).
[96] Vgl. Zapp und Otten (2010, S. 96). Vgl. auch: Scholz und Vrohlings (1994a, S. 51).

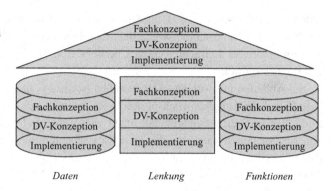

Abb. 3.6 Aufbau einer Ablauf-Matrix. (Quelle: Zapp und
Otten 2010, S. 97; in Anlehnung an Scholz und Vrohlings
1994d, S. 51)

Mithilfe eines Prozessplans werden die beteiligten Berufsgruppen in den einzelnen Prozessphasen identifiziert und es wird dokumentiert, wer, was, wie und wann in welcher Reihenfolge durchführt. Durch diese Art der Darstellung wird sehr deutlich, welche Berufsgruppe in welcher Reihenfolge welche Leistung am Patienten erbringt. Die Teilschritte der einzelnen Berufsgruppen in den jeweiligen Prozessphasen, an denen sie beteiligt sind, werden in einem weiteren Arbeitsschritt analysiert. Der Mitarbeiter beschreibt, aus welchen Teilschritten die einzelne Prozessphase besteht.[97] Die Darstellung eines Prozess-Plans kann der Abb. 3.7 entnommen werden.

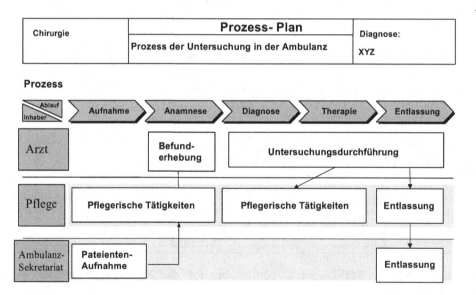

Abb. 3.7 Prozess-Plan. (Quelle: GSG Consulting GmbH, Herne. In: Zapp und Dorenkamp 2002, S. 124)

---

[97] Vgl. Zapp und Dorenkamp (2002, S. 119).

Zu jedem Teilschritt existieren „Inputs" und „Outputs". Alle Ereignisse oder Dokumente, die vorhanden sein müssen, um den Teilschritt durchführen zu können, werden unter dem Punkt „Input" aufgezählt. Der „Output" ist das Ergebnis des Teilschrittes, welcher dann wiederum für einen anderen Teilschritt als „Input" benötigt wird. Auf diese Weise werden die Schnittstellen ermittelt und es ergeben sich bereits erste Detailprobleme, die für einen reibungsfreien Ablauf zu lösen sind.[98] In der Spalte „Woher" wird dargestellt, woher der Input kommt. Die Spalte „Tätigkeit" beinhaltet die Beschreibung der Tätigkeit und in der Spalte „Wohin" wird beschrieben, wohin der Output geht. Innerhalb der Spalte „Bemerkungen" sollen die Einzelprobleme beschrieben werden, welche in der weiteren Prozessgestaltung berücksichtigt werden sollen. Die Abb. 3.8 gibt die Auflistung der Teilschritte wieder.

Woher	Input	Tätigkeit	Output	Wohin	Bemerkungen
	• Anmeldung Patient	**Auslösendes Ereignis**			
	• Telefon • Kalender	**Telefonat führen**	• Terminvergabe nach Wunsch	• Ambulanz-kalender	1. ✎ Einbestellung zu schnell 2. ✎ Stühle im Aufnahmebereich nicht vorhanden 3. ✎ Mangelnde Datenschutz
• Von zu Hause	• Patient/Angehörige	**Patient begrüßen**	• Erfassung Patient	• Kalender	Erster persönlicher Kontakt
• Patient • Angehörige • Hausarzt • Einw. Arzt	• Telefonnummer der Angehörigen • Chipkarte • Adresse Hausarzt • Scheine (Überweisung, Einweisung, Konsil) • Vorbefunde	**Informationen sammeln**	• Abstempeln • Überweisung	• Ambulanz-karte	Beachte evtl. falsche Zuordnung zu Fachabteilung Beachte: Patienten sind eher zu früh als zu spät
	• Chipkarte • PC • Kartenlesegerät	**Chipkarte einlesen**	• Patientendaten in EDV		Unterlagen (Überweisung / Chipkarte) fehlen 4. ✎ Drucker zu weit entfernt
	• Übermittlung der Patientendaten in EDV und Formular	**Ambulanz-karte drucken**	• Ambulanzkarte • Patienten-Nr. • Dokumente einsortiert	• Tresen	
	• Vollständigkeits-sprüfung	**Patient zuordnen**	• Patient vor dem Untersuchungs-raum		5. ✎ Keine Ausschilderung für die Patienten 6. ✎ Unangemeldete Patienten 7. ✎ Untersuchungsgeräte defekt
		Ende			

Abb. 3.8 Teilschritt: Ambulanzsekretariat – Aufnahme durchführen. (Quelle: GSG Consulting GmbH, Herne. In: Zapp und Dorenkamp 2002, S. 125)

---

[98] Vgl. Zapp und Dorenkamp (2002, S. 119 f.).

Vorteil des Prozessplans ist, dass sowohl der Prozessablauf auf der horizontalen Achse und die Berufsgruppen sowie Schnittstellen und Kommunikationswege auf der vertikalen Achse dargestellt werden können. Die Vorteile in der Auflistung der Teilschritte liegen im höheren Detaillierungsgrad und der Kennzeichnung von Einzelproblemen.

3.3.1.1.4.2 Praktische Umsetzung

Für eine wertfreie Erfassung der Prozesse und Abläufe haben sich die Verfasser sowohl für Interviews mit den am Prozess Beteiligten sowie einer Erfassung des Ist-Zustandes durch Beobachtung entschieden. Mithilfe der Interviews konnten die Schnittstellen der Verantwortlichen erfragt sowie aus Sicht der Beteiligten Schwachstellen und Problemfelder festgehalten werden. Methodisch wurde in den Interviews ein Fragebogen verwendet, der inhaltlich an den Fragebogen des Deutschen Krankhaus Instituts (DKI) aus dem Jahr 2013 zum Thema Entlassmanagement angelehnt ist.[99]

Durch die Befragung und Auswertung des Fragebogens wurde festgestellt, dass es im Beispielkrankenhaus keinen schriftlichen Standard für das Entlassmanagement gibt. Außerdem finden keine multiprofessionellen Fallbesprechungen statt. Ein regelhaftes Entlassungsmanagement findet keine Anwendung, bei Bedarf wird das Überleitungsmanagement informiert. Ferner findet kein regelhaftes Screening bei der Aufnahme der Patienten in Bezug auf multiresistente Keime statt. Nur wenn ein Patient bei vorherigem Krankenhausaufenthalt bereits einen multiresistenten Keim hatte, wird bei erneuter Aufnahme ein Screening durchgeführt. Nach Aussage der Ärzte und der Qualitätsmanagementbeauftragten hat das Beispielkrankenhaus keine Probleme mit multiresistenten Keimen. Im Jahre 2014 wurden lediglich 36 Patienten mit einem multiresistenten Keim stationär behandelt. Das entspricht einem prozentualen Wert von 0,74 % aller in 2014 behandelten Patienten. Im Vergleich zu der DKI-Befragung ist der Wert sehr gering, das DKI ermittelte einen Durchschnittswert der befragten Krankenhäuser von 15,6 %. Kritisch zu hinterfragen ist an dieser Stelle, ob der Anteil der infektiösen Patienten tatsächlich so gering ist oder ob es aufgrund von mangelnden Tests kein realitätsnaher Wert ist. Die Versorgung mit Medikamenten, Heil- und Hilfsmitteln führt an den Wochenenden und Feiertagen oft zu Problemen. Die Kooperation zwischen dem Beispielkrankenhaus und den externen Institutionen verläuft gut, sodass es hier keinerlei Probleme in Bezug auf den Entlassungsprozess gibt. Die weiteren Fragen ergaben keine besonders nennenswerte Erkenntnisse.

Für die Erfassung des Ist-Zustandes haben die Verfasser Beobachtungen auf den jeweiligen Stationen durchgeführt. Die Mitarbeiter wurden im Voraus darüber informiert und sollten ihr Handeln in keiner Weise anpassen, weder negativ noch positiv. Der Ist-Zustand kann nur dann realistisch abgebildet werden, wenn die Prozesse und Abläufe so erfasst werden, wie sie tagtäglich zur praktischen Anwendung kommen. Dabei ist es wichtig den Mitarbeitern zu vermitteln, welche Aufgaben und Eindrücke für die Prozessanalyse bedeutend sind und wo die Grenzen der Betrachtung respektive der Erfassung gezogen

---

[99] Blum (2014).

wurden. Den Mitarbeitern sollte ebenfalls mitgeteilt werden, dass die Notizen wertfrei und sachlich sowie nicht personenbezogen verfasst werden. Gerade in einer Institution, die in den letzten Jahren starke Veränderung und wirtschaftliche Unsicherheit erlebt hat, sind die Ängste der Mitarbeiter nicht zu vernachlässigen. Vor der Beobachtung sollte eine vertrauensvolle Basis zwischen dem Personal und dem Beobachter hergestellt, sowie das gemeinsame Interesse und der gemeinsamen Nutzen der Prozessanalyse hervorgehoben werden. Das Tragen der entsprechenden Bereichskleidung (weiße Kasacks) wurde als vorteilhaft empfunden. Dadurch wird der Beobachter von den Mitarbeitern und Patienten weniger als externer Betrachter wahrgenommen, sondern mehr als Teil des Unternehmens, der Klinik.

Nach der erfolgten Beobachtung und der durchgeführten Interviews muss der Entlassungsprozess und die Teilprozesse entsprechend grafisch dargestellt werden. Seitens der Praxiseinrichtung wurde als Vorgabe kommuniziert, dass sowohl die chirurgische Station als auch die internistischen Stationen untersucht und entsprechend differenziert dargestellt werden sollen. Die Abbildung soll für die Fachabteilung Allgemeingültigkeit haben und den Prozess nicht nur einer Diagnose aufzeigen.

Im vorliegenden Beitrag fiel daher die Entscheidung für einen Prozessplan in Anlehnung an die GSG Consulting GmbH, jedoch unabhängig von einer Diagnose.

Vorteil des Prozessplans ist, dass der Prozessablauf auf der horizontalen Achse und die Berufsgruppen sowie Schnittstellen und Kommunikationswege auf der vertikalen Achse dargestellt werden können. Die Auflistung der Teilschritte bietet den Vorteil, dass der Detaillierungsgrad höher ist und Einzelprobleme gekennzeichnet werden können. Außerdem ist es möglich zu sagen, wer welche Tätigkeit ausführt. Dadurch ist auch eine Reorganisation und Änderung der Aufgabenzuordnung für die Prozessgestaltung möglich.[100]

Der Prozessplan des Entlassungsprozesses der chirurgischen Station ist in der Abb. 3.9 als Ist-Zustand wiedergegeben. In der horizontalen Achse wird dabei der Prozessablauf abgebildet und stellt die Teilprozesse in der zeitlichen Abfolge dar. Die zeitliche Abfolge kann in der Abbildung jedoch nur als grober Anhaltspunkt dargestellt werden, eine Echtzeit-Abbildung ist nicht möglich. Außerdem kann die zeitliche Abfolge individuell variieren. Da bedeutende Aspekte für die Entlassung, insbesondere die abschließende Diagnostik im Laufe der Behandlung/Therapie erfolgen, wurde die „laufende Therapie" als zeitlicher Startpunkt für den Entlassungsprozess gesehen. Wohlwissend, dass bereits bei der Aufnahme des Patienten relevante Arbeiten für die Entlassung getätigt werden, musste der Prozess eingegrenzt werden. Die Überlappung zwischen „laufender Therapie" und „Entlassung" wurde als geeignete Fokussierung für den Entlassungsprozess eingeschätzt. Auf der vertikalen Achse sind die beteiligten Berufsgruppen beziehungsweise die Prozessinhaber dargestellt. Ebenso werden mithilfe der vertikalen Achse die Schnittstellen und die Kommunikationswege (Darstellung der Kommunikationswege in Form von Pfeilen) zwischen den Berufsgruppen aufgezeigt. Weil es in der chirurgischen Abteilung für häufige Diagnosen Behandlungspfade gibt, sind Therapie, Diagnostik und weitere Maß-

---

[100] Vgl. Zapp und Dorenkamp (2002, S. 124).

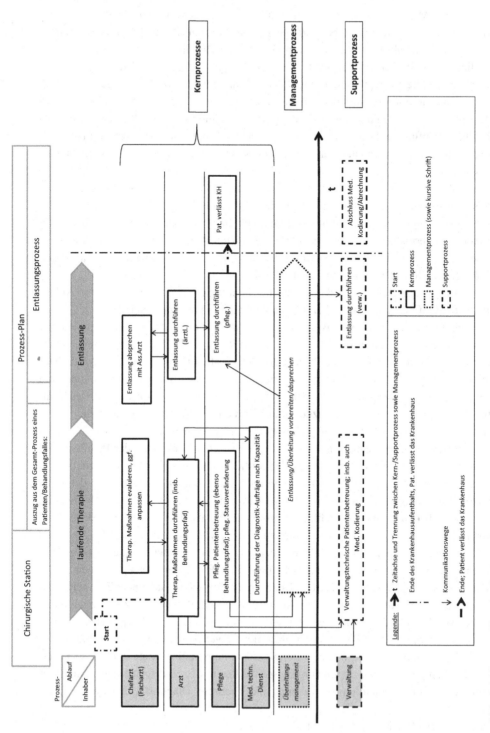

Abb. 3.9 Prozess-Plan des Entlassungsprozesses der chirurgischen Station. (Quelle: Eigene Darstellung in Anlehnung an GSG Consulting GmbH sowie Service Blueprinting; Zapp und Dorenkamp 2002, S. 127; Schubert 2013, S. 59; Fließ und Strametz 2012, S. 158)

nahmen sowie die Zielverweildauer im entsprechenden Pfad schriftlich fixiert. Besonders in der Chirurgie wird ein Patient in der Regel zuerst chirurgisch behandelt oder operiert durch den Assistenzarzt respektive durch Mithilfe des Assistenzarztes. Anschließend wird der Patient auf die chirurgische Station gebracht und dort pflegerisch betreut. Die ärztlichen, therapeutischen Maßnahmen werden vom Facharzt evaluiert und in Absprache mit dem Assistenzarzt gegebenenfalls angepasst. Bei Bedarf wird durch den Pflegedienst oder durch den Assistenzarzt das Überleitungsmanagement für den Patienten informiert, falls dieses nicht bereits vor der Aufnahme des Patienten geschehen ist. Der medizinisch-technische Dienst bearbeitet je nach Kapazität die Diagnostik-Aufträge, die er vom Arzt mit Zwischenschaltung des Pflegedienstes erhält. Ferner findet eine verwaltungstechnische Patientenbetreuung statt. Insbesondere für die medizinische Kodierung und Abrechnung des Falles werden Daten vom Arzt und dem Pflegedienst benötigt. Der Entlassungszeitpunkt wird vom Facharzt in Absprache mit dem Assistenzarzt bestimmt, ist aber auch als Zielvorgabe im Behandlungspfad enthalten. Der Arzt wiederum informiert die Pflege über die bevorstehende Entlassung des Patienten. Die Verwaltung rechnet zum Beispiel die Telefongebühren mit dem Patienten ab und rechnet den Fall nach Entlassung des Patienten mit der Krankenkasse ab. Die Tätigkeiten der Ärzte, des Pflegedienstes und des medizinisch-technischen Dienstes sind im Beispielkrankenhaus als Kernprozess (schwarzer Rahmen) einzustufen. Das Überleitungsmanagement wird im Beispielkrankenhaus durch die Sozialstation erbracht. Die Tätigkeiten des Überleitungsmanagements sind daher ein Managementprozess und besitzen zur Abgrenzung einen gepunkteten Rahmen und kursive Schrift. Die wahrgenommenen Aufgaben der Verwaltung sind als Supportprozess einzustufen, sie sind durch eine dicke, schwarze Linie von den anderen Prozessen abgegrenzt und besitzen einen gestrichelten Rahmen. Die Abb. 3.9 stellt den Prozess-Plan übersichtlich dar.

Die in der Tab. 3.2 aufgelisteten Teilschritte wurden für die chirurgische Station beschrieben und geben den Ist-Zustand wieder. Der Patient befindet sich dabei in der postoperativen Phase und die Entlassung steht bevor. In der Spalte „Wer" steht der Prozessinhaber beziehungsweise der oder die Durchführende/n des Teilschrittes. Alle Ereignisse, Ergebnisse oder Dokumente, die vorhanden sein müssen, um den Teilschritt durchführen zu können, werden unter dem Punkt „Input" aufgezählt. Die Spalte „Tätigkeit" definiert die Tätigkeit, wobei aus praktikablen Gründen keine Differenzierung des Tätigkeitsbegriffes vorgenommen wurde.

Der „Output" ist das Ergebnis des Teilschrittes, welcher teilweise als „Input" für einen weiteren Teilschritt dienen kann. In der Spalte „Wo/Wohin" steht, wo die Tätigkeit erbracht wird (beispielsweise im Dienstzimmer oder am Patienten) oder wohin das Ergebnis (Output) gelangt. Die Spalte „Bemerkungen" beinhaltet mit fortlaufenden Nummern die Einzelprobleme des Teilschrittes. Aufgrund dessen, dass das Überleitungsmanagement oftmals bereits vor der Aufnahme des Patienten durch die chirurgische Abteilung informiert wird, ist der Punkt „Überleitungsmanagement informieren" nur zur Vollständigkeit und für eine bessere Nachvollziehbarkeit aufgeführt und in kursiver Schrift.

Tab. 3.2 Teilschritte des Entlassungsprozesses der chirurgischen Abteilung. (Quelle: Eigene Darstellung in Anlehnung an GSG Consulting GmbH. In: Zapp und Dorenkamp 2002, S. 128)

Wer	Input	Tätigkeit	Output	Wo/Wohin	Bemerkungen
Arzt Pflege	Patient in postoperativer Phase	**Entlassung steht bevor**			
Arzt Pflege	Behandlungspfad Anzahl Aufnahmen Telefonat	**Abschließende Diagnostik/Therapie planen**	Diagnostik-Aufträge (bspw. Röntgen) ausfüllen	Dienstzimmer (Pflege)	1. Diagnostik-Zettel werden durch Pflege ausgefüllt, Arzt unterschreibt, dann Weitergabe an med.-techn. Dienst durch Pflege
Pflege Arzt	*Patient wird als relevant für Überleitung eingestuft*	***Überleitungsmanagement informieren***	*Überleitungsmanagement erstellt Bedarfsanalyse*	*Patientenakte*	*Die Überleitung wird oftmals bereits vor der Aufnahme des Patienten informiert, daher hier nur der vollständigkeithalber kursiv dargestellt*
Arzt Pflege Überleitungsmanagement	Gespräch-/Terminvereinbarung mit Patient/Angehörigen	**Patient/Angehörige informieren**	Patient/Angehörige über Entlassung informiert	Patientenakte	2. Unklarheiten, wer, wann, wie ein Gespräch führt. Meist jedoch durch den Arzt
Überleitungsmanagement	Wünsche aus dem Patentengespräch Bedarfsanalyse	**Weiterbehandelnde, externe Institution informieren**	Termin und Überleitung ist geregelt	Patientenakte	3. externe Institution kann nicht immer zum gewünschten/geplanten Zeitpunkt aufnehmen
Arzt Schreibdienst	Vollständige Patientenakte	**Entlassungsbrief schreiben**	Ausgefüllter Entlassungsbrief	Patient	4. Arztbrief wird erst geschrieben, wenn Patient schon entlassen werden soll 5. Arztbrief unvollständig bei gepl. Entlassungszeitpunkt 6. Chefarzt muss in der Frühbesprechung dem Brief zustimmen und unterschreiben

Tab. 3.2 (Fortsetzung)

Wer	Input	Tätigkeit	Output	Wo/Wohin	Bemerkungen
Pflege	Vollständige Kurve/ Unterlagen	**Pflegeüberleitungs- bogen schreiben**	Fertiger Pflegeüberlei- tungsbogen	Patient	7. Bei ungeplanter Entlassung muss Pflegebogen ad-hoc geschrieben wer- den
Arzt Pflege	Konkrete oder kurzfristig geänderter Entlassungs- tag/-uhrzeit	**Erneute Informati- on an Angehörige, weiterbehandelnde Institution**	Bestätigung des Entlas- sungstages/-uhrzeit		9. Geänderter Entlassungszeitpunkt kann zu Problemen führen (Ange- hörige muss arbeiten, Institution nicht vorbereitet; Gerätschaf- ten/Med.Produkte noch nicht vor Ort)
Pflege	Verordnungen im Entlas- sungsbrief	**Medikamenten- versorgung klären**	Medikamentenbox und/oder Rezept	Patient Patientenakte	10. Pflege muss sich neu verordne- te Medikamente mühsam aus dem Entlassungsbrief suchen 11. Besonders an Wochenenden und Feiertagen bekommen Pat. keine Re- zepte über den HA
Pflege	Transport kann/wurde nicht durch Patient orga- nisiert	**Transport bestellen**	Geeignetes Transport- mittel (Taxi, KTW, RTW) organisiert	Dienstzim- mer (Pflege)	12. Bei kurzfristigen Entlassungen sind Wartezeiten von 2h und mehr für einen Transport nicht selten
Pflege	Gepäck und Entlassungs- unterlagen wurden nicht durch Angehörige abge- holt/vorbereitet	**Transport/Entlassung vorbereiten**	Fertig gepacktes Ge- päck/Patienteneigentum sowie Unterlagen	Patient	13. Oft noch Patienteneigentum im Nachtschrank 14. GKV-Karte wird bei Entlassung schnell unbeabsichtigt vergessen
		Ende			15. Pat. wird im System nicht in Echt- zeit entlassen

Zwar haben die Neuaufnahmen in der Chirurgie auch Einfluss auf die Entlassung der Patienten, um für die Neuaufnahmen entsprechende Kapazitäten (Betten) zu schaffen, dennoch wird der Entlassungszeitpunkt überwiegend durch den Behandlungspfad bestimmt. Im Gegensatz zur internistischen Abteilung sind in der Chirurgie mehr elektive Behandlungsfälle und Behandlungspfade vorhanden. Somit können Aufnahme und Entlasszeitpunkt gut bestimmt und ressourcenorientiert geplant werden. Die notwendige, abschließende Diagnostik und Therapie ist im Behandlungspfad schriftlich festgehalten. Sollte eine ungeplante Neuaufnahme stattfinden, wird der Arzt in der Regel in einem Telefonat darüber informiert. Die Diagnostik-Aufträge werden teilweise mithilfe eines Notizzettels oder mündlich vom Arzt dem Pflegedienst übermittelt. Der Pflegedienst füllt ein Diagnostik-Formular aus und legt es dem Arzt zur Unterschrift in dessen Ablagefach. Nach erfolgter Unterschrift wird der Diagnostik-Auftrag an den medizinisch-technischen Dienst weitergeleitet. Dieser bestellt den Patienten je nach Kapazität zu einer bestimmten Uhrzeit ein. Dadurch besteht die Gefahr, dass einerseits unbeabsichtigt Notiz-Zettel „untergehen" und andererseits eine nicht unerhebliche Zeitverzögerung zwischen der Anforderung der Diagnostik durch den Arzt und deren Durchführung entsteht. Falls der Patient vom Arzt oder der Pflege als relevant für die Überleitung eingestuft wird, ist das Überleitungsmanagement zu informieren. In der Regel wird bei den elektiven Behandlungsfällen das Überleitungsmanagement bereits vor der Krankenhausaufnahme des Patienten informiert und gemeinsam mit dem Patienten die poststationäre Versorgung besprochen. Die Information des Patienten oder dessen Angehörige über die bevorstehende Entlassung wird meist durch den Arzt erteilt. Die weiterbehandelnde, externe Institution wird durch das Überleitungsmanagement informiert. Die externen Institutionen können den Patienten jedoch nicht immer zum gewünschten oder geplanten Zeitpunkt aufnehmen. Des Weiteren können in den externen Institutionen bei verspäteter Entlassung Kapazitäten (Betten) nicht unbegrenzt lange für den Patienten freigehalten beziehungsweise reserviert werden. Das für den Patienten geplante Bett kann meist nur wenige Tage von der weiterbehandelnden Institution reserviert werden. Der Entlassungsbrief wird vom zuständigen Arzt diktiert und für eine Niederschrift an den Schreibdienst weitergegeben. Hierfür muss die gesamte Patientenakte vorliegen. Oftmals wird der Entlassungsbrief erst dann geschrieben beziehungsweise diktiert, wenn der Patient schon entlassen werden soll, oder sie ist zum geplanten Entlassungszeitpunkt noch unvollständig. Der Brief wird teilweise kommentarlos in die Akte des Patienten gelegt, dem Patienten selber ausgehändigt oder in das Dienstzimmer der Pflege gelegt, sodass der Entlassungszeitpunkt durch fehlende Information an die Pflege weiter verzögert wird. Der Oberarzt wird mehrfach am Tag in seiner Tätigkeit unterbrochen, da er meist nur einem oder wenigen Entlassungsbriefen zustimmen und sie unterschreiben soll. Durch den Arzt wird der Pflegedienst über die Entlassung informiert, bei Bedarf schreibt dieser einen Pflegeüberleitungsbogen und händigt diesen nach Fertigstellung dem Patienten oder dessen Angehörige zur Mitnahme aus. Bei ungeplanten Entlassungen oder später Information durch den Arzt muss der Pflegedienst ad hoc einen Überleitungsbogen schreiben. Die Angehörigen oder die weiterbehandelnde Institution müssen eventuell über den kurzfristig geänderten Entlassungszeitpunkt informiert werden. Sollte der Entlassungszeitpunkt kurzfristig geändert werden, so kann dieses zu Problemen für die Angehörigen oder die weiterbehandelnde Institution führen. Beispielsweise muss der Angehörige zu dem Zeitpunkt arbeiten, die weiterbehandelnde Einrichtung ist noch nicht auf den Patienten vorbereitet oder wichtige medizinische Gerätschaften (O_2-Inhalator, Dekubitusmatratze) sind noch nicht vor Ort. Um die poststationäre Medikamentenversorgung kümmert sich oftmals der Pflegedienst. Dabei müssen neu verordnete Medikamente aus dem Entlassungsbrief entnommen und mit der Medikation vor dem Krankenhausaufenthalt abgeglichen werden. Besonders an Wochenenden und Feiertagen ist die poststationäre Medikamentenversorgung ein Problem. Entweder werden dem Patienten die Medikamente für die nächsten Tage in Medikamentenboxen jeweils für eine Tagesration mitgegeben oder die Patienten werden an die Kassenärztliche Notdienstambulanz überwiesen. Die Organisation eines geeigneten Transportmittels (Taxi, Krankentransportwagen (KTW), Rettungswagen (RTW)) obliegt ebenfalls dem Pflegedienst. Für den Fall, dass Transporte kurzfristig bestellt werden, können Wartezeiten von 2 h und mehr entstehen. Sofern der Patient oder dessen Angehörige nicht bereits selbst das Patienteneigentum vorbereitet oder abgeholt haben, wird dieses ebenso durch die Pflege zusammengepackt. Oftmals befindet sich noch Patienteneigentum im Nachtschrank. Auch die Chipkarte der gesetzlichen Krankenversicherung bleibt schnell unbeabsichtigt liegen. Nachdem der Patient das Krankenhaus verlassen hat, wird dieses nicht immer in Echtzeit im System erfasst. Dadurch werden eigentlich freie Betten erst verspätet sichtbar.

Die beschriebenen Schritte sind in der Tab. 3.2 übersichtlich dargestellt.

Der Prozessplan des Entlassungsprozesses der internistischen Station ist in der Abb. 3.10 als Ist-Zustand wiedergegeben. Die Aufteilung und Bedeutung der Grafik wurde bereits für die Abb. 3.9 erläutert. Daher werden an dieser Stelle nur die Unterschiede zu den Ausführungen der Tab. 3.2 erläutert. Aufgrund dessen, dass es für die internistische Abteilung keine Behandlungspfade gibt, sind Therapie, Diagnostik und weitere Maßnahmen sowie die Zielverweildauer nicht schriftlich fixiert. Auch in der internistischen Abteilung ist es so, dass ein Arzt in der Regel Kontakt zum Patienten hat (meist Notaufnahme oder Aufnahmestation), bevor er auf die Station gebracht wird. Somit beginnt seine Tätigkeit für den Patienten noch vor den Tätigkeiten des Pflegedienstes auf der peripheren Station und des Facharztes. Ausnahmen in der zeitlichen Abfolge sind an dieser Stelle in individuellen Fällen möglich. Auf der internistischen Station wird der Patient weiter pflegerisch betreut. Die ärztlichen, therapeutischen Maßnahmen werden vom Facharzt evaluiert und in Absprache mit dem Assistenzarzt gegebenenfalls angepasst. Aufgrund der mangelnden Behandlungspfade ist in der internistischen Abteilung ein höheres Maß an Absprachen notwendig als beispielsweise in der chirurgischen Abteilung. Bei Bedarf wird durch den Pflegedienst oder den Assistenzarzt das Überleitungsmanagement für den Patienten informiert. Im Gegensatz zur chirurgischen Abteilung wird das Überleitungsmanagement oftmals nicht bereits vor der Aufnahme des Patienten (u. a. aufgrund geringerer elektiver Behandlungsfälle[101] und schlechter Kommunikation in der prähos-

---

[101] Hier: geplante Behandlungsfälle, die nicht ad-hoc als Notfall behandelt werden müssen.

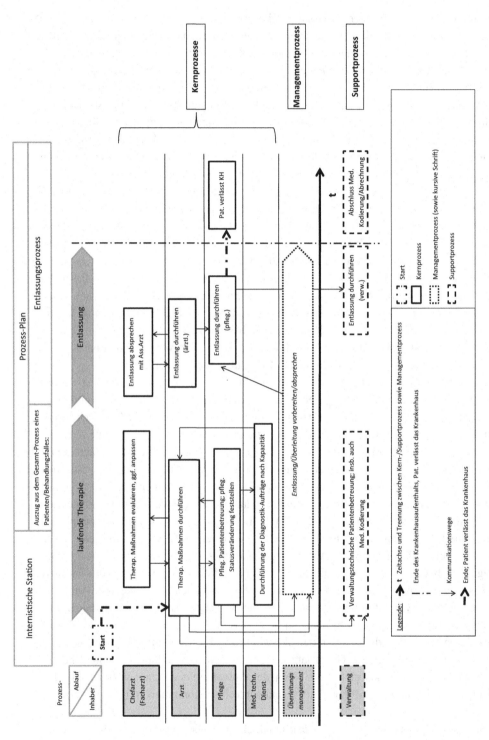

Abb. 3.10 Prozess-Plan des Entlassungsprozesses der internistischen Stationen. (Quelle: Eigene Darstellung in Anlehnung an GSG Consulting GmbH sowie Service Blueprinting; Zapp und Dorenkamp 2002, S. 127; Schubert 2013, S. 59; Fließ und Strametz 2012, S. 158)

pitalen Phase eines Patienten) informiert. Insbesondere für die medizinische Kodierung beziehungsweise Abrechnung des Falles werden Daten vom Arzt und dem Pflegedienst benötigt. Der Entlassungszeitpunkt wird vom Facharzt in Absprache mit dem Assistenzarzt bestimmt. Dieser wiederum informiert die Pflege über die bevorstehende Entlassung des Patienten. Die Abb. 3.10 stellt den Prozess-Plan übersichtlich dar.

Die in der Tab. 3.3 aufgelisteten Teilschritte wurden für die internistischen Stationen beschrieben und geben den Ist-Zustand wieder. Die Aufteilung und Bedeutung der Spalten ist gleich der Ausführungen zu Tab. 3.2. Die Unterschiede zu Abb. 3.10 sollen an dieser Stelle beschrieben werden.

Besonders in der internistischen Abteilung haben die Neuaufnahmen Einfluss auf die Entlassung von Patienten und somit auch auf die notwendige abschließende Diagnostik und Therapie, damit möglichst schnell Kapazitäten für die Neuaufnahmen frei werden. Neuaufnahmen werden oftmals dem Arzt in einem Telefonat von der Notaufnahme oder Aufnahmestation mitgeteilt. Die Kommunikation zwischen den Ärzten und dem Pflegedienst, ob und wann das Überleitungsmanagement eingeschaltet wird, ist aufgrund fehlender, gemeinsamer Visiten gefährdet. Bei der Führung von Gesprächen mit Patienten und Angehörigen gibt es Unklarheiten, wer wann und wie den Patienten oder dessen Angehörige über die Entlassung informiert. Nachdem der Patient das Krankenhaus verlassen hat, wird dieses nicht immer in Echtzeit im System erfasst. Dadurch werden eigentlich freie Betten erst verspätet sichtbar.

Die beschriebenen Schritte sind in der Tab. 3.3 übersichtlich dargestellt.

3.3.1.1.5 Schnittstellenanalyse

3.3.1.1.5.1 Theoretische Analyse

Mit einer Schnittstellenanalyse können komplexe Systemstrukturen entschlüsselt und gestaltet werden. Auch die Abfolge und das Ineinandergreifen der einzelnen Teilprozesse des gesamten Prozesses können nachvollzogen werden. Die Aufmerksamkeit richtet sich auf Brüche im zeitlichen Ablauf, auf Mängel der inhaltlichen Abstimmung sowie auf Kommunikationsdefizite zwischen den Teilbereichen. Besonders in der organisatorischen Gestaltung sind die Schnittstellen von Bedeutung, da sie die Folge der Arbeitsteilung sind und den Spannungsbogen von Spezialisierung und Koordination verdeutlichen.[102] Dabei werden komplexe Aufgaben auf spezialisierte Einheiten verteilt, sodass in der Regel eine schnelle, qualitativ höherwertige Leistung in diesen Teileinheiten erbracht wird, hiermit jedoch die Abstimmungsprozesse zunehmen. Eine Abwägung der Vor- und Nachteile ist daher immer vorzunehmen.[103]

Somit sind Schnittstellen die Übergänge zwischen den Teileinheiten, in denen Interaktionen stattfinden, die sich auf den Austausch von Informationen, Gütern respektive

---

[102] Vgl. Zapp et al. (2014, S. 158).
[103] Vgl. Zapp et al. (2014, S. 160). Vgl. auch: Freimuth (1986); Köhler und Görgen (1991); Zapp et al. (2000a).

Tab. 3.3 Teilschritte des Entlassungsprozesses der internistischen Abteilung. (Quelle: Eigene Darstellung in Anlehnung an GSG Consulting GmbH. In: Zapp und Dorenkamp 2002, S. 128)

Wer	Input	Tätigkeit	Output	Wo/Wohin	Bemerkungen
	Patient in Rekonvaleszenzphase	**Entlassung steht bevor**			
Arzt Pflege	Ergebnisse laufende Therapie Anzahl Aufnahmen Telefonat	**Abschließende Diagnostik/Therapie planen**	Diagnostik-Aufträge (bspw. Röntgen, Labor) ausfüllen	Dienstzimmer (Pflege)	1. Diagnostik-Zettel werden durch Pflege ausgefüllt, Arzt unterschreibt, dann Weitergabe an med.-techn. Dienst durch Pflege
Pflege Arzt	Patient wird als relevant für Überleitung eingestuft	**Überleitungsmanagement informieren**	Überleitungsmanagement erstellt Bedarfsanalyse	Patientenakte	2. Kommunikation ist zwischen Arzt und Pflege diesbezüglich gefährdet. Keine festen Visitezeiten, keine reguläre Teilnahme seitens Pflege
Arzt Pflege Überleitungsmanagement	Gespräch-/Terminvereinbarung mit Patient/Angehörigen	**Patient/Angehörige informieren**	Patient/Angehörige über Entlassung informiert	Patientenakte	3. Unklarheiten, wer, wann, wie ein Gespräch führt
Überleitungsmanagement	Wünsche aus dem Patientengespräch Bedarfsanalyse	**Weiterbehandelnde, externe Institution informieren**	Termin und Überleitung ist geregelt		4. Externe Institution kann nicht immer zum gewünschten/geplanten Zeitpunkt aufnehmen 5. Die organisierte Weiterbehandlung kann nicht unbegrenzt zeitlich reserviert werden
Arzt Schreibdienst	Vollständige Patientenakte	**Entlassungsbrief schreiben**	Ausgefüllter Entlassungsbrief	Patient Patientenakte	6. Arztbrief wird erst geschrieben/diktiert, wenn Patient schon entlassen werden soll 7. Arztbrief unvollständig bei gepl. Entlassungszeitpunkt 8. Entlassungsbrief wird teilweise kommentarlos in die Akte oder Dienstzimmer gelegt 9. Facharzt wird mehrfach am Tag um Zustimmung und Unterschrift des jeweiligen Entlassungsbrief gebeten

Tab. 3.3 (Fortsetzung)

Wer	Input	Tätigkeit	Output	Wo/Wohin	Bemerkungen
Pflege	Information durch Arzt über die Entlassung Vollständige Kurve/Unterlagen	**Pflegeüberleitungsbogen schreiben**	Fertiger Pflegeüberleitungsbogen	Patient	10. Bei ungeplanter Entlassung muss Pflegebogen ad-hoc geschrieben werden 11. Patientenakte befindet sich manchmal irgendwo auf Station, nicht im Dienstzimmer
Arzt Pflege	Konkreter oder kurzfristig geänderter Entlassungstag/-uhrzeit	**Erneute Information an an Angehörige, weiterbehandelnde Institution**	Bestätigung des Entlassungstages/-uhrzeit		12. Geänderter Entlassungszeitpunkt kann zu Problemen führen (Angehörige muss arbeiten, Institution nicht vorbereitet, Gerätschaften/Med.Produkte noch nicht vor Ort)
Pflege	Verordnungen im Entlassungsbrief	**Medikamentenversorgung klären**	Medikamentenbox und/oder Rezept	Patient Patientenakte	13. Pflege muss sich neu verordnete Medikamente mühsam aus dem Entlassungsbrief suchen 14. Besonders an Wochenenden und Feiertagen bekommen Pat. keine Rezepte über den HA
Pflege	Transport kann/wurde nicht durch Patient organisiert	**Transport bestellen**	Geeignetes Transportmittel (Taxi, KTW, RTW) organisiert	Dienstzimmer (Pflege)	15. Bei kurzfristigen Entlassungen sind Wartezeiten von 2 h und mehr für einen Transport nicht selten
Pflege	Gepäck und Entlassungsunterlagen wurden nicht durch Angehörige abgeholt/vorbereitet	**Transport/Entlassung vorbereiten**	Fertig gepacktes Gepäck/Patienteneigentum sowie Unterlagen	Patient	16. Oft noch Patienteneigentum im Nachtschrank 17. GKV-Karte wird bei Entlassung schnell unbeabsichtigt vergessen 18. Patient wird im System nicht immer in Echtzeit entlassen
		Ende			

Finanzen beziehen. Aufgrund des Dienstleistungscharakters kommt es in Gesundheitseinrichtungen auch zum Austausch von Personen, indem Patienten beispielsweise von der
Station in den OP oder die Radiologie gefahren werden, um dort behandelt oder operiert
zu werden.[104]

3.3.1.1.5.2 Ist-Analyse

Aufgrund der bereits beschriebenen, durchgeführten Interviews mit den Beteiligten und
Beobachtungen auf den Stationen wurden auch Mängel bei den Schnittstellen festgestellt.
Die derzeit praktizierte Vorgehensweise bei der Erstellung von Diagnostik-Aufträgen führt
zu nicht unerheblichen Brüchen im zeitlichen Ablauf. Der Arzt gibt dem Pflegedienst den
Auftrag, dass dieser ein Formular für den Diagnostik-Auftrag entsprechend ausfüllt und
dem Arzt zur Unterschrift in dessen Ablagefach legt. Nach erfolgter Unterschrift durch
den Arzt gibt die Pflege den Auftrag an den medizinisch-technischen Dienst weiter. Eine Optimierung ist an dieser Stelle sinnvoll und wurde durch die Beteiligten erkannt
beziehungsweise bestätigt. Insbesondere in der internistischen Abteilung gibt es Kommunikationsdefizite mit dem Überleitungsmanagement. Der pflegerische Aufnahme- und
Anamnesebogen wird regelhaft auf der Aufnahmestation ausgefüllt. Durch knappe Zeit-
und Personalressourcen kommt es zum Teil vor, dass dieser Bogen nicht ausgefüllt wird.
Dieses Versäumnis wird auf den peripheren Stationen nicht immer festgestellt beziehungsweise behoben. Es gibt keine feste Regelung, wer wann das Überleitungsmanagement bei
Bedarf informiert. Da auch eine gemeinsame Visite zwischen den Ärzten und dem Pflegedienst nicht stattfindet, sind Absprachen selten. So ist es mehrfach vorgekommen, dass
das Überleitungsmanagement erst kurz vor Entlassung eines Patienten eingeschaltet wurde. Eine feste Regelung, wer den Patienten beziehungsweise dessen Angehörige über die
Entlassung informiert, ist nicht vorhanden. Für die Schnittstelle zu den externen Institutionen ist das Überleitungsmanagement zuständig. Nach Interviews und Auswertung des
Fragebogens gibt es wenige Probleme mit externen Einrichtungen. Der Entlassungsbrief
führt oft zu Brüchen im zeitlichen Ablauf und zu Störungen von nachgelagerten Prozessen
(Neuaufnahme von Patienten). Üblich ist, dass der Entlassungsbrief zum geplanten Entlassungszeitpunkt noch nicht fertiggestellt ist respektive erst geschrieben oder diktiert wird.
Die Bestellung des Transportes und Vorbereitung des Patienten (Zusammensuchen des
Eigentums) für die Entlassung wird durch die Pflege erst getätigt, wenn der Entlassungsbrief vorliegt. Die poststationäre Versorgung mit neuverordneten Medikamenten erwies
sich zum Teil ebenfalls als problematisch, besonders zum Wochenende und vor Feiertagen. Es liegen keine festen Absprachen vor, ob und wie viele Medikamente mitgegeben
oder stattdessen Rezepte über die Kassenärztliche Notdienstambulanz ausgestellt werden
sollen. Oftmals kümmert sich die Pflege um die Planung der poststationären Medikamentenversorgung.

---

[104] Vgl. Zapp et al. (2014, S. 160). Vgl. auch: Brockhoff und Hauschild (1993); Zapp et al. (2000b).

3.3.1.1.6 Prozesswürdigung

3.3.1.1.6.1 Theoretische Analyse

Nachdem der Ist-Stand erfasst wurde, erfolgt die Wertung des Prozesses. Die erbrachten Leistungen sollen beurteilt, Stärken, Schwächen und Ursachen aufgedeckt werden. Durch die Prozesswürdigung werden Veränderungspotentiale bereits deutlich, sodass darauf aufbauend die Prozessstruktur gestaltet werden kann, um Lösungsmöglichkeiten aufzuzeigen und in den Prozess zu integrieren.[105] Durch statische Gesichtspunkte werden fehlerhafte und unzweckmäßige Strukturen und Abläufe betrachtet, aber auch dynamische Aspekte wie Zeit, Qualität und Kosten können berücksichtigt werden. Für die Identifikation von Schwachstellen und Verbesserungsmöglichkeiten eignen sich qualitative und quantitative Analysen.[106] Wird eine Prozessanalyse zum ersten Mal durchgeführt, so eignet sich insbesondere die qualitative Analyse.[107] Mithilfe dieser Analyse kann ein Prozesscontrolling aufgebaut werden, welches Kennzahlen für die quantitative Methode bereitstellt. Die Prozessanalyse soll schließlich die Anfertigung einer vollständigen, widerspruchsfreien Liste aller Schwachstellen und Verbesserungspotentiale auf Basis der erhobenen Daten als Ziel haben.[108] Die Probleme, mögliche Ursachen und die darauf aufbauenden Verbesserungsvorschläge sollten in einem interdisziplinären Team diskutiert werden. Im Mittelpunkt der Überlegungen sollte dabei neben den Mitarbeitern natürlich der Kunde beziehungsweise Patient stehen.[109]

3.3.1.1.6.2 Ist-Analyse

Die Wertung des Ist-Standes erfolgte in einem Team des Beispielkrankenhauses. Dabei wurden Vertreter der beteiligten Berufsgruppen zu den Stärken und Schwächen sowie Problemen und Verbesserungsvorschlägen befragt. Die Ergebnisse werden im Folgenden beschrieben. Eine Überschneidung mit dem später folgenden Sollkonzept ist dabei unweigerlich. Da das Sollkonzept mit einem grafischen Prozess-Plan sowie einer tabellarischen Auflistung der Teilschritte beschrieben wird, wurde an dieser Stelle auf eine tabellarische Darstellung, wie Zapp[110] sie bietet, verzichtet.

Das derzeitige Verfahren der Anforderung von Diagnostik-Aufträgen mittels Formularen wurde von den Verfassern und den Beteiligten, insbesondere der Pflege, als suboptimal eingestuft. Das Verfahren ist nicht nur aufwändig, da es mehrfach in die Hände genommen und bearbeitet wird, ohne es abschließen zu können, sondern kann auch zu erheblichen zeitlichen Verzögerungen führen. Daher hat sich bereits eine Arbeitsgruppe gebildet, die eine IT-basierte Anforderung von Diagnostik-Aufträgen erarbeiten soll. Ziel ist, dass der Arzt oder die Ärztin den Auftrag im Krankenhausinformationssystem (KIS) selbst ein-

---

[105] Vgl. Zapp et al. (2014, S. 162 f.).
[106] Vgl. Zapp und Otten (2010, S. 101).
[107] Vgl. Zapp und Otten (2010, S. 101). Vgl. auch: Helbig (2003, S. 108 ff.).
[108] Vgl. Zapp und Otten (2010, S. 101). Vgl. auch: Schwegmann und Laske (2005, S. 179).
[109] Vgl. Zapp und Otten (2010, S. 101). Vgl. auch: Zapp (2008, S. 262).
[110] Vgl. Zapp und Otten (2010, S. 102).

gibt und der medizinisch-technische Dienst den Auftrag nach Kapazität bearbeitet. Der Pflegedienst muss dabei nicht aktiviert werden und erhält auf diese Weise Entlastung. Auch soll die Zeitspanne zwischen Auftragserteilung durch den Arzt und Durchführung durch den medizinisch-technischen Dienst verkürzt werden. Die Information respektive Aktivierung des Überleitungsmanagements verläuft in der chirurgischen Abteilung derzeit gut, da das Überleitungsmanagement in der Regel bereits vor Aufnahme des Patienten mit diesem die weitere, poststationäre Versorgung abspricht. In der internistischen Abteilung erfolgt dieses Vorgehen nicht. Erst nach erfolgter Aufnahme beziehungsweise im Verlauf des Behandlungsprozesses wird das Überleitungsmanagement bei Bedarf informiert. Es kam mehrfach dazu, dass erst kurz vor Entlassung eines Patienten das Überleitungsmanagement informiert wurde, obwohl der Bedarf des Patienten schon früher hätte festgestellt werden können. Diese Vorfälle haben dazu geführt, dass Patienten zum geplanten Entlassungszeitpunkt das Krankenhaus nicht verlassen konnten, da die weiterbehandelnde Institution keine Kapazität für den Patienten hatte. Damit in Zukunft das Überleitungsmanagement frühzeitig informiert wird, soll die Information beziehungsweise die Aktivierung des Überleitungsmanagements geändert werden. Überlegt wurde, ein Case-Management einzuführen, welches grundsätzlich einen Behandlungsfall von Anfang bis zum Ende begleitet. Ein Case-Management könnte auch in Zukunft die Patienten oder dessen Angehörige über die bevorstehende Entlassung informieren, sodass Unklarheiten, wer dieses Gespräch führt, beseitigt werden. Der Kontakt zu den externen Institutionen würde dann ebenfalls dem Case-Management obliegen. Aufgrund dessen, dass der Entlassungsbrief oftmals erst geschrieben wird, wenn der Patient bereits entlassen werden soll, sind erhebliche zeitliche Verzögerungen die Folge. Ebenso wird der Facharzt mehrfach am Tag in seinem Arbeitsablauf gestört, weil er die Entlassungsbriefe einzeln oder in kleinen Mengen zur Kontrolle und Unterschrift erhält. Für einen reibungslosen und effizienteren Ablauf sollen die Entlassungsbriefe zum Abend des Vortages fertiggestellt sein, sodass die Briefe am Entlassungstag nicht zu Zeitverzögerungen führen. Entlassungstermine werden derzeit kurzfristig bekannt gegeben respektive geändert. Damit es nicht zu Problemen bei Angehörigen oder weiterbehandelnden Institutionen kommt, soll ein Entlassungstermin rechtzeitig und verbindlich vereinbart werden. Ebenso ist die poststationäre Medikamentenversorgung nicht eindeutig geregelt. Der Pflegedienst muss sich derzeit teilweise mühsam die neuverordneten Medikamente aus der Patientenakte zusammensuchen und mit der bereits vorhandenen Medikation des Patienten abgleichen. Danach verpackt der Pflegedienst entweder die Medikamente für die nächsten Tage in Medikamentenboxen mit je einer Tagesration, oder schreibt dem Patienten einen Notizzettel und bittet ihn in die Kassenärztliche Notdienstambulanz zu gehen, um dort ein Rezept zu erhalten. Jedoch ist unklar, in welchen Fällen und wie viele Medikamente mitgegeben werden oder der Patient in die Notdienstambulanz geschickt wird. Eine klare Regelung und eine größtmögliche Vermeidung wurden gerade durch den Pflegedienst gewünscht. Besonders wenn der neue Medikamentenplan in den Vormittagsstunden vorliegt beziehungsweise der Patient in den Vormittagsstunden entlassen wird, kann eine Rezeptierung über den Hausarzt erfolgen. Idealerweise werden die neuverordneten Medikamente im

Entlassungsbrief gesondert aufgeführt, sodass der Patient oder der Pflegedienst die Medikamente nicht abgleichen oder nochmals mit dem behandelnden Arzt Rücksprache halten muss. Dadurch soll das Krankenhaus, in diesem Fall besonders der Pflegedienst, zeitliche Vorteile erlangen. Gleichzeitig ist es von wirtschaftlichem Vorteil, wenn weniger Medikamente mitgegeben werden. Ebenso müsste außerhalb der regulären Öffnungszeiten der Apotheken unter Umständen die Notdienstgebühr vom Patienten entrichtet werden und eine verlängerte Anfahrt zur Notdienstapotheke in Kauf genommen werden. Die Bestellung der Transporte verläuft in der Regel komplikationslos mit der Rettungsleitstelle, bei kurzfristigen Anforderungen kann es jedoch zu Wartezeiten von 2 h und mehr kommen. Bei frühzeitigen Bestellungen insbesondere am Vortag können die Transporte meist termingerecht bestellt werden. Wenn das Gepäck/Patienteneigentum und Entlassungsunterlagen nicht durch die Angehörigen des Patienten abgeholt beziehungsweise vorbereitet werden können, wird dieses durch den Pflegedienst erledigt. Auch wenn Angehörige das Patienteneigentum bereits zusammengepackt haben, befindet sich oftmals noch Eigentum im Nachtschrank des Patienten. Da sich die Krankenversichertenkarte des Patienten häufig in der Patientenkurve befindet, wird diese bei Entlassung in einigen Fällen vergessen. Aufgrund von hoher Arbeitsbelastung besonders am späten Vormittag, werden die Patienten nicht immer in Echtzeit im System als entlassen vermerkt. Dadurch können diese frei gewordenen Kapazitäten von der Aufnahmestation oder der Notaufnahme nicht erkannt werden. Die Pflegedienstleitung ruft daher mehrfach am Tag auf der Station an, ob nicht doch schon Betten frei geworden sind.

3.3.1.1.7 Prozessstruktur- und organisation

Die Prozessstruktur wird sowohl durch die Ablauf-Matrix als auch durch die Kriterien der Funktionsorientierung, Komplexitätsorientierung, Kundenorientierung und Krankheitsorientierung vermittelt. Die Funktionsorientierung ist sehr stark abteilungsorientiert ausgerichtet, die Komplexitätsorientierung ist auf Routinefälle, mittelschwere und komplexe Fälle ausgelegt. Bei der Kundenorientierung können Kunden in Gruppen segmentiert werden, beispielsweise in Privatpatienten, gesetzlich Versicherte und Selbstzahler. Im Falle der Krankheitsorientierung steht mehr das Krankheitsbild im Vordergrund der Prozessgestaltung. Auch die Prozessorganisation ist nicht zu unterschätzen, denn sie begleitet und lenkt die Prozesse. Wird die Prozessorganisation vernachlässigt, werden die Prozesse in die bestehende Struktur integriert und das Abteilungsdenken würde die Prozessstruktur dominieren.[111] Wobei auch zu bedenken ist, dass eine funktionale Organisation vorzuziehen ist, wenn die Aufgaben professionalisiertes Wissen erfordern und wenig strukturierbar sind. Eine prozessorientierte Organisation bietet sich an, wenn tendenziell ein geringer Professionalisierungsgrad, hohe Wiederholbarkeit und eine hohe Strukturierbarkeit als Rahmendaten vorliegen.[112] Die Gestaltung der Prozesse findet in der Umsetzung nun ihren

---

[111] Vgl. Zapp et al. (2014, S. 163). Vgl. auch: Zapp und Otten (2010, S. 105 ff.).
[112] Vgl. Zapp et al. (2014, S. 138).

ersten wichtigen Abschluss, denn die Prozesse sind dargestellt, wurden einer kritischen Würdigung unterzogen und sollen nun realisiert werden.[113]

Die Gestaltung des Entlassungsprozesses wird unter dem Punkt Entwicklung einer Sollkonzeption erläutert.

3.3.1.2 Kritische Würdigung der Ist-Situation

Zwar haben sich die Gliederungspunkte der Ist-Analyse am Ablauf der Prozessgestaltung von Zapp orientiert, beginnend mit der Prozess-Identifikation, jedoch sind die Übergänge nicht immer trennscharf zu setzen. Die Übergänge sind oft fließend, Wiederholungen nötig genauso wie ein Vor- und Rückfluss der Informationen und Vorgehensweise. Für die Prozessanalyse, Prozessdekomposition und -würdigung hat Zapp diese fließenden Übergänge bereits beschrieben[114]. Aber auch an anderen Stellen, beispielsweise der Prozess-Identifikation und Prozess-Auswahl, sind die Übergänge fließend. Daher sind die Prozessschritte, die Zapp für den Ablauf der Prozessgestaltung auflistet, ein gutes Gerüst und eine angemessene Vorgehensweise, jedoch müssen die Überlappungen sowie Vor- und Rückflüsse bei der Vorgehensweise der Prozessgestaltung stets beachtet werden. Die Darstellungen eines Prozess-Plans und der Teilschritte eines Prozesses wurden von der GSG Consulting zwar bereits vor einigen Jahren veröffentlicht, jedoch dienen sie mithilfe einer Modifikation durch die Verfasser einer guten und übersichtlichen Darstellung der Prozesse und Teilschritte. In der Literatur gibt es einige andere und aktuellere Darstellungsmöglichkeiten von Prozessen wie zum Beispiel das VPD-Diagramm, diese sind aus Sicht des Verfassers jedoch nicht angemessen visualisiert für die Mitarbeiter im Unternehmen. Zu viele Aspekte wie beispielsweise das „Medium" oder „System" werden berücksichtigt. Für eine praktisch orientierte Arbeit sollte die Prozessdarstellung so gestaltet sein, dass sie für die prozessdurchführenden Mitarbeiter ansprechend ist, denn diese sollen später auch damit arbeiten und die Prozesse verinnerlichen. Die prozessdurchführenden Mitarbeiter sollten daher als interne Kunden betrachtet werden, die gegebenenfalls eine andere Visualisierung wünschen als zum Beispiel ein Geschäftsführer oder Mitarbeiter des Controllings.

3.3.2 Entwicklung einer Sollkonzeption

Nachdem der Entlassungsprozess in dezidierten Schritten untersucht und dargestellt, sowie einer kritischen Würdigung unterzogen wurde, soll nachfolgend die Sollkonzeption erläutert und abgebildet werden. In die Sollkonzeption sind die Ergebnisse und Überlegungen der Ist-Analyse, Verbesserungsvorschläge aus dem Team und aus der Literatur stammende Verbesserungsansätze geflossen. Mithilfe der Ist-Analyse konnten die Problemfelder herauskristallisiert werden, bestimmte Verbesserungsansätze der Literatur entnommen

---

[113] Vgl. Zapp et al. (2014, S. 163).
[114] Vgl. Zapp et al. (2014, S. 157).

und im Team evaluiert werden. Ansätze und praktische Anwendungsmöglichkeiten wurden zum einen den Erläuterungen zum „Expertenstandard Entlassungsmanagement in der Pflege" entnommen, aber auch die Gedankengänge und Verbesserungsansätze des Lean Hospital Managements sind als besonders prägend für das Sollkonzept hervorzuheben. Bevor unter dem Abschn. 3.3.2.2 die Sollkonzeption grafisch dargestellt und erläutert wird, soll im folgenden Abschn. 3.3.2.1 die praktische Umsetzung des Lean Hospital Managements beschrieben werden.

3.3.2.1 Praktische Umsetzung des Lean Hospital Managements

Für die anwendungsorientierte Optimierung erhält das Lean Hospital Management eine besondere Beachtung. Sowohl die Geschäftsführung des Beispielkrankenhauses als auch die Verfasser wollten für eine wettbewerbsorientierte Ausrichtung des Krankenhauses den sorgfältigen Umgang mit den verfügbaren Ressourcen sowie die Kunden- respektive Patientenorientierung stärken. Hauptaugenmerk sollte dabei auf der Reduzierung von Liegezeiten, also den Zeiten, an denen keine Tätigkeiten mit oder am Patienten geschehen, und die stärkere Fokussierung auf Wünsche des Patienten sein.

Die Diagnostik-Aufträge sollen geändert werden. Statt in Formularen sollen die Aufträge in Zukunft systembasiert über das Krankenhausinformationssystem (KIS) durch den anfordernden Arzt eingegeben werden. Der medizinisch-technische Dienst kann somit die Diagnostik-Aufträge direkt im System aufrufen und je nach Kapazität die Patienten von der Station einbestellen. Der Pflegedienst muss dabei nicht mehr unnötig zwischengeschaltet oder aktiviert werden. Nach den Ausführungen von Womack und Jones wird hier ein besserer Flow[115] des Prozesses geschaffen. Der Pflegedienst wird entlastet und die Transferzeit des Diagnostik-Antrages vom Antragsteller (Arzt) zum Durchführenden (med.-techn. Dienst) wird beschleunigt. Die Liegezeit des Patienten wird reduziert, da zwischen Auftragserteilung und Durchführung die Dauer verkürzt wird, welche am Ende auch positive Auswirkungen auf die Verweildauer des Patienten im Krankenhaus haben sollte. Durch diese geänderte Vorgehensweise ist ausgeschlossen, dass zukünftig unbeabsichtigt Notizzettel im Dienstzimmer „untergehen" und zu einer deutlich verzögerten Diagnostik führen. Mit der Umsetzung der Erteilung von Diagnostik-Aufträgen mithilfe des Krankenhausinformationssystems (KIS) beschäftigt sich derzeit eine eigens hierfür geschaffene Arbeitsgruppe.

Auch über die Einführung eines Case-Managements, welches den Patienten von der prästationären bis zur poststationären Phase begleitet, wurde diskutiert. Da eine Mitarbeiterin des Überleitungsmanagements bereits die Weiterbildung zur Case-Managerin besucht hat, waren bereits die internen personellen Ressourcen gegeben und haben die Umsetzung bekräftigt. Die Berufsgruppen Pflegedienst, medizinisches Controlling und Überleitungsmanagement waren der Einführung gegenüber positiv gestimmt. Die Ärzte haben die Einführung eines Case-Managements in der Sinnhaftigkeit angezweifelt. Nach Erläuterungen, welche Aufgaben durch das Case-Management erbracht werden, welche

---

[115] Vgl. Womack und Jones (2013, S. 30 f.).

Verbesserungen im Ablauf und der Kommunikation möglich sind und an welchen Stellen die Ärzte Entlastung erhalten, konnten auch die Ärzte von der Einführung des Case-Management überzeugt werden. Das Case-Management soll auch in Zukunft möglichst vor Aufnahme des Patienten (falls es sich um einen elektiven Patienten handelt) bereits die poststationäre Phase mit diesem planen. Spätestens unmittelbar nach Aufnahme des Patienten, egal ob Notfall- oder elektiver Patient, wird ein möglicher Überleitungsbedarf geklärt. Ebenso soll das Case-Management die Zielverweildauer des Patienten sowie wichtige, abschließende Tätigkeiten wie zum Beispiel Diagnostik berücksichtigen und mit den betroffenen Berufsgruppen kommunizieren. Die Einführung eines Case-Managements bedeutet eine starke Veränderung der Organisationsstruktur weg vom Abteilungsdenken hin zu einem Prozessverantwortlichen für den gesamten Behandlungsprozess. Die Umsetzung wird sicherlich nicht ohne Reibungspunkte verlaufen, bietet dem Krankenhaus aber einige Potenziale. So kann die Qualität durch einen Prozessverantwortlichen erhöht, insbesondere die Liegezeit aber auch Verweildauer verkürzt und dem Patienten ein fester Ansprechpartner von Anfang an gegeben werden.

Somit kann ein Case-Management die Verschwendung (muda[116]) von Liegezeiten reduzieren und den Wert[117] für den Kunden/Patienten steigern, indem ihm ein fester Ansprechpartner von Anfang an zur Verfügung steht.

Eine interdisziplinäre Visite wurde ebenso beschlossen. Die Berufsgruppen Pflegedienst, Case-Management, Ärzte und medizinisches Controlling werden an dieser Visite teilnehmen. Dies soll zum einen die Kommunikation zwischen den Berufsgruppen verbessern, zum anderen eine Transparenz schaffen. Alle Berufsgruppen sollen jederzeit einen gemeinsamen Kenntnisstand zum Zustand des jeweiligen Patienten, zu Statusveränderungen und zu den noch notwendigen Behandlungstagen haben. Die nächsten Behandlungsschritte können auf diese Weise frühzeitig geplant und verbindlich vereinbart werden. Dies schafft einen „roten Faden", an dem sich die beteiligten Berufsgruppen, aber auch der Patient selber orientieren können. Wenn ein Patient mehrere Tage ohne Diagnostik und Therapie im Krankenhaus verbringt, ist dies nicht nur unwirtschaftlich, sondern auch nicht im Interesse des Patienten. Die gemeinsame Visite findet werktags täglich von 08:30 Uhr bis 09:00 Uhr statt und gibt kurz und prägnant den Berufsgruppen einen Überblick über den jeweiligen Patienten. Durch die Fokussierung auf die noch durchzuführenden Behandlungsschritte soll die Liegezeit, in der keine Tätigkeiten am Patienten erfolgen, verkürzt werden. Die schnellere Durchlaufzeit kommt sowohl dem Krankenhaus wirtschaftlich entgegen als auch dem Patienten, der schneller das Krankenhaus wieder verlassen kann und einen transparenteren Behandlungsprozess erhält.

Im dem Beispielkrankenhaus soll eine Aufenthaltslounge für zu entlassene Patienten errichtet werden. Patienten, die am Entlassungstag bis zehn Uhr das Krankenhaus noch nicht verlassen konnten, sollen in dieser Aufenthaltslounge verweilen, bis die nötigen Unterlagen oder abschließende Untersuchungen fertiggestellt sind. Die Lounge wird

---

[116] Vgl. Womack und Jones (2013, S. 23).
[117] Vgl. Womack und Jones (2013, S. 24).

mit bequemen Sesseln und ansprechender Dekoration eingerichtet. Ein moderner Flat-TV, eine aktuelle Tageszeitung und ausgewählte Zeitschriften sorgen für Unterhaltung. Ein Kaffee- und Getränkeautomat rundet die Atmosphäre ab. Es besteht zudem immer die Möglichkeit, auf fachliche Hilfe zurückzugreifen. Der Patient verweilt in den letzten Stunden vor Entlassung in einer angenehmeren Atmosphäre (Steigerung des Kundenwerts) und nachgelagerte Prozesse werden weniger beeinträchtigt. Das Zimmer respektive das Bett des zu entlassenden Patienten kann für den nachfolgenden Patienten, der in der Regel bereits auf der Aufnahmestation oder der Notaufnahme wartet, früher aufbereitet werden. Das führt zu einem reibungslosen Flow[118] der ablaufenden und ineinandergreifenden Prozesse.

Der Entlassungsbrief war ebenso ein wichtiger Veränderungspunkt. Der Entlassungsbrief soll in Zukunft bereits am Abend des Vortages fertiggestellt sein, sodass am Vormittag des Entlassungstages der Brief vom Facharzt nur noch unterschrieben wird. Die letzten Stunden des Krankenhausaufenthalts sind meist nicht entscheidend für die Erstellung des Entlassungsbriefes, deshalb kann dieser für einen reibungslosen Ablauf bereits am Vortag der Entlassung diktiert und geschrieben werden.

Für die poststationäre Behandlung ist der Brief zwar sehr wichtig, für die Information des Patienten hat er allerdings keinen direkten Wert. Entlassungsbriefe sind meist so formuliert, dass viele Patienten den Inhalt nicht verstehen und dem Patienten (Kunden) keinen Wert schöpfen. Zwar werden Diagnosen, Verlauf, neuverordnete Medikamente und das weitere Vorgehen nach dem Krankenhausaufenthalt oft im Arzt-Patienten-Gespräch behandelt, doch gerade ältere Patienten vergessen den Inhalt dieses Gesprächs. Ein für den Patienten verständlicher Entlassungsbrief mit kurzem und prägnantem Inhalt würde daher den Wert für ihn selbst steigern. Inhaltlich sollte der Brief die Diagnosen und den Verlauf sowie die neuverordnete oder geänderte Medikation beschreiben. Weitere Empfehlungen wie Mobilisierung, sportliche Aktivitäten, Ernährung oder weitere Facharztbesuche gehören ebenso dazu. Der für Patienten verständliche Entlassungsbrief soll eine Ergänzung sein und ersetzt nicht den bisherigen Entlassungsbrief für den weiterbehandelnden Arzt oder die weiterbehandelnde Institution.

Der Wert des Produktes oder der Dienstleistung kann nur vom Endverbraucher (Patienten) her definiert werden. Die Spezifikation des Wertes kann ebenfalls mit dem Pull-Prinzip vereint werden. Das Produkt oder die Dienstleistung kann vom Kunden abgerufen werden (Pull), anstatt ihm ein Produkt/eine Dienstleistung anzubieten, die er gar nicht will (Push)[119]. Das Case-Management fragt den Patienten, ob er an einem für ihn verständlichen Entlassungsbrief interessiert ist. Der Patient entscheidet somit individuell und selbst, ob der Brief für ihn einen Wert hat oder eben nicht. Möchte er einen solchen Brief, bekommt er ihn am Ende des Krankenhausaufenthalts, möchte er ihn nicht, müssen nicht unnötig Ressourcen verbraucht werden, die der Patient nicht schätzt. Das mag für

---

[118] Vgl. Womack und Jones (2013, S. 30 f.).
[119] Vgl. Womack und Jones (2013, S. 35).

den Leser möglicherweise trivial klingen, ist aber eine Umsetzungsmöglichkeit von Lean Management.

Die aufgeführten Punkte sind ein Beispiel, wie man anwendungsorientiert Prozesse mithilfe des Lean Hospital Managements verändern kann. Im Krankenhaus gibt es viele Möglichkeiten, nicht nur im Bereich des Entlassungsprozesses, sondern wie im bereits genannten Beispiel der Spritzenpumpen auch bei medizinischen Gerätschaften. Wichtig ist Verschwendung (muda) zu vermeiden, Werte zu schöpfen, dem Patienten nichts anzubieten, was er gar nicht möchte und die Prozesse ohne unnötige Unterbrechungen fließen zu lassen. Nachdem in der Vergangenheit oftmals Kosten reduziert wurden, ist eine Fokussierung auf die Prozessgestaltung für eine wirtschaftliche Ausrichtung eines Krankenhauses unumgänglich.

3.3.2.2 Grafische Darstellung und Erläuterungen der Sollkonzeption

Neben der Prozessgestaltung mithilfe des Lean Hospital Managements wurden auch Inhalte des „Expertenstandards Entlassungsmanagement in der Pflege" berücksichtigt. Da sich der Expertenstandard stark auf die Berufsgruppe der Pflege beziehungsweise auf den für die Entlassungsplanung Verantwortlichen (Entlassungsmanager) fokussiert, wurden für die Sollkonzeption nur Teile berücksichtigt und beschrieben, da das Sollkonzept professionsübergreifend gestaltet ist. Ein Augenmerk lag auf der Verbesserung der poststationären Medikamentenversorgung. Da es derzeit keine festen Absprachen hierfür gibt, besteht die Gefahr eines Versorgungsbruches. Wenn der Patient in der Häuslichkeit oder der weiterbehandelnden externen Einrichtung nicht angemessen mit Medikamenten versorgt wird, besteht die Gefahr einer Verschlechterung des Gesundheitszustandes des Patienten mit möglicherweise erneuter Aufnahme in das Krankenhaus. Das ist weder eine angemessene Patientenorientierung noch ein qualitatives Entlassmanagement. Sowohl für den Patienten als auch für dessen Angehörige oder die externe Institution ist es von Interesse, rechtzeitig über die neuverordnete Medikation und weitere Versorgung dieser nach dem Krankenhausaufenthalt informiert zu werden. Der Pflegedienst soll die weitere Medikamentenversorgung mit dem behandelnden Arzt absprechen. Liegt der Entlassungszeitpunkt innerhalb der Öffnungszeiten der niedergelassenen Ärzte, kann der Patient oder ein Angehöriger idealerweise den Hausarzt für eine Rezeptierung konsultieren. Ist der Entlassungszeitpunkt außerhalb der Öffnungszeiten, kann der Patient an die Kassenärztliche Notdienstambulanz verwiesen werden oder die Medikamente werden in Medikamentenboxen mit je einer Tagesration mitgegeben. Bei der letzteren Variante stellt sich dann auch aus wirtschaftlichen Gesichtspunkten die Frage, wie viele Medikamente mitgegeben werden. (Da das Sollkonzept vor dem 23.07.2015 (GKV-VSG) ausgearbeitet wurde, hat der § 39 Abs. 1a SGB V an dieser Stelle keine Berücksichtigung erhalten.)

Der Forderung eines qualifizierten Verantwortlichen für das Entlassungsmanagement[120] ist man mit dem Case-Management nachgekommen. Die Case-Managerin verfügt über die nötige Qualifikation für die Planung und Begleitung von Entlassungen. Das Case-

---

[120] Vgl. Schiemann et al. (2009, S. 25).

Management nimmt spätestens 24 h vor der Entlassung des Patienten nochmals Kontakt zu den Angehörigen oder der externen Institution auf und überprüft die abschließende Entlassungsplanung. Der Zeitraum wurde deshalb gewählt, da innerhalb von 24 h oftmals noch geplante Vorbereitungen zum Abschluss gebracht werden können. 48 h nach der Entlassung des Patienten nimmt das Case-Management wieder Kontakt zu den Angehörigen oder der externen Einrichtung auf und vergewissert sich, dass die Entlassung angemessen geplant wurde.[121]

Diese Maßnahmen sollen einer zusätzlichen Patientenorientierung und qualitativen Gestaltung des Entlassungsprozesses dienen. Nachfolgend werden die Schaubilder und die Auflistung der Teilschritte des Sollkonzepts erläutert. Eine Differenzierung zwischen der chirurgischen Abteilung und der internistischen Abteilung wurde wieder von der Praxiseinrichtung gewünscht. Der Aufbau und die Struktur der Abbildungen sind an die Abbildungen des Ist-Zustandes angelehnt. Dadurch ist ein Vergleich zwischen Ist und Soll gut möglich. Um Wiederholungen zu vermeiden, wird auf die Erläuterung des Aufbaus und der Bedeutung der Grafiken mit deren Spalten und Achsen verzichtet.

Das Sollkonzept des Entlassungsprozesses der chirurgischen Station ist in der Abb. 3.11 wiedergegeben. Bei Bedarf wird durch den Pflegedienst das Case-Management für einen Überleitungsbedarf des Patienten informiert, falls dieses nicht bereits vor der Aufnahme des Patienten geschehen ist. Ebenso wird die Zielverweildauer vom Case-Management kontrolliert und in der Visite mit den Berufsgruppen kommuniziert. Der Arzt wiederum informiert die Pflege über die bevorstehende Entlassung des Patienten. Dies kann auch im Rahmen der interdisziplinären Visite erfolgen und wird ebenfalls durch das Case-Management begleitet. Das neue Case-Management wird durch das vorherige Überleitungsmanagement der Sozialstation erbracht. Die Tätigkeiten des Case-Managements sind ein Managementprozess und besitzen zur Abgrenzung einen gepunkteten Rahmen und kursive Schrift.

Das Case-Management begleitet den Patienten respektive Fall von Anfang bis zum Ende und über den stationären Aufenthalt hinaus. Daher ist der Prozess des Case-Managements gegenüber dem Überleitungsmanagement grafisch so dargestellt, dass es früher die Tätigkeit aufnimmt und der Pfeil über die Grenze der stationären Krankenhausversorgung hinweg geht. Die Kommunikationswege hinsichtlich der Diagnostik-Aufträge laufen nun direkt zwischen Arzt und dem medizinisch-technischen Dienst ab, ohne Zwischenschaltung des Pflegedienstes. Da das Case-Management nicht nur Ansprechpartner des Patienten von Anfang bis Ende ist, sondern auch Fallverantwortlicher, laufen hier die Kommunikationswege zusammen und gehen ab. Die abgehenden Pfeile sollen insbesondere die Ergebnisse der interdisziplinären Visiten darstellen. Es ist in jedem Fall wünschenswert, dass ein Informationsfluss während der Visite – beispielsweise auch zwischen dem medizinischen Controlling und dem Arzt – stattfindet. Für eine übersichtlichere Darstellung wurden diese Informationsflüsse jedoch nicht grafisch berücksichtigt. Dagegen wurde die Absprache für die poststationäre Medikamentenversorgung zwischen dem

---

[121] Vgl. Schiemann et al. (2009, S. 25).

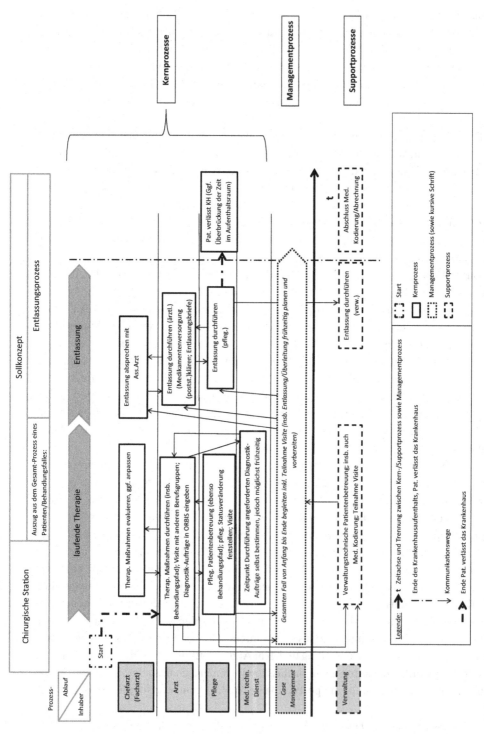

Abb. 3.11 Sollkonzept des Entlassungsprozesses der chirurgischen Station. (Quelle: Eigene Darstellung in Anlehnung an GSG Consulting GmbH sowie Service Blueprinting; Zapp und Dorenkamp 2002, S. 127; Schubert 2013, S. 59; Fließ und Strametz 2012, S. 158)

behandelnden Arzt und dem Pflegedienst in der Grafik mit aufgeführt, ebenso der Hinweis für den Arzt, die Entlassungsbriefe für den weiterbehandelnden Arzt und den patientenverständlichen Brief zu schreiben beziehungsweise für den Schreibdienst vorzubereiten. Die Abb. 3.11 stellt übersichtlich das Sollkonzept dar.

Die in der Tab. 3.4 aufgelisteten Teilschritte geben die Sollkonzeption für die chirurgische Station wieder. Auch hier gibt es eine Konzentration auf die Unterschiede zur Ist-Situation. Der Patient befindet sich dabei in der postoperativen Phase und die Entlassung steht bevor.

Die Diagnostik-Aufträge sollen in Zukunft in einem eigens dafür vorgesehenen Ablagekasten bis 10:00 Uhr gesammelt werden, Ausnahmen sind möglich. Der Pflegedienst füllt dann ein Diagnostik-Formular aus und legt es dem Arzt zur Unterschrift in dessen Ablagefach. Nach erfolgter Unterschrift wird der Diagnostik-Auftrag an den medizinisch-technischen Dienst weitergeleitet. Dieser bestellt den Patienten je nach Kapazität zu einer bestimmten Uhrzeit ein. In den nächsten Wochen soll eine IT-basierte Lösung für die Diagnostik-Aufträge von der eigens dafür geschaffenen Arbeitsgruppe entwickelt werden. Dann soll der Arzt im ORBIS-System den Diagnostik-Auftrag erteilen, welcher dann vom medizinisch-technischen Dienst direkt eingesehen und je nach Kapazität abgearbeitet wird. Der Pflegedienst wird nicht mehr tätig und kann an dieser Stelle entlastet werden. Die Information des Patienten oder seiner Angehörigen sowie die externe, weiterbehandelnde Institution über die bevorstehende Entlassung wird spätestens 24 h vor der Entlassung durch das Case-Management getätigt. Eine möglichst frühe Rückmeldung ist wichtig, um den Entlasszeitpunkt realisieren zu können. Denn die externen Institutionen können nicht immer zum gewünschten oder geplanten Zeitpunkt den Patienten aufnehmen.

Sowohl der patientenverständliche Entlassungsbrief als auch der Entlassungsbrief für den weiterbehandelnden Arzt werden vom zuständigen Arzt diktiert und für eine Niederschrift an den Schreibdienst weitergegeben. Hierfür muss die gesamte Patientenakte vorliegen. Die Entlassungsbriefe sind bereits bis zum späten Nachmittag des Vortages (Tag vor der Entlassung) zu schreiben. Damit kann eine Verzögerung am Tag der Entlassung durch nicht vorliegende Entlassungspapiere verhindert werden. Nur wenn sich wesentliche Parameter oder der Zustand des Patienten in den letzten Stunden vor der Entlassung ändern, müsste der Arztbrief angepasst oder ergänzt werden. Eine solche Statusveränderung des Patienten kurz vor Entlassung tritt selten ein. Während der interdisziplinären Visite oder durch den Arzt wird der Pflegedienst über die Entlassung informiert, bei Bedarf schreibt dieser einen Pflegeüberleitungsbogen und händigt diesen nach Fertigstellung dem Patienten oder dessen Angehörigen zur Mitnahme aus. Der Pflegeüberleitungsbogen wird idealerweise im Spätdienst des Vortages geschrieben, um den Frühdienst am Tag der Entlassung zu entlasten. Alternativ sollte der Pflegeüberleitungsbogen im Frühdienst nach der Waschung der Patienten geschrieben werden. Genau wie beim Entlassungsbrief, soll dadurch verhindert werden, dass es nicht zu einer zeitlichen Verzögerung bei der Entlassung des Patienten durch fehlende Unterlagen kommt. Die poststationäre Medikamentenversorgung soll zwischen dem Arzt und dem Pflegedienst frühzeitig abgesprochen

Tab. 3.4 Teilschritte des Sollkonzeptes der chirurgischen Abteilung. (Quelle: Eigene Darstellung in Anlehnung an GSG Consulting GmbH. In: Zapp und Dorenkamp 2002, S. 128)

Wer	Input	Tätigkeit	Output	Wo/Wohin	Bemerkungen
	Patient in postoperativer Phase	**Entlassung steht bevor**			
Pflege Arzt	Patient wird als relevant für Überleitung eingestuft	**Überleitungsmanagement (Case-Management) informieren**	Überleitungs-(Case)management erstellt Bedarfsanalyse; möglichst bereits vor Aufnahme des Patienten	Patientenakte	Je eher Überleitung eingeschaltet wird, desto bessere postst. Terminplanung und bessere Berücksichtigung Pat. Wünsche (**da idealerweise bereits vor Aufnahme, hier kursiv dargestellt**)
Arzt	Behandlungspfad Telefon PC	**Abschließende Diagnostik/ Therapie planen**	Diagnostik-Aufträge (bspw. Röntgen) ausfüllen	Dienstzimmer (Pflege)	Diagnostik-Zettel in eigens dafür vorgesehenen Ablagekasten bis 10:00 Uhr deponieren. Ausnahmen möglich. In Zukunft trägt der Arzt den Auftrag in ORBIS ein. (Nach Ergebnisse der Arbeitsgruppe)
Case-Management	Ergebnisse aus dem Patientengespräch Bedarfsanalyse	**Weiterbehandelnde, externe Institution 24h vor Entlassung nochmals informieren**	Termin/Uhrzeit der Überleitung ist geregelt	Patientenakte	Möglichst frühe Info/Rückmeldung an externe Institution ob geplanter Zeitpunkt realisierbar ist
Case-Management	Gespräch mit Patient/Angehörigen	**Patient/Angehörige informieren**	Patient/Angehörige über Entlassung informiert	Patientenakte	Der Patient wird durch das Case-Management (Überleitungsmanagement) über die Entlassung informiert
Arzt Schreibdienst	Vollständige Patientenakte	**Patientenorientierten (verständlichen) Entlassungsbrief schreiben**	Für Patienten verständlichen Brief verfasst	Patient	Inhalte des Patientenorientierten Briefes ist dem Muster zu entnehmen
Arzt Schreibdienst	Vollständige Patientenakte	**Entlassungsbrief schreiben**	Ausgefüllter Entlassungsbrief	Patient	Der Entlassungsbrief ist bereits bis zum späten Nachmittag des Vortages zu schreiben. Nur wenn sich wesentliche Dinge über Nacht/am Morgen geändert haben, müsste der Arztbrief nochmals angepasst werden

Tab. 3.4 (Fortsetzung)

Wer	Input	Tätigkeit	Output	Wo/Wohin	Bemerkungen
Pflege Arzt	Verordnungen neuer bzw. bereits bestehender Medikamente	**Medikamentenversorgung klären**	Medikamentenbox und/oder Rezept	Patient Patientenakte	Die neue bzw. geänderte Medikation muss Pat./Angehörigen/ext. Institutionen rechtzeitig mitgeteilt werden. Besonders Wochenende/Feiertage entsprechend berücksichtigen
Pflege	Vollständige Kurve/Unterlagen	**Pflegeüberleitungsbogen schreiben**	Fertiger Pflegeüberleitungsbogen	Patient	Der Pflegeüberleitungsbogen wird idealerweise im Spätdienst des Vortages geschrieben. Alternativ am Morgen der Entlassung (nach Waschung der Pat.)
Pflege	*Verzögerung der Entlassung (z. B. Entlassungspapiere, letztes Labor etc. noch nicht fertig) aber Behebung der Verzögerung im Laufe des Tages*	***Patienten das Zimmer räumen lassen (sofern er nicht bettlägerig ist)***	*Patienten in den ausgewiesenen Aufenthaltsraum bringen/selbstständig gehen lassen*	*Aufenthaltsraum für entlassende Patienten*	*Pat. soll in Aufenthaltsraum die letzten Stunden verweilen bis alle Entlassungspapiere vorhanden sind. Dadurch kann das Bett/Zimmer bereits für den nächsten Pat. hergerichtet werden*
Pflege	Transport kann/wurde nicht durch Patient organisiert	**Transport bestellen**	Geeignetes Transportmittel (Taxi, KTW, RTW) organisiert	Dienstzimmer (Pflege)	
Pflege	Gepäck und Entlassungsunterlagen wurden nicht durch Angehörige abgeholt/vorbereitet	**Transport/Entlassung vorbereiten**	Fertig gepacktes Gepäck/Patienteneigentum sowie Unterlagen	Patient	Oft noch Patienteneigentum im Nachtschrank. GKV-Karte dem Pat. mitgeben
		Ende			Pat. im System möglichst zeitnah (Echtzeit) entlassen
Case-Management	Telefonat	**Vergewisserung der angemessenen Entlassungsplanung**	Erfolgte Kontaktaufnahme mit Angehörige/ext. Institution 48 h nach Entlassung		Kontaktaufnahme in der Regel durch ein Telefonat

werden, damit der Patient, dessen Angehörige oder die weiterbehandelnde Einrichtung entsprechend aufgeklärt werden. Dabei ist es wichtig, dass der Arzt die geänderte Medikation different von der bereits bestehenden Medikation auflistet, damit die Neuerungen übersichtlich dargestellt sind. Wenn der Entlasszeitpunkt während der Öffnungszeiten der niedergelassenen Ärzte ist, kann eine Rezeptierung zum Beispiel durch den Hausarzt des Patienten erfolgen. Alternativ werden dem Patienten die Medikamente in Medikamentenboxen für je eine Tagesration mitgegeben. Aus wirtschaftlichen Aspekten sollte diese Variante das Maß des Notwendigen nicht übersteigen. Die weitere Möglichkeit, den Patienten oder dessen Angehörige mit der differenten Auflistung der neuverordneten Medikamente für eine Rezeptierung in die Kassenärztliche Notdienstambulanz zu verweisen, ist für das Krankenhaus aus wirtschaftlicher Sicht vorzuziehen. Gerade die besondere Lage an Wochenenden und Feiertagen sollten durch den Arzt und Pflegedienst berücksichtigt werden. (Da das Sollkonzept vor dem 23.07.2015 (GKV-VSG) ausgearbeitet wurde, hat der § 39 Abs. 1a SGB V an dieser Stelle keine Berücksichtigung erhalten.)

Sollte sich die Entlassung des Patienten aufgrund fehlender Entlassungspapiere (beispielsweise letztes Labor, Entlassungsbrief) doch verzögern und diese Verzögerung kann im Laufe des Tages behoben werden, so soll der Patient das Zimmer räumen und die letzten Stunden in der Aufenthaltslounge für entlassende Patienten verweilen. Dadurch kann das Bett respektive Zimmer für den nächsten Patienten hergerichtet werden und die nachfolgenden Prozesse werden weniger beeinträchtigt.

Nachdem der Patient das Krankenhaus verlassen hat, sollte dieses möglichst zeitnah (Echtzeit) im System erfasst werden, damit freie Betten schnell für alle sichtbar sind.

48 h nach der Entlassung des Patienten sollte das Case-Management Kontakt zu den Angehörigen oder der externen Institution aufnehmen, um sich von der angemessenen Entlassungsplanung zu vergewissern. Dazu genügt in der Regel ein Telefonat.

Die beschriebenen Schritte sind in der Tab. 3.4 übersichtlich dargestellt.

Das Sollkonzept des Entlassungsprozesses der internistischen Station ist in der Abb. 3.12 wiedergegeben. Die ärztlichen, therapeutischen Maßnahmen werden vom Facharzt evaluiert und in Absprache mit dem Assistenzarzt gegebenenfalls angepasst. Insbesondere die Liegezeiten und die Verweildauer sollen durch den Facharzt kritisch hinterfragt werden. Bei Bedarf wird durch den Pflegedienst das Case-Management für einen Überleitungsbedarf des Patienten informiert, falls dieses nicht bereits vor der Aufnahme des Patienten geschehen ist. Der Entlassungszeitpunkt wird vom Facharzt in Absprache mit dem Assistenzarzt bestimmt. Ebenso wird die Zielverweildauer vom Case-Management kontrolliert und in der Visite mit den Berufsgruppen kommuniziert. Der Arzt wiederum informiert die Pflege über die bevorstehende Entlassung des Patienten. Dies kann auch im Rahmen der interdisziplinären Visite erfolgen und wird auch durch das Case-Management begleitet. Das neue Case-Management wird durch das vorherige Überleitungsmanagement der Sozialstation erbracht. Die Tätigkeiten des Case-Managements sind ein Managementprozess und besitzen zur Abgrenzung einen gepunkteten Rahmen und kursive Schrift.

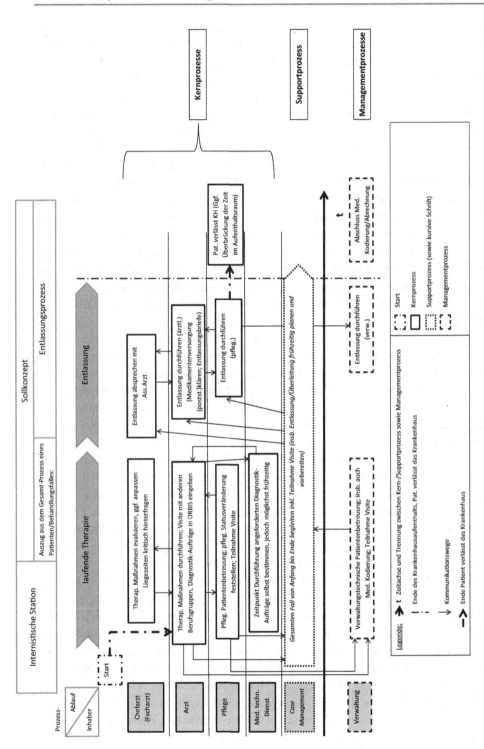

Abb. 3.12 Sollkonzept des Entlassungsprozesses der internistischen Station. (Quelle: Eigene Darstellung in Anlehnung an GSG Consulting GmbH. In: Zapp und Dorenkamp 2002, S. 128)

Das Case-Management begleitet den Patienten respektive Fall von Anfang bis zum Ende und über den stationären Aufenthalt hinaus. Daher ist der Prozess des Case-Managements gegenüber dem Überleitungsmanagement grafisch so dargestellt, dass es früher die Tätigkeit aufnimmt und der Pfeil über die Grenze der stationären Krankenhausversorgung hinweg geht. Die Kommunikationswege hinsichtlich der Diagnostik-Aufträge laufen nun direkt zwischen Arzt und dem medizinisch-technischen Dienst ab, ohne Zwischenschaltung des Pflegedienstes. Da das Case-Management nicht nur Ansprechpartner des Patienten von Anfang bis Ende ist, sondern auch Fallverantwortlicher, laufen hier die Kommunikationswege zusammen und gehen ab. Die abgehenden Pfeile sollen insbesondere die Ergebnisse der interdisziplinären Visiten darstellen. Wünschenswert ist in jedem Fall, dass ein Informationsfluss während der Visite beispielsweise auch zwischen dem medizinischen Controlling und dem Arzt stattfindet. Für eine übersichtlichere Darstellung wurden diese Informationsflüsse jedoch nicht grafisch berücksichtigt. Die Absprache für die poststationäre Medikamentenversorgung zwischen dem behandelnden Arzt und dem Pflegedienst wurde jedoch in der Grafik mit aufgeführt. Ebenso der Hinweis für den Arzt, die Entlassungsbriefe für den weiterbehandelnden Arzt und den patientenverständlichen Brief zu schreiben respektive für den Schreibdienst vorzubereiten. Die Abb. 3.12 stellt das Sollkonzept dar.

Das Sollkonzept des Entlassungsprozesses der internistischen Station ist in der Tab. 3.5 wiedergegeben. Die ärztlichen, therapeutischen Maßnahmen werden vom Facharzt evaluiert und in Absprache mit dem Assistenzarzt gegebenenfalls angepasst. Insbesondere die Liegezeiten und die Verweildauer soll durch den Facharzt kritisch hinterfragt werden. Bei Bedarf wird durch den Pflegedienst das Case-Management für einen Überleitungsbedarf des Patienten informiert, falls dieses nicht bereits vor der Aufnahme des Patienten geschehen ist. Der Entlassungszeitpunkt wird vom Facharzt in Absprache mit dem Assistenzarzt bestimmt. Ebenso wird die Zielverweildauer vom Case-Management kontrolliert und in der Visite mit den Berufsgruppen kommuniziert. Der Arzt wiederum informiert die Pflege über die bevorstehende Entlassung des Patienten. Dies kann auch im Rahmen der interdisziplinären Visite erfolgen und wird auch durch das Case-Management begleitet. Das neue Case-Management wird durch das vorherige Überleitungsmanagement der Sozialstation erbracht. Die Tätigkeiten des Case-Managements sind ein Managementprozess und besitzen zur Abgrenzung einen gepunkteten Rahmen und kursive Schrift.

Das Case-Management begleitet den Patienten respektive Fall von Anfang bis zum Ende und über den stationären Aufenthalt hinaus. Daher ist der Prozess des Case-Managements gegenüber dem Überleitungsmanagement grafisch so dargestellt, dass es früher die Tätigkeit aufnimmt und der Pfeil über die Grenze der stationären Krankenhausversorgung hinweg geht. Die Kommunikationswege hinsichtlich der Diagnostik-Aufträge laufen nun direkt zwischen Arzt und dem medizinisch-technischen Dienst ab, ohne Zwischenschaltung des Pflegedienstes. Da das Case-Management nicht nur Ansprechpartner des Patienten von Anfang bis Ende ist, sondern auch Fallverantwortlicher, laufen hier die Kommunikationswege zusammen und gehen ab. Die abgehenden Pfeile sollen insbesondere die Ergebnisse der interdisziplinären Visiten darstellen. Wünschenswert ist in jedem

Tab. 3.5 Teilschritte des Sollkonzeptes der internistischen Abteilung. (Quelle: Eigene Darstellung in Anlehnung an GSG Consulting GmbH. In: Zapp und Dorenkamp 2002, S. 128)

Wer	Input	Tätigkeit	Output	Wo/Wohin	Bemerkungen
	Patient in Rekonvaleszenzphase	**Entlassung steht bevor**			
Pflege Arzt	Patient wird als relevant für Überleitung eingestuft	**Case-Management informieren**	Überleitungs-(Case)management erstellt Bedarfsanalyse; möglichst bereits vor Aufnahme des Patienten	Patientenakte	Je eher Überleitung eingeschaltet wird, desto bessere postst. Terminplanung und bessere Berücksichtigung Pat. Wünsche (da idealerweise bereits vor Aufnahme, hier kursiv dargestellt)
Arzt Facharzt	Ergebnisse laufende Therapie Telefon PC	**Abschließende Diagnostik/Therapie planen**	Diagnostik-Aufträge (bspw. Röntgen, Labor) ausfüllen	Dienstzimmer (Pflege)	Diagnostik-Zettel in eigens dafür vorgesehenen Ablagekasten bis 10:00 Uhr deponieren. Ausnahmen möglich Dialog mit Facharzt bezüglich notwendige Therapie/Diagnostik sowie Entlassungszeitpunkt In naher Zukunft die Diagnostik-Aufträge über das ORBIS-System eingeben. (Arzt)
Case-Management	Ergebnisse aus dem Patientengespräch Bedarfsanalyse	**Weiterbehandelnde, externe Institution 24h vor Entlassung nochmals informieren**	Termin/Uhrzeit der Überleitung ist geregelt		Möglichst frühe Info/Rückmeldung an externe Institution ob geplanter Zeitpunkt realisierbar ist
Case-Management	Gespräch mit Patient/Angehörigen	**Patient/Angehörige informieren**	Patient/Angehörige über Entlassung informiert	Patientenakte	Der Patient wird durch das Case-Management (Überleitungsmanagement) über die Entlassung informiert
Arzt Schreibdienst	Vollständige Patientenakte	**Patientenorientierten (verständlichen) Entlassungsbrief schreiben**	Für Patienten verständlichen Brief verfasst	Patient	Inhalte des Patientenorientierten Briefes ist dem Muster zu entnehmen
Arzt Schreibdienst	Vollständige Patientenakte	**Entlassungsbrief schreiben**	Ausgefüllter Entlassungsbrief	Patient	Der Entlassungsbrief ist bereits bis zum späten Nachmittag des Vortages zu schreiben Nur wenn sich wesentliche Dinge über Nacht/am Morgen geändert haben, müsste der Arztbrief nochmals angepasst werden

Tab. 3.5 (Fortsetzung)

Wer	Input	Tätigkeit	Output	Wo/Wohin	Bemerkungen
Pflege Arzt	Verordnungen neuer bzw. bereits bestehender Medikamente	**Medikamentenversorgung klären**	Medikamentenbox und/oder Rezept	Patient Patientenakte	Die neue bzw. geänderte Medikation muss Pat./Angehörigen/ext. Institutionen rechtzeitig mitgeteilt werden Besonders Wochenende/Feiertage entsprechend berücksichtigen
Pflege	Vollständige Kurve/Unterlagen	**Pflegeüberleitungsbogen schreiben**	Fertiger Pflegeüberleitungsbogen	Patient	Der Pflegeüberleitungsbogen wird idealerweise im Spätdienst des Vortages geschrieben. Alternativ am Morgen der Entlassung (nach Waschung der Pat.)
Pflege	*Verzögerung der Entlassung (z. B. Entlassungspapiere, letztes Labor etc. noch nicht fertig) aber Behebung der Verzögerung im Laufe des Tages*	***Patienten das Zimmer räumen lassen (sofern er nicht bettlägerig ist)***	*Patienten in den ausgewiesenen Aufenthaltsraum bringen/selbstständig gehen lassen*	*Aufenthaltsraum für entlassende Patienten*	*Pat. soll im Aufenthaltsraum die letzten Stunden verweilen bis alle Entlassungspapiere vorhanden sind* *Dadurch kann das Bett/Zimmer bereits für den nächsten Pat. hergerichtet werden*
Pflege	Transport kann/wurde nicht durch Patient organisiert	**Transport bestellen**	Geeignetes Transportmittel (Taxi, KTW, RTW) organisiert	Dienstzimmer (Pflege)	
Pflege	Gepäck und Entlassungsunterlagen wurden nicht durch Angehörige abgeholt/vorbereitet	**Transport/Entlassung vorbereiten**	Fertig gepacktes Gepäck/Patienteneigentum sowie Unterlagen	Patient	Oft noch Patienteneigentum im Nachtschrank GKV-Karte dem Pat. mitgeben
		Ende			Pat. im System möglichst zeitnah (Echtzeit) entlassen
Case-Management	Telefonat	**Vergewisserung der angemessenen Entlassungsplanung**	Erfolgte Kontaktaufnahme mit Angehörige/ext. Institution 48 h nach Entlassung		Kontaktaufnahme in der Regel durch ein Telefonat

Fall, dass ein Informationsfluss während der Visite beispielsweise auch zwischen dem medizinischen Controlling und dem Arzt stattfindet. Für eine übersichtlichere Darstellung wurden diese Informationsflüsse jedoch nicht grafisch berücksichtigt. Die Absprache für die poststationäre Medikamentenversorgung zwischen dem behandelnden Arzt und dem Pflegedienst wurde jedoch in der Grafik mit aufgeführt. Ebenso der Hinweis für den Arzt, die Entlassungsbriefe für den weiterbehandelnden Arzt und den patientenverständlichen Brief zu schreiben respektive für den Schreibdienst vorzubereiten. Die Tab. 3.5 stellt das Sollkonzept übersichtlich dar.

3.4   Fazit und Ausblick

3.4.1   Fazit

Die Potenziale der Kostenreduktion beispielsweise mithilfe von Zentralisierungen, Outsourcing und der Arbeitsverdichtung durch Stellenabbau stoßen in vielen Kliniken weitgehend an ihre Grenzen. Diese Potenziale haben in den letzten Jahren ihren Teil zur Ergebnisverbesserung und Effizienzsteigerung der Krankenhäuser beigetragen, aber mit immer weniger Ressourcen trifft die Krankenhausorganisation auf immer wiederkehrende Probleme im Klinikalltag.[122] Die von der Politik oft betonten Wirtschaftlichkeitsreserven der Krankenhäuser sind durch einfache Kostenreduzierung nicht zu aktivieren. Ein Umdenken der Kliniken ist notwendig, um positive Produktivitäts- und Effizienzsteigerungen zu erlangen. Dabei geht es um die detaillierte Auseinandersetzung mit den eigenen, internen Arbeitsprozessen.[123] „Anstatt das System immer weiter auszuquetschen, gilt es zukünftig weniger Saft zu verschütten."[124]

Der vorliegende Beitrag sollte den Ist-Zustand des Entlassungsprozesses wiedergeben, diesen Prozess kritisch betrachten und evaluieren sowie zu einer verbesserten Sollkonzeption führen. Die Relevanz des Entlassungsprozesses haben die Ergebnisse der Analyse des § 21-Datensatzes und der Interviews unterstrichen. Für die Sollkonzeption wurden zum einen qualitative Aspekte für die Überleitung des Patienten von der stationären Versorgung in die poststationäre Phase und zum anderen wirtschaftliche Aspekte wie Patientenorientierung und Liegezeitverkürzung berücksichtigt. Gerade Ideen des Lean Hospital Managements wurden für die Prozessgestaltung berücksichtigt, um die wirtschaftliche Position des Krankenhauses zu verbessern. Für eine erfolgreiche Prozessgestaltung ist es wichtig, ein interdisziplinäres Team in die Erarbeitung einzubinden, um die verschiedenen Probleme und Wünsche der Berufsgruppen zu berücksichtigen und den Beteiligten den Wert dieser Prozessgestaltung zu vermitteln. Damit werden die Beteiligten motiviert, die erarbeiteten Prozesse in den praktischen Alltag umzusetzen und anzuwenden. Oftmals

---

[122] Vgl. Sudmann (2015, S. 164).
[123] Vgl. Sudmann (2015, S. 165).
[124] Sudmann (2015, S. 165).

bekommt man von den Berufsgruppen die Rückmeldung, dass man für Prozessveränderungen vor lauter Arbeitsdruck keine Zeit habe. Doch genau da liegt der Fehler. Sicherlich ist es richtig, dass die Arbeitsverdichtung in vielen Kliniken stark zugenommen hat, doch um diesen Druck zu nehmen, sind Prozessveränderungen nötig, nicht nur für den Bereich des Entlassungsprozesses, sondern für viele andere Prozesse im Krankenhaus auch. Die Automobilindustrie hat in den vergangenen Jahren sehr erfolgreich interne Prozesse mit Hilfe des Lean-Ansatzes für eine äußerst positive Wirtschaftlichkeitsverbesserung umsetzen können. Das Lean Hospital Management ist für Krankenhäuser ein gutes Konzept, aber nicht die einzige Möglichkeit. Managementkonzepte wie beispielsweise Business Process Reengineering oder Supply Chain Management wurden in vielen Unternehmen erfolgreich angewendet und können sicherlich auch in einem Krankenhaus umgesetzt werden.

3.4.2 Ausblick

Ziel des Beitrags war eine Prozessgestaltung von der Prozess-Identifikation bis hin zur Entwicklung einer Sollkonzeption. Die Umsetzung dieser in die Praxis wird für das Beispielkrankenhaus eine Aufgabe, die über mehrere Wochen und mit Überzeugung aller Mitarbeiter erfolgen sollte. Die Umsetzung in die Praxis ist spannend, aber oft auch mit Mühe verbunden. In einigen Monaten kann die Umsetzung des Prozesses evaluiert und auf die gewünschte Wirksamkeit überprüft werden. Mittelfristig gesehen sollte ein Prozesscontrolling eingeführt werden, welches vor allem quantitativ die Prozesse bewertet und mithilfe eines Verbesserungskreislaufs zu einer kontinuierlichen Optimierung der Prozesse und wirtschaftlichen Leistungserbringung beitragen soll.

Weitere sinnvolle Anwendungsgebiete des Lean Hospital Managements sind zum Beispiel der OP-Bereich aufgrund der hohen Kostenintensität und der Vorhaltung von medizinischen Gerätschaften, welche oftmals auch sehr kostenintensiv sind. Aber auch an anderen Stellen, beispielsweise den Verwaltungsprozessen, kann der Lean-Ansatz für eine Optimierung genutzt werden.

Die Prozessgestaltung wird in den nächsten Jahren eines der wichtigsten Themen sein, um die Wirtschaftlichkeitsreserven zu nutzen und mit den knappen Ressourcen ein positives Betriebsergebnis zu erzielen. Dabei ist die patientenorientierte Ausrichtung der Prozesse wichtig, denn die Erwartungen und das Anspruchsdenken an die Krankenhausbehandlung haben sich verändert und werden vermutlich weiter zunehmen. Vor allem bei den elektiven Behandlungsfällen herrscht ein großer und zunehmender Wettbewerb unter den Kliniken. Ein Umdenken ist auch hier erforderlich: Der Patient ist kein Bittsteller, der etwas von dem diensthabenden Arzt oder der Klinik möchte, sondern umgekehrt. Die Klinik möchte, dass der Patient als Kunde gesehen wird, der zufriedenzustellen ist, der Klinik treu bleibt und sie weiter empfiehlt. Die Mischung aus Patientenorientierung und Gestaltung von ressourcenschonenden Prozessen entscheiden in Zukunft maßgeblich über den wirtschaftlichen Erfolg einer Klinik.

Wie die Krankenhausfinanzierung und wirtschaftliche Führung von morgen aussieht, ist und bleibt spannend. Fakt ist, es müssen Änderungen her. Das Krankenhaus, welches auf dem Stand von gestern bleibt, wird morgen nicht mehr oder nur stark defizitär überleben.

Literatur

Blum K (2014) Entlassmanagement im Krankenhaus. Deutsches Krankenhaus Institut (DKI) Projekte/Barometer 2014. https://www.dki.de/sites/default/files/downloads/entlassmanagement_im_krankenhaus.pdf. Zugegriffen: 28. Apr. 2015

Bono ML (2006) NPO-Controlling: professionelle Steuerung sozialer Dienstleistungen. Schäffer-Poeschel, Stuttgart

Brockhoff K, Hauschildt J (1993) Schnittstellen-Management. Koordination ohne Hierarchie. Z Führung Org 62(6):398–403

destatis: Statistisches Bundesamt (2015) Kostennachweis der Krankenhäuser in den Geschäftsjahren 2013 und 2010. https://www.destatis.de/DE/Publikationen/Thematisch/Gesundheit/Krankenhaeuser/KostennachweisKrankenhaeuser.html. Zugegriffen: 30. Mai 2015

Eberlein-Gonska M, Albrecht D-M (2013) Standardisierung und Optimierung der Krankenhausprozesse – Erarbeitung einer Betriebsorganisation im Universitätsklinikum Dresden als Beispiel einer an den Kernprozessen ausgerichteten Prozessgestaltung oder vom „Ist" zum „gelebten Soll". In: Tecklenburg A et al (Hrsg) Krankenhausmanagement – Strategien, Konzepte, Methoden, 2. Aufl. MWV-Verlag, Berlin, S 426–445

Eichhorn S (1997) Integratives Qualitätsmanagement im Krankenhaus. Konzeption und Methoden eines qualitäts- und kostenintegrierten Krankenhausmanagements. Kohlhammer, Stuttgart

Eichhorn S (2008) Krankenhausproduktion. In: Eichhorn S, Schmidt-Rettig B (Hrsg) Krankenhaus-Managementlehre – Theorie und Praxis eines integrierten Konzepts. Kohlhammer, Stuttgart, S 89–96

Fischermanns G (2013) Praxishandbuch Prozessmanagement. Das Standardwerk auf Basis des BPM Framework ibo-Prozessfenster, 11. Aufl. ibo Schriftenreihe, Bd. 9. Götz Schmidt, Gießen

Fließ S, Strametz R (2012) Strategische Prozessoptimierung mit dem ServiceBlueprint: Die Umstrukturierung der kombinierten Anästhesieambulanz der Klinik für Anästhesiologie, Intensivmedizin und Schmerztherapie am Universitätsklinikum Frankfurt. In: Kuntz L, Bazan M (Hrsg) Management im Gesundheitswesen – Diskussionspapiere des Arbeitskreises „Ökonomie im Gesundheitswesen" der Schmalenbach-Gesellschaft für Betriebswirtschaft e. V. Springer Gabler, Wiesbaden, S 137–172

Freimuth J (1986) Zwischen allen Stühlen? Das Management von Schnittstellen. Z Führung Org 55(4):235–242

Frick U, Feuchtinger J (2010) Entlassungsmanagement und DRG. In: Entlassungsmanagement – Versorgungsbrüche vermeiden, Schnittstellen optimieren. Huber, Bern, S 37–49

Frick U, Höhmann U (2010) Der deutsche Expertenstandard „Entlassungsmanagement aus stationären Einrichtungen des Gesundheitswesens. In: Entlassungsmanagement – Versorgungsbrüche vermeiden, Schnittstellen optimieren. Huber, Bern, S 25–36

Frick U, Stähli M (2010) Patientenorientiertes Entlassungsmanagement – ein innovativer Ansatz. In: Entlassungsmanagement – Versorgungsbrüche vermeiden, Schnittstellen optimieren. Huber, Bern, S 157–161

Frick U, Winkler M (2010) Entlassungsmanagement aus der Sicht des Krankenhauses. In: Entlassungsmanagement – Versorgungsbrüche vermeiden, Schnittstellen optimieren. Huber, Bern, S 143–156

Fuchs R, Klima R et al (1988) Lexikon zur Soziologie, 2. Aufl. Westdeutscher Verlag, Opladen

Gaitanides M (1983) Prozessorganisation. Entwicklung, Ansätze und Programme prozessorientierter Organisationsgestaltung. Vahlen, München

Gaitanides M, Ackermann I (2004) Die Geschäftsprozessperspektive als Schlüssel zu betriebswirtschaftlichem Denken und Handeln. In: bwp spezial 1/2004. http://www.bwpat.de/spezial1/gaitanides-acker.shtml. Zugegriffen: 03. Juni 2015

Gaitanides M, Scholz R, Vrohlings A (1994) Prozessmanagement, Grundlagen und Zielsetzung. In: Prozessmanagement, Konzepte, Umsetzungen und Erfahrungen. Hanser, München, S 6–19

Greulich A, Thiele G, Thiex-Kreye M (1997) Prozeßmanagement im Krankenhaus. Deckers, Heidelberg

Haubrock M, Schär W (2002) Managementmethoden als Lösungsansatz. In: Betriebswirtschaft und Management im Krankenhaus, 3. Aufl. Huber, Bern, S 167–180

Hehlmann W (1974) Wörterbuch der Psychologie, 11. Aufl. Kröner, Stuttgart

Helbig R (2003) Prozessorientierte Unternehmensführung – Eine Konzeption mit Konsequenzen für Unternehmen und Branchen dargestellt am Beispiel aus Dienstleistung und Handel. Physica-Verlag, Heidelberg

Köbler G (1997) Juristisches Wörterbuch, 8. Aufl. Vahlen, München

Köhler R, Görgen W (1991) Schnittstellen-Management. Betriebswirtschaft 51(4):527–529

Kosiol E (1976) Organisation der Unternehmung, 2. Aufl. Gabler, Wiesbaden

Kruse W (2009) Prozessoptimierung am Beispiel der Einführung eines neuen selbstverantwortlichen Arbeitsplanungsmodells im Hanse-Klinikum Wismar. Europäischer Hochschulverlag, Bremen

Osterloh M, Frost J (1996) Prozessmanagement als Kernkompetenz. Gabler, Wiesbaden

Osterloh M, Hundziker A-W (1998) Strategisches Prozessmanagement in der öffentlichen Verwaltung. Z Führung Org 67(1):10–14

Pfohl H-C, Krings M, Betz G (1996) Techniken der prozessorientierten Organisationsanalyse. Z Führung Org 65(4):246–250

Schiemann D et al (2009) Expertenstandard Entlassungsmanagement in der Pflege. Deutsches Netzwerk für Qualitätsentwicklung in der Pflege (DNQP), Osnabrück (1. Aktualisierung)

Schmidt G (1997) Prozessmanagement, Modelle und Methoden. Springer Gabler, Berlin

Schmidt-Rettig B, Böhning F (1999) Bedeutung und Konzeption einer Prozesskostenrechnung im Krankenhaus. In: Eichhorn S (Hrsg) Profitcenter und Prozessorientierung, Optimierung von Budget, Arbeitsprozessen und Qualität. Kohlhammer, Stuttgart, S 121–145

Scholz A (2014) Die Lean-Methode im Krankenhaus. Die eigenen Reserven erkennen und heben. Springer Gabler, Wiesbaden

Scholz R, Vrohlings A (1994a) Prozess-Leistung-Transparenz. In: Gaitanides M et al (Hrsg) Prozessmanagement: Konzepte, Umsetzungen und Erfahrungen des Reengineering. Hanser, München, S 57–98

Scholz R, Vrohlings A (1994b) Prozess-Redesign und kontinuierliche Prozessverbesserung. In: Gaitanides M et al (Hrsg) Prozessmanagement: Konzepte, Umsetzungen und Erfahrungen des Reengineering. Hanser, München, S 99–122

Scholz R, Vrohlings A (1994c) Realisierung von Prozessmanagement. In: Gaitanides M et al (Hrsg) Prozessmanagement: Konzepte, Umsetzungen und Erfahrungen des Reengineering. Hanser, München, S 38–52

Scholz R, Vrohlings A (1994d) Prozess-Struktur-Transparenz. In: Gaitanides M et al (Hrsg) Prozessmanagement: Konzepte, Umsetzungen und Erfahrungen des Reengineering. Hanser, München, S 38–52

Schreyögg G, Steinmann H (1980) Wissenschaftstheorie. In: Grochla E (Hrsg) Handwörterbuch der Organisation, 2. Aufl. Schäffer-Poeschel, Stuttgart, S 2394–2404

Schubert E-D (2013) Die Prozessanalyse mittels Service Blueprinting als Grundlage für ein Redesign der Prozesse eines OP-Bereiches. In: Reuschl A-J et al (Hrsg) Dienstleistungsmanagement im Krankenhaus I. Prozesse, Produktivität und Diversität. Springer Gabler, Wiesbaden, S 35–68

Schwegmann A, Laske M (2005) Istmodellierung und Istanalyse. In: Becker J, Kugeler M, Rosemann M (Hrsg) Prozessmanagement: Ein Leitfaden zur prozessorientierten Organisationsgestaltung, 5. Aufl. Springer, Berlin Heidelberg, S 155–184

Sudmann M (2015) Werte schöpfen mit Lean Healthcare – Ein erfolgsträchtiger Ansatz für deutsche Kliniken. In: Zapp W (Hrsg) Werteorientierte Konzeptionen im Krankenhaus. Analyse-Verfahren-Praxisbeispiele. Springer Gabler, Wiesbaden, S 163–176

Vahs D (1997) Organisation, Einführung in die Organisationstheorie und -praxis. Schäffer-Poeschel, Stuttgart

Vahs D (2007) Organisation, Einführung in die Organisationstheorie und -praxis, 6. Aufl. Schäffer-Poeschel, Stuttgart

Verband der Ersatzkassen e. V. (vdek) (2014) Daten zum Gesundheitswesen: Versicherte 2014. http://www.vdek.com/presse/daten/b_versicherte.html. Zugegriffen: 11. Juni 2015

Womack JP, Jones DT (2013) Lean Thinking. Ballast abwerfen, Unternehmensgewinne steigern. Campus, Frankfurt am Main

Zapp W (2008) Prozessorganisation. In: Schmidt-Rettig B, Eichhorn S (Hrsg) Krankenhaus-Managementlehre. Kohlhammer, Stuttgart, S 251–279

Zapp W, Dorenkamp A (2002) Angewandtes Prozessmanagement in einer Gefäßchirurgischen Klinik. In: Prozessgestaltung im Krankenhaus. Economica, Heidelberg, S 110–135

Zapp W, Oswald J (2009a) Controlling-Instrumente für Krankenhäuser. Kohlhammer, Stuttgart

Zapp W, Oswald J (2010) Betrachtungsebenen von Prozessen. In: Zapp W (Hrsg) Prozessgestaltung in Gesundheitseinrichtungen. Von der Analyse zum Controlling, 2. Aufl. Economica, Heidelberg, S 36–48

Zapp W, Otten S (2010) Vorgehensweise und Ablauf der Gestaltung von Prozessen. In: Zapp W (Hrsg) Prozessgestaltung in Gesundheitseinrichtungen. Von der Analyse zum Controlling, 2. Aufl. Economica, Heidelberg, S 87–118

Zapp W, Erlemann C, Torbecke O (2000a) Schnittstellenproblematik, dargestellt am Beispiel der Röntgenabteilung. In: Fischer et al (Hrsg) Management Handbuch Krankenhaus, Loseblattwerk. 28. Ergänzungslieferung. medhochzweiverlag, Heidelberg

Zapp W, Funke M, Schnieder S (2000b) Interne Budgetierung auf der Grundlage der Pflegeversicherung. Krankenhausdrucke, Wanne-Eickel

Zapp W, Adler M, Bake C, Schulte H (2005) Prozess-Lenkung und Business-Reengineering. In: Zapp W (Hrsg) Kostenrechnung und Controllinginstrumente in Reha-Kliniken. Eul-Verlag, Lohmar

Zapp W, Bettig U, Karsten E, Oswald J (2010) Prozesslenkung. In: Zapp W (Hrsg) Prozessge-staltung in Gesundheitseinrichtungen. Von der Analyse zum Controlling, 2. Aufl. Economica, Heidelberg, S 121–170

Zapp W, Oswald J, Bettig U, Fuchs C (2014) Betriebswirtschaftliche Grundlagen im Krankenhaus. Kohlhammer, Stuttgart

Die Prozesskostenrechnung als Controllinginstrument

4

Christina Hönig und Johanna Lange

4.1 Einleitung

Die Diskussionen über den Kostendruck in den Krankenhäusern haben das Thema der Prozesskostenrechnung in der letzten Zeit immer weiter in den Fokus gerückt.

Hintergrund ist, dass das deutsche Gesundheitssystem mit zahlreichen Reformen konfrontiert wurde. Eine veränderte Rahmenbedingung war die Einführung des neuen Vergütungssystems im Jahr 2003/2004. Wo früher die Ökonomisierung im Gesundheitssektor noch wenig im Vordergrund stand, wird dies seit der Einführung der DRGs von allen Akteuren im Gesundheitswesen verlangt. Zudem kam es durch den Fortschritt in der Medizin, die Reduzierung der Verweildauer und die demographische Entwicklung zu einer erhöhten Leistungsdichte in den Krankenhäusern.

Auf dieses Problem haben viele Krankenhäuser mit Kostensenkungsmaßnahmen, wie z. B. Personalabbau oder Outsourcing von indirekten Abteilungen, reagiert. Diese Handlungen sind weitestgehend ausgeschöpft, sodass weitere Lösungsansätze notwendig werden.[1]

Darüber hinaus sind Krankenhäuser durch die Zunahme des Variantenreichtums geprägt. Im Krankenhaus herrscht eine Prozesskomplexität, weil für die Behandlung eines Patienten[2] viele verschiedene Prozessschritte ausgeführt werden müssen. Daran sind ver-

---

[1] Vgl. Zapp und Dorenkamp (2002, S. 4).

[2] Anmerkung: Aus Gründen der einfacheren Lesbarkeit wird auf eine geschlechtsneutrale Differenzierung verzichtet. Entsprechende Begriffe gelten im Sinne der Gleichbehandlung grundsätzlich für beide Geschlechter.

C. Hönig (✉) · J. Lange
Osnabrück, Deutschland
E-Mail: christina.hoenig@hs-osnabrueck.de

J. Lange
E-Mail: johanna.lange@hs-osnabrueck.de

© Springer Fachmedien Wiesbaden GmbH 2017
W. Zapp und J. Ahrens (Hrsg.), *Von der Prozess-Analyse zum Prozess-Controlling*,
Controlling im Krankenhaus, DOI 10.1007/978-3-658-13171-5_4

schiedene Abteilungen und mehrere Mitarbeiter beteiligt, was eine verbesserte Organisation und ein verstärktes Schnittstellenmanagement erforderlich macht.[3]

Aufgrund diesen Hintergrunds und der immer knapper werdenden finanziellen Mittel müssen Krankenhäuser Strukturveränderungen vornehmen, um ihre Wirtschaftlichkeit und ihr Leistungsspektrum zu verbessern. Dies führt dazu, dass der Prozessgedanke und mit ihm die Prozesskostenrechnung immer weiter in den Fokus rücken.[4] Dieser hat zum Ziel, einerseits die Prozessschritte zu optimieren und andererseits den Unternehmenserfolg zu fördern. Somit kann durch eine entsprechende Prozessoptimierung die Qualität der Leistung sowie auch die Kostenregulation verbessert werden. Deshalb muss es das Ziel sein, Prozesse zu analysieren, zu optimieren und Kosten transparent darzustellen. Die Prozesskostenrechnung kann eine Option sein, dem steigenden ökonomischen Druck zu begegnen.[5] Weiterhin bietet sie die Möglichkeit, den verhältnismäßig sehr hohen und weiter steigenden Anteil an fixen Gemeinkosten transparenter darzustellen.[6]

4.2 Theoretische Grundlagen der Prozesskostenrechnung im Krankenhaus

4.2.1 Spannweite der Definition

4.2.1.1 Definition

Die Prozesskostenrechnung ist nicht nur die Überlegung eines Verfassers, sondern wurde von verschiedensten Seiten vorangetrieben. Daher findet sich eine Vielzahl von Definitionen und Vorgehensweisen in der Literatur.[7]

Die Prozesskostenrechnung ist ein strategisches Controllinginstrument mit dem Ziel der mittelfristigen Kostensenkung und Kostensteuerung. Dabei werden repetitive Prozesse transparent und steuerbar gemacht. Unter einem Prozess wird eine strukturierte und zusammenhängende Folge von Tätigkeiten verstanden, welche das Unternehmensgeschehen abbildet.[8]

Die Prozesskostenrechnung wurde für die Gemeinkostenverrechnung konzipiert. Die verstärkt anfallenden und immer weiter steigenden Gemeinkosten gilt es zu analysieren und dem Prozess verursachungsgerecht zuzurechnen.[9] Die Vorgehensweise besteht somit darin, den Ressourceneinsatz, den ein einzelner Prozess verursacht, auf eben diesen Prozess zu verrechnen, um dadurch die entstandenen Prozesskosten zu erhalten. In diesem

---

[3] Vgl. Zapp und Dorenkamp (2002, S. 5).
[4] Vgl. Zapp und Dorenkamp (2002, S. 4 f.).
[5] Vgl. Greiling (2007, S. 109).
[6] Vgl. Graumann und Schmidt-Graumann (2011, S. 496 f.).
[7] Vgl. Reckenfelderbäumer (1994, S. 25), vgl. auch Zapp (2002, S. 276ff.), Schmidt-Rettig und Böhning (1999, S. 121ff.).
[8] Vgl. Horváth (2011, S. 497).
[9] Vgl. Graumann und Schmidt-Graumann (2011, S. 497).

Zusammenhang liegt der Kern dieser Methode in der Frage nach den Haupteinflussfaktoren der Kosten in den Gemeinkostenbereich.[10] Hierbei bedient sich die Prozesskostenrechnung in der Regel der Kostenarten-, Kostenstellen- und Kostenträgerrechnung und erweitert diese.

Gleichzeitig kann die Prozesskostenrechnung aufgrund ihrer umfangreichen Prozessorientierung als Instrument für die ständige Überwachung und Optimierung des Unternehmensgeschehens dienen.[11]

4.2.1.2 Unterschiedliche Ansätze

Die Prozesskostenrechnung ist kein neues Instrument des Controllings, den ersten Anstoß gaben Miller und Vollmann mit ihrem Artikel „The Hidden Factory", der im Jahre 1985 veröffentlicht wurde.[12] In diesem Artikel wurde das Problem und die Relevanz der Steuerung, Senkung und Kalkulation der indirekten und fixen Kosten der Fertigung vorgestellt.[13] Seitdem wurde die Prozesskostenrechnung von verschiedenen Seiten vorangetrieben.

Der erste Ansatz des „Activity Based Costing" (ABC) ist von Robert Kaplan und Robin Cooper in den USA entwickelt worden. Die fixen Gemeinkosten werden bei diesem System nicht mehr über die Lohnstunden, sondern über die in Anspruch genommenen Aktivitäten den Produkten zugerechnet.[14] Wie der Name Activity Based Costing sagt, werden nur einzelne Tätigkeiten betrachtet und kein ganzer Prozess. Diese Aktivitäten befinden sich im Produktionsbereich, also den direkten Leistungsbereich eines Unternehmens. Mittlerweile ist der Prozessgedanke auch bei dem ABC stärker geworden.[15]

Der zweite Ansatz „Prozesskostenrechnung" wurde in Deutschland von Horváth und Meyer entwickelt. Allerdings war die Relevanz in den direkten Leistungsbereichen sehr gering, da in Deutschland ein gut ausgebautes System der flexiblen Grenzplankostenrechnung auf Basis einer Kostenstellenrechnung mit innerbetrieblicher Leistungsverrechnung (IBLV) vorhanden war. Die Dringlichkeit bestand in den steigenden Gemeinkosten der indirekten Leistungsbereiche, wie z. B. in der Verwaltung. Der Fokus liegt auf der Verdichtung von einzelnen Tätigkeiten zu Hauptprozessen, wodurch sich die Kosten eines Prozesses kostenstellenübergreifend zurechnen lassen.[16]

Die Prozesskostenrechnung ist somit kein einheitliches und in sich geschlossenes System, sondern ein Instrument, das unterschiedliche Anwendungs- und Gestaltungsmöglichkeiten bietet.

---

[10] Vgl. Reckenfelderbäumer (1994, S. 23).
[11] Vgl. Kellerhoff (2014, S. 36).
[12] Vgl. Reckenfelderbäumer (1994, S. 18).
[13] Vgl. Horváth (2011, S. 482).
[14] Vgl. Horváth (2011, S. 483).
[15] Vgl. Reckenfelderbäumer (1994, S. 21).
[16] Vgl. Horváth (2011, S. 483).

4.2.2   Einordnung der Prozesskostenrechnung in die Kosten-, Leistungs-, Erlös- und Ergebnis (KLEE)-Rechnung[17]

Die Prozesskostenrechnung wird in das bisherige System der Kostenarten-, Kostenstellen- und Kostenträgerrechnung integriert.[18] Im Rahmen der Kostenartenrechnung werden zunächst die Kosten eines Abrechnungszeitraums systematisch nach ihrer Art erfasst und überschneidungsfrei gegliedert. Sie gibt Auskunft darüber, welche Kosten angefallen sind. Es wird zwischen Personal- und Sachkosten unterschieden. Als Mindestanforderung für die Aufstellung eines Kostenartenplans gilt für Krankenhäuser Anlage 4 der Krankenhausbuchführungsverordnung (KHBV).[19] Die Kostenstellenrechnung verrechnet darauf aufbauend die in der Kostenartenrechnung angefallenen Kosten, die nicht direkt einem Kostenträger zugerechnet werden können (Gemeinkosten), verursachungsgerecht auf den Ort der Kostenentstehung. Grundlage dafür ist der Kostenstellenplan, der im Krankenhaus gemäß Anlage 5 der KHBV zu gestalten ist.[20]

Da in der Kostenrechnung nur DRG-relevante Kosten von Bedeutung sind, müssen nicht DRG-relevante Kosten sowohl auf Kostenartenebene als auch auf Kostenstellenebene ausgegliedert werden. Auf Kostenartenebene können dies z. B. periodenfremde oder außerordentliche Aufwandsarten sein, auf Kostenstellenebene z. B. ambulant erbrachte Leistungen in der Radiologie.[21]

Einzelkosten werden bei fallbezogener Dokumentation direkt dem Kostenträger zugerechnet. Eine Umlage über die Kostenstellen ist nicht erforderlich.[22]

Als drittes Element der KLEE-Rechnung ist die Kostenträgerrechnung zu nennen, die die Frage beantwortet, wofür die Kosten entstanden sind.[23] Die Prozesskostenrechnung setzt an dem Übergang der Kostenstellen- zur Kostenträgerrechnung an. Mit der Durchführung der Prozesskostenrechnung werden die Gemeinkosten der Kostenstellen in eine prozessorientierte Aufteilung überführt. Ziel ist es, die Kosten der einzelnen Aktivitäten bzw. Prozesse zu ermitteln, die dann auf den Kostenträger weiterverrechnet werden.[24]

4.2.3   Aufgaben und Ziele der Prozesskostenrechnung

Aufgabe der Prozesskostenrechnung ist es, im Rahmen des Gemeinkostencontrollings die Gemeinkosten verursachungsgerechter auf den Kostenträger zu verrechnen und damit die

---

[17] Anmerkung: Der Begriff geht zurück auf W. Zapp (2016, S. 20) wo die Kosten-, Leistungs-, Erlös- und Ergebnisrechnung mit dem Akronym erläutert wird.
[18] Vgl. Greiling (2002, S. 467).
[19] Vgl. Zapp (2008, S. 438 ff.).
[20] Vgl. Zapp und Oswald (2009, S. 36).
[21] Vgl. InEK Kalkulationshandbuch (2007, S. 20).
[22] Vgl. Greiling und Thomas (2002, S. 28).
[23] Vgl. Zapp (2008, S. 438).
[24] Vgl. Greiling (2002, S. 467).

Ungenauigkeit der Verrechnung bei der traditionellen Kostenträgerrechnung, insbesondere durch die Zuschlagskalkulation[25], zu verbessern.[26] Verbunden damit ist auch eine leistungsorientiertere Kalkulation nach tatsächlich durchgeführten Tätigkeiten und Verbräuchen. Darüber hinaus dient sie einer höheren Transparenz und besseren Planung und Steuerungsmöglichkeit im Gemeinkostenbereich.[27]

Des Weiteren kann die Prozesskostenrechnung als Vollkostenrechnung zur Nachkalkulation von DRGs eingesetzt werden. Damit wird es möglich, die erzielten Erlöse, die sich vereinfacht durch die Multiplikation des Relativgewichts einer DRG mit den Landesbasisfallwert ergeben, den errechneten Kosten einer Behandlung gegenüberzustellen, um Abweichungen zu ermitteln.[28]

Ein weiteres Ziel der Prozesskostenrechnung ist es, einen Behandlungsablauf, der einmal abgebildet wird, für alle Patienten zu standardisieren. Die Prozesskostenrechnung kann somit als Grundlage für die Erstellung klinischer Behandlungspfade dienen und dadurch die Behandlungsqualität verbessern. Andersherum kann aber ein klinischer Behandlungspfad auch als Grundlage für die Prozesskostenrechnung herangezogen werden. Durch die Standardisierung der Behandlungsabläufe wird zudem ein Benchmarking mit anderen Krankenhäusern ermöglicht.[29] Zusätzlich können durch die Prozessorientierung eher Schnittstellenprobleme erkannt und optimiert werden.[30]

Die Erfassung der Prozessmengen ermöglicht es, Kostenstellen- bzw. Kapazitätsauslastungen zu kontrollieren. Darüber hinaus kann mithilfe der Prozesskostenrechnung ein umfangreiches Prozessmanagement etabliert werden, welches dazu dient, Ineffizienten zu beseitigen und die Einhaltung von Qualitätsstandards sicherzustellen (vgl. dazu auch Abschn. 4.4.5).[31]

4.3 Darstellung des Verfahren der Prozesskostenrechnung

4.3.1 Vorstellung des Fallbeispiels

Um das Vorgehen bei der Prozesskostenrechnung besser zu verdeutlichen, wurde das vorliegende, fiktive Fallbeispiel konstruiert:

Im Stadtkrankenhaus werden in zehn chefärztlich geleiteten Kliniken jährlich rund 24.000 stationäre und 52.000 ambulante Patienten versorgt. Das Krankenhaus besteht aus

---

[25] Anmerkung: Bei der Zuschlagskalkulation werden für die Verrechnung der Gemeinkosten Zuschlagssätze gebildet, je nach Kalkulationsgenauigkeit für die gesamten Gemeinkosten oder für die Gemeinkosten z. B. einer Kostenstelle. Als Zuschlagsgrundlage dienen die Kostenträgereinzelkosten. Vgl. Zapp und Oswald (2009, S. 103).

[26] Vgl. Schmidt-Rettig und Böhning (1999, S. 121 f.).

[27] Vgl. Horváth (2011, S. 490 u. 494).

[28] Vgl. Graumann und Schmidt-Graumann (2011, S. 497).

[29] Vgl. Graumann und Schmidt-Graumann (2011, S. 514 ff.).

[30] Vgl. Keun und Prott (2008, S. 257).

[31] Vgl. Graumann und Schmidt-Graumann (2011, S. 498).

Tab. 4.1 Personaldaten aus dem Bereich OP. (Eigene Darstellung)

Berufsgruppe	ÄD Anästhesie	ÄD Chirurgie	FD Anästhesie	FD Chirurgie OP
Anzahl	7 (4 Fachärzte, 3 Assistenzärzte)	7 (4 Fachärzte, 3 Assistenzärzte)	16 (12 Examinierte, 4 Schüler)	16 (12 Examinierte, 4 Schüler)
Bruttolohnsumme	600.000 € FA: 370.000 € AA: 230.000 €	580.000 € FA: 360.000 € AA: 220.000 €	480.000 € Ex.: 415.000 € S.: 65.000 €	480.000 € Ex.: 415.000 € S.: 65.000 €
Ausfallquote	20 %			
Arbeitszeit/Woche	40 h			
Urlaubstage	28 Tage			

zehn Fachabteilungen und ist spezialisiert auf Innere Medizin und Chirurgie. Zudem bietet es insgesamt 435 Planbetten nach Niedersächsischem Krankenhausplan.

Eine der Top-DRG der Allgemeinchirurgie des Klinikums ist die DRG I05A, die Revision oder der Ersatz eines Hüftgelenks. Diese wurde im Krankenhaus im letzten Jahr 120-mal erbracht. Da das Stadtkrankenhaus wirtschaftlicher und leistungsorientierter handeln möchte, um dem bestehenden Kostendruck entgegenzuwirken, soll das Instrument Prozesskostenrechnung angewendet werden. Ein Ziel des strategischen Managements ist es, den OP-Bereich zu optimieren. Daher wird die Berechnung der Prozesskosten nur auf diesen Bereich beschränkt.

Tab. 4.2 Einzelkosten OP. (Eigene Darstellung)

OP-Sachkosten allgemein	
Schutzausrüstung Ärzte	24,00 €
Schutzausrüstung Funktionsdienst	16,00 €
Medikation oral	2,50 €
Braunüle, Tupfer, Spray, Pflaster	2,00 €
NaCl-Lösung, Antibiotika, Infusionsset	25,00 €
NaCl-Lösung	7,50 €
Medikamente, Tupfer, Spray	15,00 €
Gesamt	**92,00 €**
Materialkosten OP	
Hüftprothese	2000,00 €
Nahtmaterial	15,00 €
Einmalartikel	35,00 €
Gesamt	**2050,00 €**
Anästhesie Sachkosten	
Narkosemittel	32,00 €
Gesamt	**32,00 €**

Tab. 4.3 Schnitt-Naht-Zeiten und Sekundärkosten. (Eigene Darstellung)

SNZ DRG I05A	80 min
SNZ gesamt DRG I05A	9600 min
SNZ gesamt Stadtkrankenhaus	900.000 min
Sekundärkosten OP und Anästhesie gesamt	210.000 €
Sekundärkosten Zentralsterilisation gesamt	420.000 €

Folgende Daten wurden aus vorhandenen Statistiken und dem EDV-Programm entnommen (siehe Tab. 4.1, 4.2 und 4.3).[32]

4.3.2 Praktische Umsetzung der Prozesskostenrechnung

Zunächst müssen die betroffenen Kostenarten bzw. Dienstarten sowie Kostenstellen ermittelt werden. Im fiktiven Stadtkrankenhaus sind die Kostenarten ärztlicher Dienst der Anästhesie und der Chirurgie sowie Funktionsdienst der Anästhesie und der Chirurgie OP betroffen. Außerdem werden die Kostenstellen OP und Anästhesie mit Kosten belastet. Für jede betroffene Kostenstelle erfolgt eine Tätigkeitsanalyse einschließlich der Ermittlung der entsprechenden Zeitbedarfe für die einzelnen Tätigkeiten. Diese Analyse kann z. B. anhand von Organigrammen, Stellenbeschreibungen, Ablaufdiagrammen oder auch durch Interviews der Kostenstellenverantwortlichen bzw. der Auswertung vorhandener Daten erfolgen.

Die so ermittelten Tätigkeiten werden in einem nächsten Teilschritt zu homogenen Teilprozessen zusammengefasst, die dann weiter zu kostenstellenübergreifenden Hauptprozessen verdichtet werden können, sodass eine Prozesshierarchie entsteht.[33] Für die Operation des Hüftgelenks lassen sich die Teilprozesse Vorbereitung, Durchführung und Nachbereitung bestimmen. Weiterhin können diese Teilprozesse zu dem kostenstellenübergreifenden Hauptprozess OP zusammengefasst werden. Dadurch wird es möglich, einerseits die Kosten für die einzelnen Tätigkeiten zu ermitteln, andererseits aber auch die Kosten für die einzelnen Phasen des OPs und den Gesamtprozesses zu bestimmen.[34]

[32] Anmerkung: Die Werte der folgenden Berechnung sind beispielhaft gewählt und entsprechen somit nicht der Realität.
[33] Vgl. Graumann und Schmidt-Graumann (2011, S. 500 ff.). Anmerkung: Allerdings muss nicht unbedingt eine Prozesshierarchie gebildet werden. Tätigkeiten können auch als Prozessbausteine abgebildet werden. Diese werden definiert als abgrenzbarer Teil eines Prozesses mit dem Ziel, einen Behandlungspfad zu entwickeln. Einzelne Bausteine können somit auf andere DRGs übertragen werden, wenn die Tätigkeiten identisch sind, wie z. B. die Aufnahme von elektiven Patienten. Vgl. Kothe-Zimmermann (2006, S. 88).
[34] Vgl. Graummann und Schmidt-Graumann (2011, S. 525 ff.).

Tab. 4.4 Berechnung des Personalkostenfaktors je Dienstart. (Eigene Darstellung in Anlehnung an Graumann und Schmidt-Graumann 2011, S. 508)

Kriterium	ÄD Anäs-thesie	ÄD Chirur-gie	FD Anästhe-sie	FD Chirur-gie OP	Einheit
Anzahl MA (Vollkräfte)	7	7	16	16	Vollkräfte
Bruttogehalt pro Jahr	730.000	715.000	610.000	610.000	€
Arbeitstage pro VK ohne Wochenende und gesetzl. Feiertage	250	250	250	250	Tage
Soll-Arbeitstage gesamt	1750	1750	4000	4000	Tage
Ausfallquote (Krankheit & Urlaub)	20	20	20	20	%
Ausfalltage	350	350	800	800	Tage
Gesamtarbeitstage	1400	1400	3200	3200	Tage
In Std. (40 h/Woche, 8 h/Tag)	11.200	11.200	25.600	25.600	Stunden
Regelarbeitszeit 100 %	672.000	672.000	1.536.000	1.536.000	Minuten
Kostensatz pro Minute	**1,09**	**1,06**	**0,40**	**0,40**	**€/Minute**

Bei der Prozesskostenrechnung erfolgt eine Splitting der Gemeinkosten in einen leistungsmengeninduzierten (lmi) und einen leistungsmengenneutralen Anteil (lmn).[35] Lmi bedeutet, dass die Kosten mit der Anzahl der erbrachten Menge proportional steigen (prozessvariable Kosten), lmn, dass diese Kosten analog zu den Fixkosten unabhängig vom Arbeitsvolumen anfallen (prozessfixe Kosten). Für die lmi-Kosten sind sog. Kostentreiber bzw. Maßgrößen zu ermitteln, um die Prozesse quantifizierbar zu machen. Im Fallbeispiel wird als Kostentreiber die Zeitdauer (Minuten) der Mitarbeiter für eine Tätigkeit bestimmt.[36]

Um die Kosten für die einzelnen Tätigkeiten zu berechnen, müssen die Zeitbedarfe mit Geldeinheiten bewertet werden. Dazu wird der Personalkostenfaktor pro Minute als Kostengröße herangezogen. Dieser muss aufgrund der Gehaltsunterschiede für jede Dienstart separat berechnet werden.[37]

Die Zahlen des Fallbeispiels sind Tab. 4.1 zu entnehmen (vgl. Abschn. 4.3.1). Tab. 4.4 veranschaulicht die Berechnung des Personalkostenfaktors je Dienstart.

Für die Berechnung muss zunächst die Anzahl der Vollkräfte mit der dazugehörigen Bruttolohnsumme pro Jahr ermittelt werden. Danach wird die Nettojahresarbeitszeit

---

[35] Anmerkung: Die Prozesskostenrechnung kann auch als Teilkostenrechnung konzipiert werden, d. h. es werden nur Kosten verrechnet, die direkt dem Behandlungsfall zugerechnet werden können (prozessvariable Kosten). Vgl. Kothe-Zimmermann (2006, S. 65).

[36] Vgl. Graumann und Schmidt-Graumann (2011, S. 503 f.).

[37] Anmerkung: Hier kann auch differenzierter vorgegangen werden und eine Unterscheidung zwischen den Qualifikationen in den einzelnen Dienstarten vorgenommen werden. Vgl. Kothe-Zimmermann (2006, S. 93).

Tab. 4.5 Ermittlung der lmn-Kostenanteile. (Eigene Darstellung in Anlehnung an Graumann und Schmidt-Graumann 2011, S. 518)

Berufsgruppe	Umlage in %
ÄD Chirurgie	17,0
ÄD Anästhesie	17,0
FD OP Chirurgie	12,0
FD Anästhesie	12,0

(NJAZ) berechnet, also die Zeit, die ein Mitarbeiter tatsächlich in einem Jahr zur Verfügung steht. Dazu müssen zunächst von der Bruttojahresarbeitszeit (BJAZ), der theoretischen Verfügbarkeit eines Mitarbeiters pro Jahr, Wochenendtage sowie gesetzliche Feiertage und die Ausfallquote, die sich aus Urlaubs- und Krankheitstagen zusammensetzt, subtrahiert werden. Diese dann erhaltenen Gesamtarbeitstage werden mit der täglichen Arbeitszeit von acht Stunden multipliziert und in Minuten umgerechnet. Danach wird der Gesamtbruttolohn durch die NJAZ geteilt, um den Personalkostenfaktor je Minute für eine Dienstart zu erhalten.[38]

Die Berechnungsergebnisse des Fallbeispiels zeigen, dass ein Arzt der Anästhesie im Durchschnitt 1,09 € pro Minute kostet, ein Arzt der Chirurgie 1,06 € pro Minute und eine Fachkraft im Funktionsdienst der Anästhesie und der Chirurgie OP im Durchschnitt 0,40 € kostet. Diese Zahlen dienen als Grundlage, um die ermittelten Tätigkeiten, die in Tab. 4.6 und 4.7 dargestellt sind, mit Kosten zu bewerten. Um die Tätigkeiten auch mit den lmn-Kosten zu bewerten, ist es weiterhin erforderlich, mittels Arbeitszeitanalyse und Befragung die Anteile der dafür anfallenden Tätigkeiten zu ermitteln. Die lmn-Kosten werden dann als Prozentsätze gesplittet nach Dienstarten auf die einzelne Leistung pauschal aufgeschlagen (vgl. Tab. 4.5).[39]

Tab. 4.6 und 4.7 stellen die Berechnung der Prozesskosten für die OP des Hüftgelenks der DRG I05A dar. Zunächst werden in Tab. 4.6 die Berechnungen für den ärztlichen Dienst vorgenommen. Tab. 4.7 zeigt die Prozesskosten des Funktionsdiensts für die OP der DRG I05A auf. Diese Aufspaltung wurde vorgenommen, damit die Prozesskosten für die einzelnen Berufsgruppen deutlicher abgebildet werden. Zudem verdeutlicht Abb. 4.1 den gesamten Prozessablauf, um aufzuzeigen, in welchem zeitlichen Ablauf die Tätigkeiten stattfinden und wie das Zusammenspiel der einzelnen Berufsgruppen erfolgt. Dazu wurden die einzelnen Tätigkeiten des Prozesses in Tab. 4.6 und 4.7 nummeriert, damit eine Zuordnung möglich ist.

Die Minuten, die für eine Leistung gebraucht wurden, werden mit dem Personalkostenfaktor multipliziert und um den lmn-Umlagesatz erhöht, sodass sich bspw. für die Einleitung der Narkose für den ärztlichen Dienst der Anästhesie (Tab. 4.6, Nr. ÄD 3.1)

---

[38] Vgl. Graumann und Schmidt-Graumann (2011, S. 508).
[39] Vgl. Graumann und Schmidt-Graumann (2011, S. 518).

Tab. 4.6 Berechnung der Kosten für die OP der DRG I05A für den ärztlichen Dienst. (Eigene Darstellung in Anlehnung an Graumann und Schmidt-Graumann 2011, S. 525 ff.)

Nr.	Teilprozess	Tätigkeit	$\sum$ Min. (Kostenträger)	lmi-Kostensatz in €	Umlage lmn in %	Gesamtbetrag in €
Ärztlicher Dienst Anästhesie						
ÄD 1	Vorbereitung	Übergabe u. Einschleusen Patient	8	1,09	17	10,20
ÄD 2.1	Vorbereitung	Vorbereitung der Narkose	8	1,09	17	10,20
ÄD 3.1	Durchführung	Narkose einleiten	35	1,09	17	44,64
ÄD 4.1	Durchführung	Durchführung der Hüft-OP inkl. GZF	160	1,09	17	204,05
ÄD 6	Durchführung	Narkose ausleiten	35	1,09	17	44,64
ÄD 7.1	Nachbereitung	Ausschleusen Patient	15	1,09	17	19,13
ÄD 8.1	Nachbereitung	Visite und Beobachtung im Aufwachraum durchführen	25	1,09	17	31,88
ÄD 8.2	Nachbereitung	OP-Bericht u. Arztbrief verfassen	18	1,09	17	22,96
Kosten ärztlicher Dienst Anästhesie						**387,70**
Ärztlicher Dienst Chirurgie						
ÄD 3.2	Durchführung	OP-Saal vorbereiten (Rüstzeit)	19	1,06	17	23,56
ÄD 4.2	Durchführung	Durchführung der Hüft-OP inkl. GZF	160	1,06	17	198,43
ÄD 5	Nachbereitung	OP-Bericht u. Arztbrief verfassen	18	1,06	17	22,32
Kosten ärztlicher Dienst Chirurgie						**244,31**
Gesamtkosten						**632,01**

Tab. 4.7 Berechnung der Kosten für die OP der DRG I05A für den Funktionsdienst. (Eigene Darstellung in Anlehnung an Graumann und Schmidt-Graumann 2011, S. 525 ff.)

Nr.	Teilprozess	Tätigkeit	∑ Min. (Kostenträger)	lmi-Kostensatz in €	Umlage lmn in %	Gesamtbetrag in €
Funktionsdienst Anästhesie						
FD 1	Vorbereitung	Übergabe u. Einschleusen Patient	8	0,40	12	3,58
FD 2.1	Vorbereitung	Vorbereitung der Narkose	8	0,40	12	3,58
FD 3.1	Durchführung	Assistieren beim Einleiten der Narkose	35	0,40	12	15,68
FD 6	Durchführung	Assistieren beim Ausleiten der Narkose	35	0,40	12	15,68
FD 7.1	Nachbereitung	Ausschleusen Patient	15	0,40	12	6,72
FD 8.1	Nachbereitung	Überwachung des Patienten im Aufwachraum	67	0,40	12	30,02
FD 8.2	Nachbereitung	Pflegedokumentation	10	0,40	12	4,48
FD 9	Nachbereitung	Übergabe des Patienten an die Station	12	0,40	12	5,38
Kosten Funktionsdienst Anästhesie						**85,12**
Funktionsdienst Chirurgie						
FD 2.2	Vorbereitung	Übernahme des Patienten u. EDV-Vorbereitung	13	0,40	12	5,82
FD 3.2	Durchführung	Assistieren bei OP-Saal Vorbereitung	19	0,40	12	8,51
FD 4	Durchführung	Assistieren bei Hüft-OP inkl. GZF	160	0,40	12	71,68
FD 5	Nachbereitung	Entsorgung der Instrumente	15	0,40	12	6,72
FD 7.2	Nachbereitung	Leistungserfassung der OP in der EDV	13	0,40	12	5,82
Kosten Funktionsdienst Chirurgie						**98,55**
Gesamtkosten						**197,10**

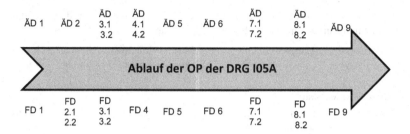

Abb. 4.1 Prozessablauf im Zeitstrahl. (Eigene Darstellung)

der Gesamtbetrag folgendermaßen berechnen lässt:

$$\text{Gesamtkosten Einleitung der Narkose ÄD Anästhesie}$$
$$= 35 \, \text{min} \cdot 1{,}09 \, € \cdot 1{,}17 = 44{,}64 \, €.$$

Sind mehrere Ärzte gleichzeitig an einer OP beteiligt, muss zudem der Gleichzeitig-keitsfaktor (GZF) in der Berechnung berücksichtigt werden. Dieses Vorgehen ist für die Berechnung der Kosten der anderen Leistungen analog anzuwenden.[40]

Weiterhin wurden die Einzelkosten auf Grundlage der Angaben aus Tab. 4.2 in Ab-schn. 4.3.1 mit in den Teilprozess der OP-Durchführung einberechnet (siehe Tab. 4.8). Da diese Kosten dem Patienten direkt zugerechnet werden können, können sie ohne Umlage zu den Gesamtkosten hinzugerechnet werden.

Zudem müssen noch die Sekundärkosten in Tab. 4.9 berücksichtigt werden, d. h. Kos-ten, die nicht im unmittelbaren Zusammenhang mit dem Prozess stehen, aber trotzdem anteilig dafür anfallen und auf diesen zu verrechnen sind. Für den Bereich OP und Anäs-thesie sowie die Zentralsterilisation wird der folgende Verrechnungsschlüssel verwendet

---

[40] Anmerkung: Für die einzelnen Tätigkeiten können Wahrscheinlichkeiten der Durchführung hin-terlegt werden. Außerdem gibt es die Möglichkeit, mit Wahrscheinlichkeitswerten zwischen den Qualifikationen der verschiedenen Mitarbeiter zu unterscheiden. Beide können durch Prozentsätze abgebildet werden. Somit existieren für jede Handlung die Angabe, mit welcher Wahrscheinlichkeit sie stattfindet, wie viele Mitarbeiter beteiligt sind und welche Qualifikation sie haben, wie vie-le Minuten dafür benötigt und welche Materialien verbraucht werden. Vgl. Kothe-Zimmermann (2006, S. 92 ff.). Für die Berechnung wird der Prozentsatz der Wahrscheinlichkeit der Qualifikation multipliziert mit dem Minutenwert der Tätigkeit, um die Minuten für die einzelnen Berufsgruppen aufzuteilen. Der Minutenwert für die jeweilige Qualifikation wird im Anschluss mit dem Perso-nalkostenfaktor multipliziert. Somit ergeben sich die Kosten für die an der Tätigkeit beteiligten Vollkräfte je Qualifikation. Außerdem werden die Materialkosten zu den Personalkosten addiert. In einem letzten Schritt wird die Wahrscheinlichkeit, ob eine Tätigkeit durchgeführt wird, berücksich-tigt. Vgl. Kothe-Zimmermann (2006, S. 96 f.).

Tab. 4.8 Auflistung der Einzelkosten der DRG I05A. (Eigene Darstellung in Anlehnung an Graumann und Schmidt-Graumann 2011, S. 527)

Teilprozess	Einzelkosten	Gesamtbetrag in €
Durchführung	Allgemeine Sachkosten	92,00
Durchführung	Anästhesie-Sachkosten	32,00
Durchführung	Materialkosten	2050,00
Gesamtkosten		**2174,00**

(vgl. Graumann und Schmidt-Graumann 2011, S. 521):

$$\text{anteiliger Sekundärkostensatz der Patienten der DRG I05A}$$
$$= \frac{\text{SNZ der Patienten der DRG I05A}}{\text{Gesamtsumme SNZ des Stadtkrankenhauses}} \cdot 100$$

Bei Zugrundelegung von Gesamt-Sekundärkosten von 210.000 € und einer Gesamt-SNZ von 900.000 min im Stadtkrankenhaus und 9600 min für alle Patienten der DRG I05A (vgl. Abschn. 4.3.1, Tab. 4.3) für den Bereich OP und Anästhesie ergibt sich ein anteiliger Sekundärkostensatz für alle Patienten der DRG von 1,07 % (9600 min / 900.000 min · 100). Wird dieser Prozentsatz mit den Gesamtkosten von 210.000 € multipliziert und durch die Gesamtzahl der Patienten der DRG von 120 geteilt, ergeben sich anteilige Sekundärkosten für den Bereich OP und Anästhesie von 18,73 €. Für den Bereich Zentralsterilisation ist das Verfahren auf Grundlage der in Tab. 4.3 in Abschn. 4.3.1 aufgeführten Daten analog anzuwenden, sodass daraus anteilige Sekundärkosten von 37,46 € resultieren.

Zum Schluss werden die einzelnen Kostenanteile addiert (Tab. 4.10), sodass sich für den gesamten OP-Hauptprozess Kosten in Höhe von 3059,30 € ergeben.[41]

Tab. 4.9 Auflistung der Sekundärkosten der DRG I05A. (Eigene Darstellung in Anlehnung an Graumann und Schmidt-Graumann 2011, S. 525 ff.)

Teilprozess	Sekundärkosten	Gesamtbetrag in €
Nachbereitung	Nutzungskosten OP und Anästhesie	18,73
Nachbereitung	Kosten Zentralsterilisation	37,46
Gesamtkosten		**56,19**

[41] Anmerkung: Die Kosten können nicht den Erlösen der DRG I05A gegenübergestellt werden, da es sich hier lediglich um die Kosten für den OP handelt. Die Erlöse der DRG umfassen die Kosten von der Aufnahme bis zur Entlassung.

Tab. 4.10 Auflistung der Kostenanteile. (Eigene Darstellung)

Kostenanteile	Betrag in €
Gesamtkosten für den ärztlichen Dienst	632,01
Gesamtkosten für den Funktionsdienst	197,10
Gesamteinzelkosten	2174,00
Gesamtsekundärkosten	56,19
Gesamtsumme	**3059,30**

4.4 Kritische Würdigung

4.4.1 Abgrenzung Prozesskostenrechnung und traditionelle Kostenträgerrechnung

In der Kostenträgerrechnung werden die DRG-relevanten Gemeinkosten (auch: pflege-satzfähigen Kosten) der direkten Kostenstellen kostenstellenweise dem Kostenträger (Patient) zugerechnet. Sie ist damit eine einzelleistungsbezogene Rechnung, die der Ermittlung der Kosten für eine bestimmte Mengeneinheit dient.[42] Im Rahmen der Fallpauscha-lenkalkulation erfolgt die Zurechnung nach Vorgabe des InEK-Kalkulationshandbuches auf Vollkostenbasis. Die Kosten werden je Kostenmodul über gewichtete oder ungewichtete Bezugsgrößen durch Bildung von Kalkulationssätzen verrechnet. Für die Personalkosten des Pflegedienstes auf der Normalstationen werden bspw. PPR-Minuten[43] für die Verteilung zugrunde gelegt, die ärztlichen Personalkosten der Normalstation werden über Pflegetage verrechnet.[44] Krankenhäuser, die nicht an der InEK-Kalkulation teilnehmen, können dafür je nach betrieblichen Gegebenheiten die Kosten z. B. auch in Form der verschiedenen Möglichkeiten der Divisionskalkulation einschließlich der Äquivalenzziffernkalkulation oder über verschiedene Arten von Zuschlagskalkulationen verrechnen.[45]

Die Prozesskostenrechnung hingegen verrechnet die Gemeinkosten, wie bereits beschrieben, kostenstellenübergreifend und über Kostentreiber (z. B. Zeitdauer in Minuten im ärztlichen Dienst) nach der tatsächlichen Inanspruchnahme auf die Tätigkeiten und Prozesse eines Kostenträgers. Im Rahmen der Vollkostenrechnung werden leistungsmengenneutrale Kosten über Zuschlags- bzw. Umlagesätze dem Kostenträger zugerechnet.[46] Bei der Prozesskostenrechnung werden im Gegensatz zur traditionellen Kostenträgerrech-

---

[42] Vgl. Zapp (2008, S. 442 ff.).
[43] PPR steht für Pflege-Personal-Regelung und teilt Patienten nach ihrem Pflegeaufwand anhand von Normminutenwerten in neun verschiedene Kategorien ein, die sich aus der allgemeinen Pflege (Grundpflege, A1–A3) und der speziellen Pflege (Behandlungspflege, S1–S3) ableiten. Vgl. Peil (2008, S. 313).
[44] Vgl. Institut für Entgeltsysteme im Krankenhaus (2007, S. 127 ff.).
[45] Vgl. Zapp (2008, S. 443).
[46] Vgl. Graumann und Schmidt-Graumann (2011, S. 518).

nung die Kosten nicht für jeden Fall kalkuliert, sondern es wird davon ausgegangen, dass ein einmal abgebildeter Prozess auf alle erbrachten Fälle übertragen werden kann.[47]

Aus dieser Gegenüberstellung ist erkennbar, dass auch die Prozesskostenrechnung eine Kostenträgerrechnung bzw. genauer eine Kostenträgerstückrechnung ist[48], mit dem einzigen Unterschied, dass hier die Kosten nicht aufbaubezogen, sondern ablaufbezogen auf den Kostenträger verrechnet werden. Inwieweit eine solche Verrechnung als Alternative zur traditionellen Kostenträgerrechnung sinnvoll ist, ist kritisch zu hinterfragen. Die Prozesskostenrechnung liefert zwar z. B. im ärztlichen Bereich einen genaueren und verursachungsgerechteren Verteilungsschlüssel, allerdings können über diese Schlüssel nur Kosten mit direktem Leistungsbezug verrechnet werden, für die anderen Kosten müssen ungenaue Zuschlagssätze angewendet werden. Zudem handelt es sich bei der Verrechnung der Personalkosten um unechte Gemeinkosten, die in Frage stellen, ob überhaupt eine Notwendigkeit der Prozessbildung mit sehr hohem zeitlichem Aufwand besteht. Es ist zu überlegen, ob nicht eine Zurechnung über genauere Verteilungsschlüssel als direkte Einzelkosten mit Hilfe der Dokumentation der zeitlichen Inanspruchnahme durch Ärzte und Pflegekräfte wirtschaftlicher wäre.[49]

4.4.2 Bewertung der Einsatzmöglichkeiten

Die Prozesskostenrechnung kann als strategisches Controllinginstrument eingesetzt werden. Sie dient damit nicht der kurzfristigen Kostenbeeinflussung, weil bei dieser Methode Fixkosten verrechnet werden, die kurzfristig nicht beeinflussbar sind. Hier ist eine Ergänzung um eine Teilkostenrechnung, wie z. B. die Deckungsbeitragsrechnung mit relativen Einzelkosten, erforderlich.[50]

Zu berücksichtigen ist bei deren Einsatz, dass die Durchführung sehr zeitaufwendig ist. Weiterhin ist die Prozesskostenrechnung ursprünglich nur für repetitive Tätigkeiten in den indirekten Leistungsbereichen, also z. B. in der Krankenhausverwaltung, konzipiert worden. Da diese Kosten aber nur 6,5 % der Gesamtkosten im Krankenhaus ausmachen, ist eine Anwendung alleine auf diese Bereiche unwirtschaftlich.[51] Deswegen ist eine Ausweitung auf die direkten Bereiche zwingend erforderlich.

Dabei ist zu hinterfragen, inwieweit sich die Behandlungsabläufe der Patienten in den direkten Bereichen aufgrund deren Individualität überhaupt standardisieren lassen und repetitive Tätigkeiten abbilden.[52] Weiterhin ist anzumerken, dass der Zeitaufwand für die ständige Anpassung durch z. B. neue Behandlungsmethoden aufgrund des medizinisch-technischen Fortschritts nochmals erheblich gesteigert wird.

---

[47] Vgl. Kothe-Zimmermann (2006, S. 62).
[48] Vgl. Horváth (2011, S. 494).
[49] Vgl. Schmidt-Rettig und Böhning (1999, S. 134 f.).
[50] Vgl. Schmidt-Rettig und Böhning (1999, S. 133).
[51] Vgl. Zapp (2008, S. 464).
[52] Vgl. Greiling (2007, S. 110).

Darüber hinaus wird in der Literatur als wesentlicher Grund für die Einführung einer Prozesskostenrechnung die Ungenauigkeit bei der Zuschlagskalkulation in der Kostenträgerrechnung genannt. Hier ist anzumerken, dass diese im Krankenhaus kaum Anwendung findet.[53] Zudem wird die Zuschlagskalkulation auch bei der Prozesskostenrechnung im Rahmen der lmn-Kostenverrechnung sowie der anteiligen Sekundärkostenverrechnung angewendet, was auch hier zu Ungenauigkeiten führt.

Abschließend ist festzuhalten, dass verhältnismäßig wenige Krankenhäuser bisher eine Kostenträgerrechnung eingeführt haben.[54] Deswegen ist es fraglich, inwieweit sie, auch aus EDV-technischer Sicht, eine Prozesskostenrechnung abbilden können.

Aufgrund dieser Aspekte ist zu hinterfragen, welchen Mehrwert eine Prozesskostenrechnung im Krankenhaus bietet. Eine Einführung dieses Instruments ist deshalb vorher kritisch zu prüfen.

4.4.3   Beurteilung der Effekte

In der Literatur werden mit der Prozesskostenrechnung drei verschiedene Effekte in Verbindung gebracht. Der erste Effekt ist der Degressionseffekt. Hiermit ist gemeint, dass bei steigender Leistungserbringung die Kosten für eine Leistung sinken (Stückkostendegression). Im Rahmen der klassischen Zuschlagskalkulation kann dieser Effekt nicht abgebildet werden, weil hier für jede Leistung, unabhängig von der erbrachten Menge, der gleiche Prozentsatz pauschal für die gesamten Gemeinkosten aufgeschlagen wird.[55] Dies hat zur Folge, dass geringere Leistungsmengen eher zu kostengünstig und größere Leistungsmengen eher zu teuer kalkuliert werden.[56]

Der zweite Effekt ist der Allokationseffekt. Dieser beschreibt die Differenz zwischen dem traditionellen Zuschlagssatz und dem Prozesskostensatz, die aus der unterschiedlichen Verteilung der Gemeinkosten (Allokation) zwischen der traditionellen Zuschlagskalkulation und der Gemeinkostenverrechnung im Rahmen der Prozesskostenrechnung hervorgeht.[57]

Der dritte Effekt ist der Komplexitätseffekt. Dieser Effekt meint, dass bei der Prozesskostenrechnung aufgrund der höheren Prozessintensität berücksichtigt wird, dass komplexere Prozesse höhere Kosten verursachen als weniger komplexe Prozesse. Bei der Zuschlagskalkulation hingegen werden die Kosten proportional in Abhängigkeit von der Zuschlagsbasis verrechnet, mit der Folge, dass weniger aufwendige Prozesse eher zu teuer und sehr komplexe Prozesse eher zu gering kalkuliert werden.[58]

---

[53] Vgl. Zapp (2008, S. 464).
[54] Vgl. Zapp (2010, S. 37f.).
[55] Vgl. Greiling (2008, S. 117).
[56] Vgl. Graumann (2014, S. 518).
[57] Vgl. Reckenfelderbäumer (1994, S. 187).
[58] Vgl. Greiling (2008, S. 116).

Die Prozesskostenrechnung soll diesen Problemen entgegenwirken, indem sie bei der Verrechnung der Gemeinkosten die tatsächliche Inanspruchnahme bzw. den tatsächlichen Ressourcenverbrauch zugrunde legt und damit die Auswirkungen der beschriebenen Effekte ausgleichen soll.[59]

Es muss allerdings berücksichtigt werden, dass bei der Prozesskostenrechnung nur der lmi-Kostenanteil verursachungsgerecht verrechnet wird und der lmn-Anteil über einheitliche, pauschale Zuschlagssätze mit der Folge, dass die Auswirkungen der Effekte nicht komplett ausgeglichen werden können. Weiterhin ist zu hinterfragen, inwieweit die Gemeinkosten nach tatsächlicher Inanspruchnahme verteilt werden können. Der Grund hierfür liegt in der mit der Vollkostenrechnung einhergehenden Proportionalisierung der Fixkosten. Die Fixkosten werden in Abhängigkeit von der erbrachten Ausbringungsmenge bzw. der Zeitdauer auf eine Aktivität verrechnet. Dabei bleibt unberücksichtigt, dass diese Kosten, wie z. B. die Personalkosten, grundsätzlich unabhängig von der Leistungsmenge sind und kurzfristig nicht beeinflusst werden können. Daraus lässt sich schlussfolgern, dass die Prozesskostenrechnung nicht unbedingt das am besten geeignete Instrument ist, um diese Effekte auszugleichen.

4.4.4 Beurteilung der Prozesskostenrechnung

Jedes Instrument hat Stärken und Schwächen, welche berücksichtigt werden müssen, um richtige Entscheidungen für das Unternehmen zu treffen. Die Beurteilung der Prozesskostenrechnung wird anhand von verschiedenen Aspekten durchgeführt. Diese werden mit Hilfe einer Vier-Felder-Matrix (siehe Abb. 4.2) systematisiert.

Personalbezogene kritische Würdigung
Ein Aspekt ist die Unterscheidung von Qualifikationen und Berufsgraden von den Mitarbeitern. Finden diese keine Berücksichtigung, ist der Personalkostenfaktor ein ungenauer

Abb. 4.2 Vier-Felder-Matrix der kritischen Würdigung. (Eigene Darstellung)

_____

[59] Vgl. Greiling (2008, S. 116 f.).

Wert. Es gibt erhebliche Gehaltsunterschiede zwischen den verschiedenen Qualifikationen und für die Berechnung des Personalkostenfaktors wird in der Regel nur ein Durchschnittsbruttogehalt festgesetzt. Ein Chefarzt bspw. verdient wesentlich mehr als ein Oberarzt. Weiterhin variiert das Gehalt durch Schichtzulagen und Bereitschaftsdienste. Darüber hinaus können Chefärzte privat liquidieren und auch die Berufserfahrung steigert das Gehalt.

Werden diese Unterschiede berücksichtigt, ist ein angemessener Differenzierungsgrad von Bedeutung. Eine genauere Differenzierung würde die Kosten besser abbilden, aber gleichzeitig auch einen höheren Aufwand zur Folge haben.

Zudem gibt es im Krankenhaus eine Berufsgruppendiversität. Somit wird eine Tätigkeit nicht nur von einer Qualifikation durchgeführt. Zum Beispiel kann das Waschen des Patienten von examinierten Pflegekräften durchgeführt werden, aber auch von Pflegehelfern. Somit ist die Berufsgruppendiversität ein weiterer Grund, der dazu führt, dass der Personalkostenfaktor ungenau sein kann.

Kostenverteilungsbezogene kritische Würdigung

Zunächst wird das Kostenrechnungssystem betrachtet. Wird die Prozesskostenrechnung als Vollkostenrechnung konzipiert, findet keine Aufspaltung von fixen und variablen Kosten statt. Deswegen kann nur eine Abweichung erkannt werden, zur genaueren Analyse der Ursache muss aber ein Verfahren der Teilkostenrechnung ergänzt werden. Daher dient die Prozesskostenrechnung nicht als alleinige Entscheidungsvorbereitung, weil keine Sollkosten vorhanden sind und somit eine Abweichungsanalyse nicht möglich ist.

Bei der Prozesskostenrechnung werden die Imn-Anteile über pauschale Zuschlagssätze verrechnet, welche von den Mitarbeitern geschätzt werden. Dies ist sehr unpräzise und kann zu falschen Ergebnissen führen. Die Sekundärkosten werden dem Prozess über Verrechnungsschlüssel anteilig zugerechnet. Die Verwendung des Verrechnungsschlüssels SNZ ist ungenau, weil diese nicht den vollständigen OP-Prozess abbildet. Es bleibt unberücksichtigt, dass Nutzungskosten auch für die Vor- und Nachbereitung von Operationen anfallen. Darüber hinaus sind die Materialkosten nur Durchschnittswerte. Wenn der Umgang mit Material von einem Arzt oder einer Pflegekraft verschwenderisch ist oder Material durch falschen Umgang nicht mehr verwendet werden kann, wird dies in der Prozesskostenrechnung nicht abgebildet. Somit können die eigentlichen Kosten eines Prozesses höher ausfallen als die Prozesskostenrechnung anzeigt. Weiterhin muss berücksichtigt werden, dass in der Regel nur z. B. teure Medikamente oder Implantate einzeln erfasst werden. Alle anderen Einzelkosten werden als unechte Gemeinkosten behandelt. Deswegen ist fraglich, inwieweit sie sich dem Prozess genau zurechnen lassen.

Zudem weist die Prozesskostenrechnung eine hohe Ähnlichkeit zur traditionellen Kostenträgerrechnung auf. Daher stellt sich die Frage, inwieweit ein Krankenhaus eine Prozesskostenrechnung braucht und welchen Mehrwert sie bietet oder ob nicht eine gut ausgebaute Kostenträgerrechnung ausreicht (vgl. auch Abschn. 4.4.1).

Kostentreiberbezogene kritische Würdigung

Kostentreiber sind die Haupteinflussgrößen bei der Kostenentstehung und Kostenentwick-lung. Mittels der Kostentreiber wird versucht, die Gemeinkosten verursachungsgerecht auf die Kostenträger umzulegen. Sie dienen bei der Prozesskostenrechnung als Bezugsgröße zur Messung der Inanspruchnahme der Ressourcen.

Bei der Prozesskostenrechnung werden in der Regel die Anzahl der Minuten als Kos-tentreiber gewählt. Zum einen muss beachtet werden, dass die Minutenwerte nicht pau-schalisiert werden können. So kann ein junger unerfahrener Arzt oder eine Auszubildende in der Pflege länger für eine Tätigkeit brauchen als ein erfahrener Arzt bzw. eine erfah-rene examinierte Pflegekraft. Weiterhin sind die Patienten unterschiedlich pflegeintensiv. So ist zum Beispiel ein junger Patient mobiler als ein älterer multimorbider Patient und braucht weniger Unterstützung von den Pflegekräften. Zum anderen sind die Minuten-werte oft Schätzwerte und wurden durch Befragung der Mitarbeiter oder in einer sehr aufwendigen Zeitmessung erhoben. Damit diese Werte abgebildet werden können, sind viele Messungen für ein repräsentatives Ergebnis der Durchschnittswerte erforderlich. Die aussagekräftigste Erhebungsmethode ist die Zeitmessung. Allerdings werden bei beiden Erhebungsmethoden dennoch sehr wahrscheinlich bei keinem Patienten, der einen solchen abgebildeten Behandlungsprozess durchläuft, die Kosten in genau dieser Höhe anfallen. Beide Methoden sind daher ungenau und können gegebenenfalls zu falschen Ergebnissen führen.

Prozessbildungsbezogene kritische Würdigung

Der letzte Aspekt, der betrachtet werden sollte, ist die Prozessbildung. Die Abgrenzung der einzelnen Teilprozesse ist unscharf, weil es keine festgelegten Trennungskriterien gibt. Es ist schwer zu bestimmen, wo ein Prozessschritt anfängt und aufhört. Die Prozessmodel-lierung ist daher subjektiv geprägt. Dadurch ist auch das Ziel der Prozesskostenrechnung, ein Benchmarking zwischen den Krankenhäusern durchzuführen, sehr schwierig.

Zudem finden Wartezeiten und Schnittstellen bei der Prozesskostenrechnung keine Be-rücksichtigung. Jedoch können diese einen höheren Minutenwert zur Folge haben und somit auch die Kosten eines Prozesses unbemerkt erhöhen.

Auch muss beachtet werden, dass eine Tätigkeit nicht bei jedem Patienten durchgeführt wird[60], da die medizinische Begründung nicht vorliegt (z. B. Gabe eines Medikaments) oder manche pflegerische Tätigkeiten von den Patienten selbst übernommen werden kön-nen (z. B. Waschen).

Dieser Nachteil kann durch die Berücksichtigung von Wahrscheinlichkeiten teilweise ausgeglichen werden. Dabei sollte beachtet werden, dass diese auf Schätzwerten beruhen und daher ungenau sind.

---

[60] Vgl. Kothe-Zimmermann (2006, S. 92).

4.4.5 Prozesskostenrechnung als Teil des Prozessmanagements

Für den Begriff des Prozessmanagements existieren in der Literatur zahlreiche Definitionen. Zapp und Dorenkamp haben diesen Begriff im Jahr 2002 definiert als „ein zielorientiertes Gestalten und Lenken von Prozessen im soziotechnischem Unternehmen mit personen- und sachbezogener Komponente zur Optimierung der unternehmerischen Wertschöpfungskette."[61] Ziel des Prozessmanagements ist es demnach, interne Arbeitsabläufe über die einzelnen Bereiche hinweg zu analysieren, zu optimieren und regelmäßig auf Aktualität zu überprüfen.[62]

Dieser Prozessoptimierung liegen für eine ganzheitliche Steuerung die Parameter Kosten, Zeit und Qualität zugrunde, die sich anhand von Kennzahlen beurteilen lassen. Bezogen auf den Parameter der Zeit können bspw. Durchlauf- oder Transportzeiten analysiert und bezüglich der Qualität z. B. die Wiedereinlieferungsrate oder die Patientenbeschwerden ausgewertet werden. Für die Kostenseite können Personal- und Sachkosten zugrunde gelegt werden.[63]

Das Prozessmanagement lässt sich in fünf Phasen abbilden: Prozessdokumentation, Ist-Analyse, Prozessgestaltung, Implementierung und Evaluation. In der ersten Phase erfolgt die Prozessdatenerhebung und damit die Darstellung der Ist-Situation.[64] Sie setzt sich aus den beiden Teilen Prozessmodellierung, z. B. durch klinische Behandlungspfade, und der Prozesskostenrechnung zur monetären Bewertung der Prozesse zusammen. In dieser Phase werden Prozesse erhoben und u. a. mit Zuständigkeiten, Zeiten und Kosten hinterlegt.[65] Im Rahmen der Ist-Analyse werden anschließend die Prozesse bewertet und den Soll-Vorgaben, die sich z. B. aus Richtlinien oder Zielsetzungen ergeben, gegenübergestellt, um Schwachstellen aufzudecken und Optimierungspotentiale zu erschließen. In der Phase der Prozessgestaltung erfolgt dann die eigentliche Optimierung der Prozesse durch Veränderung oder Neugestaltung der bisherigen Abläufe, bevor diese Optimierungspotentiale abschließend implementiert und evaluiert werden.[66]

Inwieweit eine Hinterlegung der einzelnen Tätigkeiten mit Kosten als notwendig betrachtet werden muss, ist aufgrund der in den vorherigen Kapiteln diskutierten Kritik fraglich. Vorrangiges Ziel des Prozessmanagements sollte es sein, Schnittstellen und Abläufe zu optimieren, um Ineffizienzen zu beseitigen.

---

[61] Zapp und Dorenkamp (2002, S. 34).
[62] Vgl. Greiling und Osygus (2014, S. 30).
[63] Vgl. Graumann und Schmidt-Graumann (2011, S. 533).
[64] Vgl. Greiling und Osygus (2014, S. 33).
[65] Vgl. Greiling und Osygus (2014, S. 69).
[66] Vgl. Greiling und Osygus (2014, S. 33 ff.).

4.5 Ausblick

In erster Linie sollten sich Krankenhäuser überlegen, welches Ziel sie erreichen wollen. Ist es das Ziel die Kosten transparent zu gestalten und Durchschnittskosten eines Prozesses darzustellen, so ist das Instrument Prozesskostenrechnung geeignet. Möchte ein Krankenhaus seine Prozesse optimieren, um dadurch Qualität und Kosteneinsparungen zu ermöglichen, ist es fraglich, ob die Prozesskostenrechnung das optimale Instrument darstellt.

Bei der Prozesskostenrechnung werden Durchschnittswerte für die Kosten der einzelnen Tätigkeiten hinterlegt, allerdings sind die Ursachen für die Kosten nicht ersichtlich. Somit ist der Stellhebel sehr gering und es wären weitere Analysen notwendig, um den Prozess zu optimieren und kostengünstiger zu gestalten. Zudem ist der Aufwand einer Prozesskostenrechnung sehr hoch, weil sie fortlaufend weiterentwickelt werden muss. Es ist ungewiss, inwieweit sich der Aufwand für ein Krankenhaus lohnt. Eine gut ausgebaute Kostenträgerrechnung ist daher empfehlenswerter, weil die Kosten auch mit diesem Instrument transparent gestaltet werden können. Die Kenntnisse über die Kostensituation und die Kostenstruktur eines Krankenhauses ist eine unabdingbare Voraussetzung, um den Veränderungen und Rahmenbedingung im Gesundheitswesen standzuhalten. Wird darüber hinaus das Ziel der Prozessoptimierung auch in den Fokus gestellt, ist es fraglich, ob ein Prozess wirklich mit Kosten hinterlegt werden muss. In einem Prozess können hohe Kosten durch Wartezeiten, Schnittstellen und überproportionalen Ressourcenverbrauch entstehen. Auf dieser Grundlage können Prozesse durch Veränderung der Abläufe optimiert werden. Dies kann z. B. durch Wartezeiten- und Schnittstellenreduzierung, Einführung von Standards und Clinical Pathways sowie dem Abbau von Ressourcenverschwendung geschehen. Der Mehrwert im Prozessmanagement ist somit höher, da Ursachen gleich ermittelt, behoben und die Kosten dadurch schneller gesenkt werden können.

Abschließend ist zu sagen, dass die Prozesskostenrechnung eines von vielen Instrumenten für das Controlling im Krankenhaus ist. Dabei muss jedes Krankenhaus die Stärken, Schwächen und ihre Ziele bei der Auswahl eines geeigneten Instruments berücksichtigen, um den gewünschten Erfolg zu erzielen.

Literatur

Graumann M (2014) Controlling. Begriff, Elemente, Methoden und Schnittstellen, 4. Aufl. NWB, Herne

Graumann M, Schmidt-Graumann A (2011) Rechnungslegung und Finanzierung der Krankenhäuser. Leitfaden für Rechnungslegung, Beratung und Prüfung, 2. Aufl. NWB, Herne

Greiling M (2002) Prozesskostenrechnung im Krankenhaus – Instrument und Umsetzung zur Kalkulation von DRGs. Das Krankenh 06/2002:467–469

Greiling M (2007) Patientenbehandlungspfade optimieren – Prozessmanagement im Krankenhaus. Baumann Fachverlage, Kulmbach

Greiling M (2008) Prozesscontrolling im Krankenhaus. Steuerung von Abläufen mit Hilfe des Reportings. Kulmbach, Baumann Fachverlage

Greiling M, Osygus M (2014) Prozessmanagement. Der Pfad- und Prozesskostenmanager für die Patientenversorgung. Mediengruppe Oberfranken, Kulmbach

Greiling M, Thomas F (2002) Prozessorientierung im Krankenhaus. Die Einführung der Prozesskostenrechnung als Grundlage zur Kalkulation der DRGs Bd. 9. Deutsche Krankenhaus Verlagsgesellschaft, Düsseldorf

Horváth P (2011) Controlling, 12. Aufl. Vahlen, München

Institut für Entgeltsysteme im Krankenhaus (2007) Kalkulation von Fallkosten. Handbuch zur Anwendung in Krankenhäusern. Version 3.0. Deutsche Krankenhaus-Verlagsgesellschaft, Düsseldorf

Kellerhoff F (2014) Was kostet eine Patientenbehandlung wirklich? Von der Prozessanalyse über die Prozesskostenrechnung zum Prozessmanagement im Krankenhaus. LIT, Münster

Keun F, Prott R (2008) Einführung in die Krankenhaus-Kostenrechnung. Anpassung an neue Rahmenbedingungen, 7. Aufl. Gabler, Wiesbaden

Kothe-Zimmermann H (2006) Prozesskostenrechnung und Prozessoptimierung im Krankenhaus. Eine Praxisanleitung in sieben Schritten. Kohlhammer, Stuttgart

Peil E (2008) Pflege – Grundlegende Aspekte der Pflegeleistung. In: Eichhorn S, Schmidt-Rettig B (Hrsg) Krankenhaus-Managementlehre. Theorie und Praxis eines integrierten Konzepts. Kohlhammer, Stuttgart, S 311–319

Reckenfelderbäumer M (1994) Entwicklungsstand und Perspektiven der Prozeßkostenrechnung. Gabler, Wiesbaden

Schmidt-Rettig B, Böhning F (1999) Bedeutung und Konzeption einer Prozeßkostenrechnung im Krankenhaus. In: Eichhorn S, Schmidt-Rettig B (Hrsg) Profitcenter und Prozeßorientierung: Optimierung on Budget, Arbeitsprozessen und Qualität. Kohlhammer, Stuttgart, S 121–145

Zapp W (Hrsg) (2002) Prozessgestaltung im Krankenhaus. Economica, Heidelberg

Zapp W (2008) Betriebswirtschaftliches Rechnungswesen. In: Eichhorn S, Schmidt-Rettig B (Hrsg) Krankenhaus-Managementlehre. Theorie und Praxis eines integrierten Konzepts. Kohlhammer, Stuttgart, S 427–476

Zapp W, Oswald J, Karsten E (2010) Kennzahlen und Kennzahlensysteme im Krankenhaus – Empirische Erkenntnisse zum Status Quo der Kennzahlenpraxis in Niedersächsischen Krankenhäusern. In: Zapp W (Hrsg) Kennzahlen im Krankenhaus. Eul Verlag, Lohmar-Köln, S 1–66

Zapp W (2016) Kosten-, Leistungs-, Erlös- und Ergebnisrechnung im Krankenhaus (KLEE-Rechnung), 2. Aufl. Baumann Fachverlage, Kulmbach

Zapp W, Dorenkamp A (2002) Anwendungsorientierte Prozessgestaltung im Krankenaus – Bericht über ein Forschungsprojekt. In: Zapp W (Hrsg) Prozessgestaltung im Krankenhaus. Economica, Heidelberg, S 4–134

Zapp W, Oswald J (2009) Controlling-Instrumente für Krankenhäuser. Kohlhammer, Stuttgart

Entwicklung einer Konzeption für das Prozesscontrolling: Prozesscontrolling als Ausweitung der Prozesskostenrechnung dargestellt am Beispiel eines Modellkrankenhauses

5

Rosanna Fischer, John Ahrens und Winfried Zapp

5.1 Einleitung

5.1.1 Problemstellung und Zielsetzung

Durch die Umsetzung der Gesundheitsreform und der damit verbundenen Einführung des DRG-Fallpauschalengesetzes zum 29. August 2001 trat ein neues Vergütungssystem für Krankenhäuser in Kraft. Das neue Entgeltsystem hatte zur Folge, dass Krankenhäuser sowohl qualitativ hochwertige Leistungen zu erbringen anstreben, aber gleichzeitig auch dem steigenden Kostendruck standhalten müssen. Demnach werden Krankenhäuser dazu angehalten wirtschaftlich zu arbeiten, d. h. dass die Kosten des Krankenhauses die Vergütungserlöse nicht übersteigen. Dadurch ist es für Krankenhäuser erforderlich, bestehende Kostenstrukturen zu kennen und zu überwachen, um dauerhaft am Markt zu bestehen.

Um den Anforderungen gerecht zu werden bietet das Controlling betrieblicher Prozesse einen Ansatzpunkt. Ziel dieses Ansatzes ist es, Prozesse innerhalb einer Unternehmung

---

Aus Gründen der vereinfachten Lesbarkeit wurde auf eine geschlechtneutrale Schreibweise verzichtet. Stellvertretend für beide Geschlechtsformen wird jeweils nur die kürzere, männliche Schreibweise verwendet.

R. Fischer (✉)
Damme, Deutschland
E-Mail: rosannafischer@googlemail.com

J. Ahrens
K|M|S Vertrieb und Services AG
Inselkammerstraße 41, 82008 Unterhaching, Deutschland
E-Mail: john.ahrens@kms.ag

W. Zapp
Hochschule Osnabrück
Osnabrück, Deutschland
E-Mail: W.Zapp@hs-osnabrueck.de

© Springer Fachmedien Wiesbaden GmbH 2017
W. Zapp und J. Ahrens (Hrsg.), *Von der Prozess-Analyse zum Prozess-Controlling*,
Controlling im Krankenhaus, DOI 10.1007/978-3-658-13171-5_5

transparenter und effizienter zu gestalten, um erfolgreich im Markt und im Wettbewerb zu bestehen. Verschiedene Instrumente, wie beispielsweise klinische Behandlungspfade, bestehen bereits.

Ziel dieses Kapitels ist es, diese bereits bestehenden Instrumente darzulegen und aus-zuweiten. Hierbei wird eine Konzeption eines Modellkrankenhauses für das Prozesscon-trolling entwickelt und dann analysiert, inwieweit eine solche Konzeption sinnvoll und gewinnbringend für das Krankenhaus genutzt werden kann. Die Konzeption soll dabei helfen, dass Prozesse nicht einfach unbeobachtet ablaufen, sondern dass diese aktiv gestal-tet werden. Hierbei wird die Absicht verfolgt, dass Prozessabläufe kreativ weitergedacht werden können und stetig hinterfragt werden können.

5.1.2 Vorgehensweise und Aufbau

Zunächst einmal erfolgt eine begriffliche Abgrenzung theoretischer Grundlagen, auf de-nen die weiteren Ausführungen basieren. Dargestellt wird in diesem Kapitel neben der Spannweite des Prozessbegriffs und dem Controllingbegriff der Ausgangpunkt der Pro-zesskostenrechnung.

Im folgenden Abschnitt werden verschiedene kaufmännische Betrachtungsweisen von Prozessen durch das Prozesscontrolling dargelegt und dienen als Grundlage für die in Abschnitt vier entwickelte Konzeption. Zunächst erfolgt die Charakterisierung des Pro-zesscontrollings. Basierend darauf werden Ziele und Funktionen eines Instrumentes for-muliert. Im Anschluss daran werden verschiedene Instrumente des Prozesscontrollings dargelegt. Innerhalb dieser Arbeit wurde sich für die Darstellung des Lean Managements, der Kennzahlen und entsprechende Kennzahlensysteme und die Prozesskostenrechnung entschieden. Im Anschluss daran werden Ziele definiert, die eine mögliche Konzeption des Prozesscontrollings erfüllen sollte.

Basierend darauf wird dann die eigentliche Konzeption vorgestellt. An dieser Stelle fließen zuvor dargestellte Instrumente in die Konzeption mit ein. Diese wiederum wird im weiteren Verlauf diskutiert. Im Anschluss werden Handlungsempfehlungen abgelei-tet, die die Umsetzung bzw. die Einführung einer Konzeption für das Prozesscontrolling erleichtern.

Im letzten Abschnitt werden die wesentlichsten Erkenntnisse nochmals zusammenge-fasst, gefolgt von einem Fazit und einem damit verbundenen Ausblick.

5.2 Theoretische Grundlagen

5.2.1 Spannweite des Prozessbegriffs

Der Prozessbegriff ist in diversen Wissenschaftsgebieten wie z. B. der Natur- oder der Rechtswissenschaft mit unterschiedlichen Ausrichtungen und Bedeutungen zu finden. Innerhalb der Betriebswirtschaftslehre herrscht kein einheitliches Verständnis darüber, was unter einem Prozess zu verstehen ist.[1] Haist und Fromm definieren in ihren Ausführungen den Prozess wie folgt: „Unter einem Prozess verstehen wir Zusammenwirken von Menschen, Maschinen, Material und Verfahren, das darauf gerichtet ist, eine bestimmte Dienstleistung zu erbringen oder ein bestimmtes Endprodukt zu erzeugen."[2] Eine weitere Definition lässt sich in den Ausführungen von Greulich und Thiele finden. Hierbei wird der Prozess anhand verschiedener Indikatoren charakterisiert: „Definierte Ein- und Ausgangsgrößen, Verkettung von vor- und nachgelagerten Tätigkeiten, Abhängigkeiten von beeinflussbaren/nicht beeinflussbaren Tätigkeiten und steuerbare Arbeitsausführungen."[3] Zudem seien Prozesse unternehmensspezifisch. Eine weitere Definition ergibt sich aus der DIN EN ISO 8402. Diese Norm definiert den Prozess als „ein Satz von in Wechselbeziehungen stehenden Mitteln und Tätigkeiten, die Eingaben in Ergebnisse umgestalten."[4] Zu den Mitteln zählen Personal, Einrichtungen, Anlagen, Technologien und Methodologien. Da in der Literatur eine Vielzahl von Definitionen zu finden ist, lässt sich auf Hausers Analyse zum Prozessbegriff verweisen. Hierbei wurden Prozessmerkmale anhand von 30 Prozessidentifikationen herausgearbeitet:

1. Ein Prozess wird charakterisiert durch eine **Folge von Aktivitäten** und dient der raumzeitlichen Realisierung von Aufgaben.
2. Ein Prozess hat einen **Input**. Der Input umfasst materielle und immaterielle (Input) Objekte, an denen Aufgaben durchgeführt werden. Diejenigen Objekte, die eine Prozessausführung auslösen, werden als Ereignis oder Geschäftsvorfall bezeichnet.
3. Während eines Prozesses erfolgt eine **Transformation** durch eine bewusste Zustandsveränderung der Inputobjekte während der Abfolge der Aktivitäten. Diese Transformation erfolgt durch eine geplante Potenzialfreisetzung beim Einsatz von Potentialelementen, die in Personen und Sachmittel eingeteilt werden können.
4. Ein Prozess hat einen **Output**. Der Output umfasst materielle und immaterielle (Output) Objekte. Diese Objekte bilden das Ergebnis der Transformation und können den Input für nachfolgende Prozesse bilden.[5]

Aufgrund dieser vier Prozessmerkmale ist ein Prozess demnach eine Folge von Aktivitäten zur Transformation von Input- und Outputobjekten unter Zuhilfenahme von Potentialelementen.[6] Weiterführend als die Definition nach Hauser lässt sich hier auf die Prozessdefinition nach Zapp verweisen. Innerhalb seiner Prozessdefinition leitet Zapp sieben Prozessmerkmale ab. Ein Prozess ist laut Zapp die „Abfolge von einzelnen Tätigkeiten, Handlungen oder Aktivitäten, die miteinander verknüpft sind, d. h. einen erkennbaren Zu-

---

[1] Vgl. Schönherr (2006, S. 90).
[2] Haist und Fromm (1991, S. 93).
[3] Greulich und Thiele (1997, S. 15).
[4] Vgl. Klein (1997), zitiert nach Zapp et al. (2009) in Zapp (2009, S. 19).
[5] Vgl. Schönherr (2006, S. 90 f.).
[6] Vgl. Schönherr (2006, S. 91).

sammenhang aufweisen."[7] Aus dieser Definition leitet Zapp folgende Prozessmerkmale ab:

1. Strukturierte Abfolge
2. Verrichtung
3. Ziel- und Sinnorientierte Beziehung
4. Aufgabenerfüllung
5. Definierte Ein- und Ausgangsgrößen
6. Wertezuwachs
7. Zeitperiode.[8]

Demnach sind Prozesse eine sachliche, zeitliche und räumliche Folge von Tätigkeiten oder Aktionen, die miteinander verknüpft sind und in einem direkten ziel- und sinnorientieren Beziehungszusammenhang stehen, mit dem Ziel der Erfüllung einer bestimmten Aufgabe, wobei die Erreichung dieses Zieles unter besonderer Beachtung der Sinnorientierung läuft. Diese Definition zeigt, dass ein Prozess im Hinblick auf den zeitlichen Bezug befristet ist. Der Beginn eines Prozesses und die Beendigung bilden die Durchlaufzeit. Der Anfangszeitpunkt wird von dem Termin gebildet, an dem Menschen oder Sachmittel erstmalig aktiv werden. Den Endzeitpunkt kennzeichnet die Übergabe des vollständigen fehlerfreien Outputs.[9] Der Output wird dann an mindestens einen Empfänger weitergegeben und kann als Leistung definiert werden.[10]

Als Beispielprozess innerhalb eines Krankenhauses lässt sich der Prozess „Röntgen Thorax durchführen" nennen. Hier besteht die Aufgabe darin, eine Bildaufnahme der Lunge zu erstellen mit dem Ziel, ein Röntgenbild zu erhalten, um einen Lungenbefund bzw. eine Diagnose erstellen zu können. Dieser Prozess wird ausgelöst durch ein externes Ereignis, dem sogenannten Input oder durch Festlegung eines bestimmten Zeitpunktes, z. B. Patient betritt Röntgenkabine. Der Output bzw. das Prozessergebnis bei diesem Beispiel wäre die Auswertung des Röntgenbildes. Der Output kann wiederum einen Folgeprozess, z. B. eine bestimmte Therapiemaßnahme, auslösen. Die Transformation geschieht durch die Abfolge von inhaltlichen, miteinander verknüpften und zweckgerichteten Tätigkeiten. Diese Tätigkeiten können parallel oder sequentiell durchgeführt werden und können sich wiederholen. Beispiel für Tätigkeiten innerhalb des Teilprozesses „Röntgen Thorax durchführen" wären Geräte einstellen oder Auslöser betätigen.[11] Diese Tätigkeiten werden von Aktionsträgern z. B. Mensch oder Sachmittel auf Basis von speziellen Informationen nach bestimmten Methoden durchgeführt.

Innerhalb einer Unternehmung, besonders innerhalb eines Krankenhauses existiert eine Vielzahl von Prozessen. Diese Prozesse können wiederum voneinander abgegrenzt wer-

---

[7] Zapp et al. (2009) in Zapp (2009, S. 19).
[8] Vgl. Zapp et al. (2009) in Zapp (2009, S. 20).
[9] Vgl. Zapp et al. (2009) in Zapp (2009, S. 20).
[10] Vgl. Greiling und Osygus (2014, S. 27).
[11] Vgl. Greiling und Osygus (2014, S. 28 f.).

den und auf unterschiedlichen Aggregationsebenen bzw. Hierarchieebenen betrachtet werden, den sogenannten Prozessvarianten.[12] Grundsätzlich kann zwischen zwei Varianten im Hinblick auf Prozessstruktur und Prozesshierarchie unterschieden werden, der horizontalen und der vertikalen Darstellung.[13] Die horizontale Darstellung ist eine Form der Prozessausgrenzung und ist eine Abgrenzung einzelner, in sich geschlossener Prozesse gegenüber anderen, siehe Abb. 5.1. Bei dieser Form der Darstellung steht der Prozessablauf (Transformation) im Vordergrund. Hierbei sollen in sich geschlossene Prozesseinheiten dargestellt werden. Innerhalb dieser Form erfolgt eine Festlegung eines Prozessbeginns (Input) und eines Prozessendes (Output). An dieser Stelle wird versucht, die organisatorischen und prozessualen Schnittstellen und die Abhängigkeit zu anderen Bereichen widerzuspiegeln.[14]

Jeder Prozess kann einen spezifischen Detaillierungsgrad aufweisen, der durch die vertikale Struktur abgebildet werden kann. Bei dieser Form der Auflösung handelt es sich um eine Prozesszerlegung. Die höchste Ebene bilden die Geschäftsprozesse. Diese Prozesse werden in darunterliegenden Ebenen weiter spezifiziert. Unterhalb des Geschäftsprozesses liegt der Hauptprozess. Innerhalb eines Hauptprozesses können verschiedene Berufsgruppen beteiligt sein.[15] Die Abb. 5.2 zeigt einen möglichen Strukturierungsvorschlag von Hauptprozessen für ein Krankenhaus.

Grundsätzlich kann zunächst zwischen primären und sekundären Aktivitäten unterschieden werden. Die primären Aktivitäten beziehen sich direkt auf die Produkterstellung und stellen die Kernwertschöpfung dar. Die sekundären Aktivitäten unterstützen die primären Aktivitäten. Die Inhalte der Hauptprozesse lassen sich innerhalb eines Krankenhauses verschiedenen Berufsgruppen zuweisen. Während sich die Kernwertschöpfung

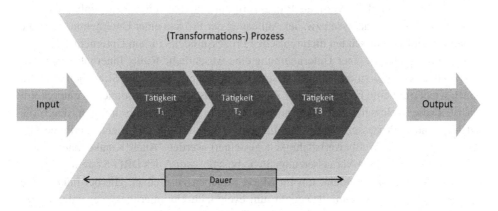

Abb. 5.1 Horizontale Prozessstruktur. (Nach Greiling und Osygus 2014, S. 28)

---

[12] Vgl. Scholz und Vrohlings (1994b, S. 37).
[13] Vgl. Greiling und Osygus (2014, S. 27 f.).
[14] Vgl. Scholz und Vrohlings (1994a, S. 40).
[15] Vgl. Schönherr (2006, S. 96).

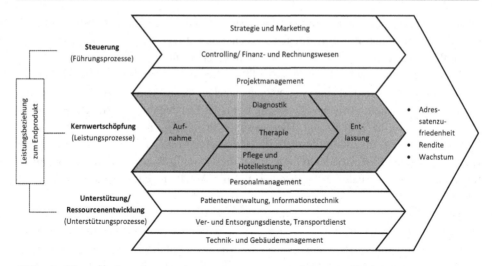

Abb. 5.2 Wertschöpfungskette für das Krankenhaus. (Nach Schönherr 2006, S. 96)

auf ärztliche, pflegerische und medizinisch-technische Funktionsdienste bezieht, werden die Unterstützungsprozesse durch den Wirtschafts- und Verwaltungsdienst umgesetzt. Die Steuerung betrifft die berufsübergreifende Krankenhausleitung mit entsprechenden Stabstellen auf höchster Ebene.[16] Die Hauptprozesse werden in der folgenden Hierarchieebene des Teilprozesses weiter konkretisiert. Einem Teilprozess kann immer eine Organisationseinheit zugewiesen werden. Die Teilprozesse wiederum lassen sich in Tätigkeiten untergliedern und bilden die letzte Ebene dieser Prozessstruktur.[17] Die Abb. 5.3 veranschaulicht beispielhaft eine mögliche vertikale Prozessstruktur innerhalb eines Krankenhauses.

Ziel dieser Prozessanalyse bzw. der Auflösung der Prozess einer Unternehmung ist die Schaffung eines umfassenden hierarchischen Prozessmodells für ein Unternehmen.[18]

Prozesse spielen in einer Unternehmung eine wesentliche Rolle. Innerhalb einer Unternehmung wird die zu erreichende Vision mittels unterschiedlicher Strategien erreicht, denen wiederrum eine Festlegung von Zielen in unterschiedlichen Bereichen untergeordnet ist. Diese Ziele setzt eine Unternehmung durch Arbeitsabläufe um, d. h. durch die entsprechenden Prozesse.[19] Nach Greiling und Osygus kann durch eine optimale Gestaltung dieser die Wettbewerbsfähigkeit gesteigert werden. Auch Krankenhäuser sind aufgrund der gegebenen Voraussetzungen wie beispielsweise das DRG-System aufgefordert wirtschaftlich zu handeln, um im Markt bestehen zu bleiben. Hierbei müssen die Prozesse systematisch definiert werden, um eventuelle Optimierungspotenziale zu ent-

---

[16] Vgl. Schönherr (2006, S. 95 f.).
[17] Vgl. Greiling und Osygus (2014, S. 28 f.).
[18] Vgl. Zapp (2009, S. 23).
[19] Vgl. Greiling, und Osygus (2014, S. 23 f.).

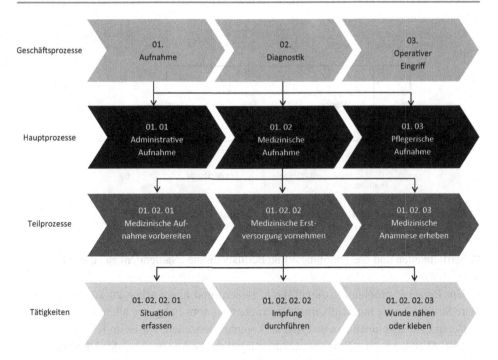

Abb. 5.3 Vertikale Prozessstruktur. (Nach Greiling und Osygus 2014, S. 29)

decken und letztendlich Kosten zu senken.[20] Dieser Umstand erfordert ein Umdenken in den Krankenhäusern, d. h. ein Umdenken von der funktionsorientierten Organisationsform zur prozessorientieren Form muss erfolgen. Die funktionsorientierte Organisationsform unterteilt eine Unternehmung z. B. nach Sparten, Abteilungen oder Stellen, während bei der prozessorientierten Organisationsform die Aufgabendurchführung zeitlich und räumlich zu strukturieren ist und somit eine Ablauforganisation bildet. Durch eine funktionale Organisationsform entstehen „zeitraubende, fehlerverursachende, komplexitätstreibende und kostspielige Schnittstellen"[21]. Die Abb. 5.4 zeigt beispielhaft eine Prozesskette dieser funktionalen Organisationsform bei der stationären Aufnahme in einem Krankenhaus. Hier wird deutlich, dass es keinen Prozessverantwortlichen gibt und die Zuständigkeit zwischen den klassischen Führungspositionen, kaufmännischer Direktor, ärztlicher Direktor und Pflegedienstleitung aufgeteilt ist.

Werden die Aufgaben jedoch zu Prozessen zusammengefasst und diese miteinander verknüpft, entstehen Prozessketten, die die Ablauforganisation transparent darstellen. Das Problem der Prozessorientierung bei Krankenhäusern ist darin begründet, dass diese nur zögerlich erfolgt. Nach Greiling und Osygus verhindern Vorbehalte des Managements,

---

[20] Vgl. Greiling und Osygus (2014, S. 24).
[21] Greiling und Osygus (2014, S. 24).

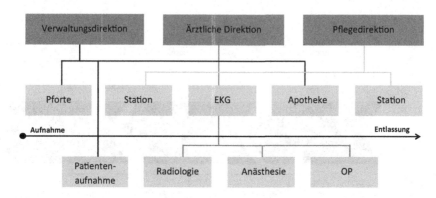

Abb. 5.4 Prozesskette im Krankenhaus. (Nach Greiling und Osygus 2014, S. 25)

Beharrlichkeiten und das abteilungs- und berufsbedingte „Säulendenken" diese Entwicklung.[22]

Um Prozesse problemlos durchführen, steuern und überwachen zu können, ist eine klare Strukturierung innerhalb einer Unternehmung notwendig, vor allem wenn Prozesse größeren Umfang einnehmen und sich als komplex darstellen, wie es im Krankenhaus der Fall ist. Hier kann eine Prozessstrukturierung dazu beitragen, dass der Überblick über den Gesamtprozess gewahrt wird.[23] Prozesse erstrecken sich über das gesamte Unternehmen, wodurch das Gesamtsystem der Unternehmung als Prozessstruktur aufgefasst werden kann. Diese prozessorientierte Betrachtungsweise hat Konsequenzen für das Controlling. Das Controlling muss demnach selbst prozessorientiert sein und die Aufgaben auf Prozesse und nicht auf Funktionen ausrichten.

5.2.2 Spannweite des Controllingsbegriffs

Der Terminus „Controlling" bringt einige Abgrenzungsprobleme mit sich.[24] Preißler äußert sich zu dieser Problematik wie folgt: „Jeder hat seine eigene Vorstellung darüber, was Controlling bedeutet oder bedeuten soll, nur jeder meint etwas anderes."[25] An anderer Stelle wird von einer Begriffs- und Konzeptvielfalt in Bezug auf Controlling, in der Theorie und Praxis gesprochen. Auch wird der Begriff Controlling als „durchaus schillernd" bezeichnet.[26] In Deutschland gibt es weder in der Theorie noch in der Praxis eine einheitliche Definition des Controllingbegriffs.[27] Festzuhalten ist aber, dass die betriebliche

---

[22] Vgl. Greiling und Osygus (2014, S. 25 f.).

[23] Vgl. Greiling und Osygus (2014, S. 25).

[24] Vgl. Weber und Schäffer (2008, S. 1).

[25] Preißler (2000, S. 14).

[26] Vgl. Weber und Schäffer (2008, S. 1), vgl. Schirmer (2006, S. 12).

[27] Vgl. Schönherr (2006, S. 103).

Funktion des Controllings ein Konstrukt der Praxis ist und erst später in der Wissenschaft aufgegriffen wurde. [28] Weber äußerte sich zu der Entwicklung des Controllings als akademische Disziplin wie folgt: „Wir haben nicht erst etwas gefunden und dann nach einem Namen gesucht, sondern wir haben etwas, für das es in der Praxis bereits einen Namen gab, aufgegriffen und wussten zuerst nicht so richtig, was das war. … Grundsätzlich vertrete ich bei Controlling die These, dass das Ganze von der Praxis angestoßen und weiter getrieben wurde. Dies war der wesentliche Treiber. Im wissenschaftlichen Bereich haben wir eigentlich nur hinterher geschaut und versucht, das Phänomen zu begreifen und zu erklären."[29]

Den etymologischen Ursprung findet das Wort Controlling im lateinischen „contra rolatus" was „Führen einer Gegenrolle" bedeutet. Der in der deutschen Sprache verwendete Controllingbegriff lässt sich von dem englischen „to control" ableiten, Steuern und Lenken einer Unternehmung, bzw. von dem französischen „contre rôle", Controlling als Gegenpart zur Unternehmungsleitung und Unterstützung dieser.[30]

Horváth und Reichmann verstehen unter Controlling „die Versorgung von Führungsverantwortlichen mit entscheidungsrelevanten Informationen."[31] Der Entscheidungsbezug bedeutet die Ausrichtung an den (wirtschaftlichen) Zielen, den Vorgaben zur Zielerreichung, Soll-Ist-Vergleichen und die Koordination des Entscheidungsprozesses. Der Begriff der Koordination meint an dieser Stelle die Informationsversorgung, Planungs- und Kontrollsysteme und das gesamte Führungssystem.[32] Wöhe versteht unter dem Begriff Controlling die Summe aller Maßnahmen, die dazu dienen, die Führungsbereiche Planung, Kontrolle, Organisation, Personalführung und Informationen zu koordinieren, damit das Unternehmensziel optimal erreicht werden kann. Aus dieser allgemeinen Koordinationsfunktion lassen sich Einzelfunktionen ableiten (siehe Abb. 5.5).

Die Anpassungs- und Innovationsfunktion dient zur Koordination der Unternehmensführung mit der Unternehmensumwelt. Durch die Gestaltung bzw. den Einsatz von Frühwarnsystemen sollen Marktentwicklungen erkannt und entsprechende Anpassungs- und

Funktionen des Controlling		
(1) Anpassungs- und Innovationsfunktion	(2) Zielausrichtungsfunktion	(3) Service- oder Unterstützungsfunktion
Koordination der Unternehmensführung mit der Umwelt	Ausrichtung der Controllingaktivitäten auf die Unternehmensziele	Koordination von Instrumentenauswahl und Informationsversorgung

Abb. 5.5 Funktionen des Controlling. (Nach Wöhe 2010, S. 189)

---

[28] Vgl. Graumann (2014, S. 7).
[29] Vgl. Weber (2006), zitiert nach Binder (2006) in Weber und Schäffer (2008, S. 17).
[30] Vgl. Schönherr (2006, S. 103).
[31] Horváth und Reichman (2003, S. 122).
[32] Vgl. Graumann (2014, S. 1).

Innovationsvorgänge innerhalb der Unternehmung ausgelöst werden. Während sich die Anpassungsfunktion auf eine unternehmerische Reaktion auf eingetretene Umweltveränderungen bezieht, zielt die Innovationsfunktion auf ein frühzeitiges Agieren aufgrund zukünftig erwarteter Umweltzustände ab. Die Zielausrichtungsfunktion bezieht sich darauf, dass Controllingaktivitäten entsprechend der Unternehmensziele ausgerichtet werden, wodurch die Unternehmensziele besser erreicht werden können. Die Service- und Unterstützungsfunktion bildet die Haupttätigkeit des Controllings. An dieser Stelle wird das Management beispielsweise in der Instrumentenwahl, z. B. welche Planungsinstrumente verwendet werden sollen, oder in der Gestaltung der Informationsversorgung, z. B. wann und wo sind Informationen wie bereitzustellen, unterstützt.[33]

Die Controllingziele liegen in der „Sicherung und Erhaltung der Koordinations-, Reaktions- und Adaptionsfähigkeit der Führung, damit diese die Ergebnis- und Sachziele der Unternehmung realisieren kann."[34] Diese Ziele werden durch das Controllingkonzept umgesetzt. Das Controllingkonzept wird auf einen spezifischen internen und externen Kontext abgestimmt, vor dem Hintergrund der spezifischen Controllingziele und des Controllingsystems. Das Controllingsystem kann ein reales Subsystem einer Unternehmung sein, das die Controllingfunktion wahrnimmt, aber auch als Bezugsrahmen zur Beschreibung und Analyse von Controllingsystemen dienen. Die definierten Controllingziele werden durch die Controllingaufgaben realisiert. Die Abb. 5.6 veranschaulicht die Differenzierung der Controllingaufgaben.[35]

Im Hinblick auf die Unternehmensziele lässt sich zwischen operativen und strategischen Controllingaufgaben unterscheiden. Auf der Objektebene können die Aufgaben

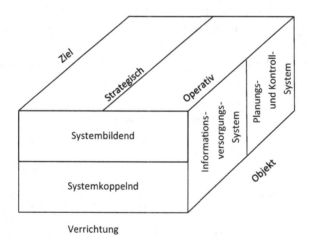

Abb. 5.6 Differenzierung der Controllingaufgaben. (Nach Horváth 2008, S. 125)

---

[33] Vgl. Wöhe (2010, S. 188 f.).
[34] Horváth (2008, S. 123).
[35] Vgl. Horváth (2008, S. 123 f.).

das Planungs-, Kontrolls- und Informationsversorgungssystem betreffen.[36] Die Abbildung zeigt auch, dass der Verrichtungsaspekt auf eine systembildende und eine systemkoppelnde Funktion abgestellt wird. Dies bedeutet für die praktische Ausgestaltung des Controllings, dass bestehende Systeme, wie z. B. Planungs- oder Dokumentationssysteme harmonisiert und Schnittstellen beseitigt werden müssen. Aufgrund dieser Funktion handelt es sich beim Controlling um eine zielorientierte, führungsunterstützende, entscheidungsvorbereitende sowie gesamtunternehmensbezogene und bereichsübergreifende Querschnittsfunktion.[37] Durch die Harmonisation wird versucht, ein ausgewogenes Verhältnis „von Teilen zum Ganzen" zu schaffen. Der Begriff der Harmonisation kann nochmals in Integration und Koordination unterteilt werden, wobei diese Begriffe vielmehr nebeneinander stehen. Die Integration meint die Verknüpfung, Anpassung und Abstimmung einzelner Elemente innerhalb eines Systems im Hinblick auf das Ganze der Unternehmung. Als Beispiel für eine integrative Struktur lässt sich eine Budgetverhandlung anführen. Durch die Integration sollte jedem Subsystem vorliegen, welche Informationen zu welchem Zeitpunkt einzureichen sind. Demnach kann die Integration durch Organisation oder Planung durchgeführt werden. Bei der Koordination handelt es sich eher um Ad-hoc-Entscheidungen. Abläufe stehen hier unter Zeitdruck.[38]

Wie aus dem etymologischen Hintergrund ersichtlich ist ein weiteres Kriterium des Controllings der Lenkungsbegriff. Lenkung wird an dieser Stelle verstanden als Steuerung oder Regelung von Systemen. Bei der Steuerung erfolgen Zielvorgaben von außen und definieren ein Vorgehen über die Richtung, den Weg und das Verhalten, damit dieses Ziel erreicht werden kann. Hierbei sind Störungen eher unerwünscht. Bei der Regelung wird ebenfalls ein Ziel vorgegeben, aber der Weg und die Vorgehensweise sind frei zu gestalten. Im Vergleich zur Steuerung sind Störungen zugelassen und können zu Anpassungsprozessen führen, wobei diese Anpassung den einzelnen Abteilungen bzw. Personen überlassen wird, wodurch die Selbstregulierung und das lernende System in den Fokus gerückt wird.[39]

In dem Controller-Leitbild des Controllervereins e. V. ist beschrieben, dass der Controller begleitenden betriebswirtschaftlichen Service für das Management zur zielorientierten Planung und Steuerung leistet. Basierend auf dieser Beschreibung kann dem Controlling eine Art Dienstleistungsfunktion für das Management zugeschrieben werden.[40] Graumann spricht von einer Servicefunktion der Controllinginstanz gegenüber oberster Führungsebene, ähnlich eines Lotsen und eines Kapitäns.[41] Um dieser Aufgabe nachzukommen, bedient sich das Controlling verschiedener Instrumente. Die Controllinginstrumente beziehen sich sowohl auf ideelle als auch auf reale (technische) Hilfsmittel. Diese werden „im Rahmen der systembildenden und systemkoppelnden Koordination zur Erfassung,

---

[36] Vgl. Horváth (2008, S. 124).
[37] Vgl. Graumann (2014, S. 4).
[38] Vgl. Zapp (2009, S. 173 ff.).
[39] Vgl. Zapp (2009, S. 178).
[40] Vgl. Internationaler Controller Verein e. V. (2013), Internetpublikation.
[41] Vgl. Graumann (2014, S. 11).

Strukturierung, Auswertung und Speicherung von Informationen bzw. zur organisatorischen Gestaltung eingesetzt".[42] Ideelle Instrumente beziehen sich auf Methoden, Techniken oder Verfahren und Modelle. Die Informationsverarbeitung stellt das reale Hilfsmittel dar.[43]

Auch für Krankenhäuser, die keine klassische Form eines wirtschaftlichen Unternehmens darstellen, kommt dem Controlling eine wichtige Rolle zu. Die folgende Abbildung zeigt eine Gegenüberstellung der Ziele von erwerbswirtschaftlichen Industrie- und Dienstleistungsunternehmen mit Krankenhäusern im Wandel der Zeit.

Aus der Abb. 5.7 geht hervor, dass anfangs die Ziele unterschiedlich gesetzt wurden. Bei den erwerbswirtschaftlichen Industrie- und Dienstleistungsunternehmen lag der Fokus auf den Kosten-Zielen, während dieser bei der Unternehmung Krankenhaus auf der Qualität der Dienstleistung lag. Aufgrund eines Marktwandels änderten sich die Zielsetzungen für die erwerbswirtschaftlichen Industrie- und Dienstleistungsunternehmen. Auch kam es durch zahlreiche Reformen, wie beispielsweise die Änderung der Krankenhausfinanzierung, in den 1990er-Jahren zu einem Wandel der Ziele für Krankenhäuser.

Beide Unternehmenstypen verfolgen nun gleiche Zielsetzungen. Durch den Wandel stieg die Relevanz von strategischen Überlegungen innerhalb der Krankenhäuser. Krankenhäuser hatten nun die Möglichkeit, das Betriebsgeschehen aktiv zu steuern, wodurch dem Controlling eine wichtige Rolle zukam, indem es auch hier für die Koordinierung, das Planen und die Budgetierung von Teilbereichen zuständig war. Zudem unterlag das Controlling der Aufgabe, das Führungssystem mit entscheidenden Informationen zu versorgen, um entsprechende strategische und operative Maßnahmen abzuleiten. Die Tab. 5.1 zeigt beispielhaft strategische und operative Instrumente des Krankenhauscontrollings.

Innerhalb des operativen Controllings dominieren Überlegungen zu Kosten und Leistungen mit dem Hauptinstrument der Kosten- und Leistungsrechnung bzw. der Kosten-

Tab. 5.1 Strategische und operative Instrumente des Krankenhauscontrolling. (Nach Schönherr 2006, S. 119)

Strategisches Controlling	Operatives Controlling
Krankenhausleitbild	Kosten- und Leistungsrechnung
Transmission der Krankenhausziele	Deckungsbeitragsrechnung
Vernetztes Denken	Planung und Budgetierung
Umfeldanalyse	Kontrollsystem/Abweichungsanalyse
Kundenanalyse	Berichtswesen
Stärken-Schwächen-Analyse	Kennzahlen
Portfolio-Analyse	Benchmarking
Prozessoptimierung	Prozesskostenrechnung
Value Chain Controlling	Zielkostenrechnung
Formen der Zusammenarbeit	

---

[42] Horváth (2008, S. 125).
[43] Vgl. Horváth (2008, S. 125).

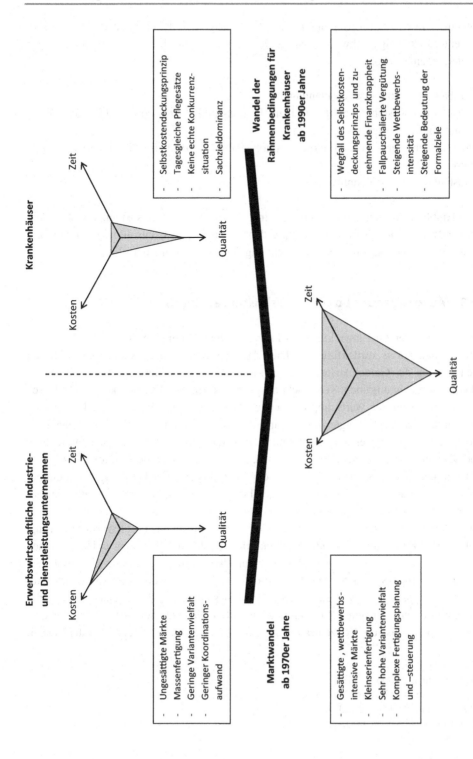

Abb. 5.7 Zielsetzungen von Unternehmungen und Krankenhäusern. (Nach Prill 2007, S. 69)

rechnung. Diese Hauptinstrumente bilden gleichzeitig auch die Grundlage für andere Instrumente. Zukünftige Schwerpunkte des Krankenhauscontrollings werden in folgenden
vier Bereichen gesehen:

- Aufbau einer strategischen Planung
- Ausbau der Kostenrechnung zu einem Kosten- und Prozesscontrolling mit Schwer-
  punkt auf der Kostenträgerrechnung
- Ausbau der internen Budgetierung als notwendige „Fortsetzung" der externen Budge-
  tierung
- Ausbau des Personalcontrollings.[44]

Im Hinblick auf weitere Ausführungen innerhalb dieses Beitrags ist anzumerken, dass
sich der Bereich der Prozessoptimierung dem strategischen Controlling zuordnen lässt
und das Instrument der Prozesskostenrechnung dem operativen Controlling.

5.2.3 Ausgangspunkt der Prozesskostenrechnung

Der Ursprung, der zur Entwicklung der Prozesskostenrechnung beitrug, lässt sich auf die
Unternehmenspraxis zurückführen.[45] Die Prozesskostenrechnung war die Reaktion auf
einen Anstieg der Gemeinkosten und der Problematik, dass diese durch die eingesetzte Plankostenrechnung nicht verursachungsgerecht verrechnet werden konnten.[46] Durch
eine Verschiebung der Wertschöpfung auf vorbereitende, planende, steuernde und kon-
trollierende Aktivitäten folgte die Bildung der fixen Gemeinkosten. Wesentliche Kos-
teneinflussfaktoren dieser fixen Gemeinkosten waren beispielsweise Variantenreichtum,
Produktkomplexität aber auch Prozesskomplexität.[47] Auf Grund dieser Entwicklung wurde die in den USA „übliche Schlüsselung der Gemeinkosten der Fertigung auf alleiniger
Basis der Fertigungslöhne und die Aussagefähigkeit der Produktkosten im Falle sehr hoher Overheads zerstört."[48]
Der Aufsatz von Miller und Vollmann analysierte kritisch das Problem der Steuerung,
Senkung und Kalkulation der indirekten und fixen Kosten der Fertigung in Unternehmen
der USA. Dieser Aufsatz war der Auslöser zur Überprüfung der in den USA üblichen
„standard costing"-Systemen. Aus dieser Problematik heraus wurde der Ansatz des „Activity Based Costing" (ABC) entwickelt. Ziel dieses Systems war es, eine Lenkung der
Gemeinkosten der Fertigung/Produktion zu schaffen. Kennzeichen erster ABC-Systeme
waren beispielsweise die Konzentration auf Gemeinkosten der Fertigung oder die Kosten-

---

[44] Vgl. Schönherr (2006, S. 119).
[45] Vgl. Greiling und Osygus (2014, S. 69).
[46] Vgl. Greiling und Osygus (2014, S. 69 f.).
[47] Vgl. Horváth (2008, S. 488 f.).
[48] Horváth (2008, S. 488).

verrechnung auf Produkte. Das ABC-System entstand somit in den USA auf Grund von „Unzulänglichkeiten des amerikanischen Rechnungswesens im Fertigungsbereich."[49]

In Deutschland herrschte im Vergleich zu den USA ein weitaus geringerer Problemdruck. In deutschen Fertigungsunternehmen waren Systeme der flexiblen Grenzplankostenrechnung auf Basis einer Kostenstellenrechnung mit einer innerbetrieblichen Leistungsverrechnung verbreitet. Durch eine Kostenstrukturuntersuchung innerhalb der Unternehmen wurde deutlich, dass eine Verlagerung der Kosten in die indirekten Bereiche wie z. B. Beschaffung, Qualitätssicherung, Verwaltung usw. stattfand, woraus sich eine ähnliche Problematik wie für das amerikanische Rechnungswesen im Fertigungsbereich ergab. Der steigende Anteil der Gemeinkosten hatte zur Folge, dass Aussagen bestehender Kostenrechnungssysteme sowohl für die Steuerung als auch für die Entscheidungsfindung wenig hilfreich waren. Der Auslöser für die Prozesskostenrechnung in Deutschland waren somit die fertigungsfernen indirekten Gemeinkosten.

Ein Konzept der heutigen Prozesskostenrechnung wurde erstmals 1989 von Peter Horváth und Carl Meyer vorgelegt.[50] Obwohl die Prozesskostenrechnung in Anlehnung an die ABC-Systeme entwickelt wurde, dürfen diese Systeme nicht gleichgesetzt werden, da dies nicht den jeweiligen Entwicklungen und Zielrichtungen dieser entsprechen würde. Die Prozesskostenrechnung nach Horváth und Meyer konzentriert sich auf Gemeinkostenbereiche und stellt das Gemeinkostenmanagement der indirekten Kostenstellen z. B. Verwaltung, Qualitätssicherung in den Vordergrund, während bei dem ABC die Lenkung der Gemeinkosten der Fertigung/Produktion im Vordergrund stehen und einzelne Aktivitäten betrachtet werden. Die Prozesskostenrechnung setzt an speziellen Problemstellungen und Gegebenheiten des deutschen Rechnungswesens an und ist als aktivitätsorientierte Rechnung zu verstehen, bei welcher der Prozessgedanke im Fokus steht.[51] Die Abb. 5.8 von Horváth und Meyer stellt die Anwendungsfelder der Grenzplankostenrechnung, des ABC und der Prozesskostenrechnung gegenüber.

Das Instrument der Prozesskostenrechnung legt den Fokus auf die Verrechnung der Gemeinkosten von Prozessen über Bezugsgrößen, d. h. über die Maßgröße der Prozessmenge. Die Prozesskostenrechnung bedient sich hierbei an Elementen der klassischen Kostenrechnung wie Kostenarten, Kostenstellen und der Kostenträgerrechnung. Der wesentliche Unterschied liegt in der Wahl der Bezugsgröße. Innerhalb der Prozesskostenrechnung erfolgt die Verrechnung der Gemeinkosten über Prozesse und deren Menge, wodurch die Prozesskostenrechnung keine Einzelleistungen, sondern die Folge von diesen Einzelleistungen abbildet.[52] Die Prozesskostenrechnung verfolgt hierbei fünf wesentliche Ziele:

1. Schaffung von Transparenz der Gemeinkosten hinsichtlich bestehenden Aktivitäten und Ressourceninanspruchnahme

---

[49] Horváth (2008, S. 489).
[50] Vgl. Horváth (2008, S. 489 f.).
[51] Vgl. Horváth (2008, S. 489 f.).
[52] Vgl. Zapp (2009, S. 145).

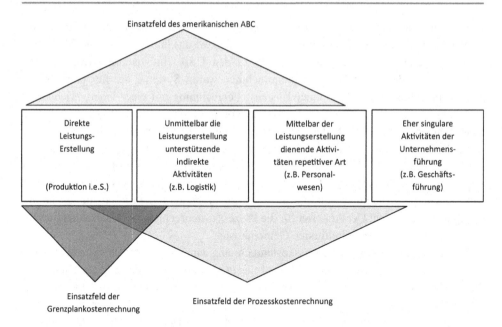

Abb. 5.8 Gegenüberstellung der Anwendungsfelder von Grenzplankostenrechnung, Activity Based Costing und Prozesskostenrechnung. (Nach Horváth und Mayer 1995, S. 60)

2. Optimierung der Prozesse hinsichtlich Qualität, Zeit und Effizienz
3. Permanentes Gemeinkostenmanagement zur gezielten Kostenbeeinflussung der Gemeinkostenbereiche
4. Prozessorientierte Kalkulationen zur Entscheidungsunterstützung
5. Strategische Kalkulation in der Frühphase der Produktentwicklung[53]

Die Abb. 5.9 zeigt die Einstufung der Prozesskostenrechnung in die klassische Kostenrechnung.

Der Grundgedanke, den Horváth und Meyer in ihrem System voraussetzten, ist der, dass Abläufe, die für den Markterfolg eines Unternehmens verantwortlich sind, sogenannte Hauptprozesse, in der Regel abteilungsübergreifend sind.[54] Diese Hauptprozesse wiederum bestehen aus Teilprozessen, die in unterschiedlichen Organisationseinheiten durchgeführt werden können. Die Prozesskostenrechnung geht von einem neuen Verständnis für die in den indirekten Bereichen erstellten Leistungen aus. Horváth legt innerhalb der Prozesskostenrechnung drei konstituierende Faktoren zugrunde, die in Tab. 5.2 kurz dargestellt und erläutert werden.[55]

---

[53] Vgl. Greiling und Osygus (2014, S. 70).
[54] Vgl. Horváth (2008, S. 488 f.).
[55] Vgl. Horváth (2008, S. 492).

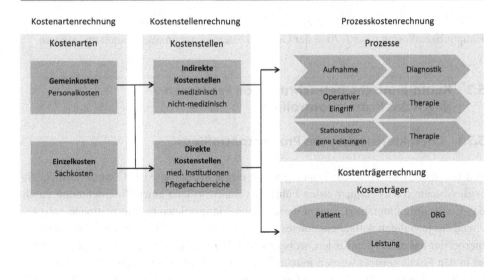

Abb. 5.9 Einstufung der Prozesskostenrechnung in die klassische Kostenrechnung. (Nach Greiling und Osygus 2014, S. 74)

Horváth teilt die Vorgehensweise der Prozesskostenrechnung in fünf aufeinander aufbauende Schritte ein, wobei vorausgesetzt wird, dass Informationen über die Prozesskosten aus einer funktionalen Kostenstellenstruktur mit kostenstellenbezogenen Plankosten erarbeitet wurden:

• Definition der einzubeziehenden Bereiche und der Zielsetzungen des Projektes
• Hypothesen über die Hauptprozesse und Cost Driver
• Tätigkeitsanalysen zur Teilprozessermittlung
• Kapazitäts- und Kostenzuordnung
• Hauptprozessverdichtung.[56]

Tab. 5.2 Die drei Faktoren der Prozesskostenrechnung. (Eigene Darstellung)

Faktor	Beschreibung
Prozess	Eine auf Erbringungen eines Leistungsouputs gerichtete Kette von Aktivitäten
Hauptprozess	*Betreffen gesamte Aktivitätenkette*
Teilprozess	*Einer Kostenstelle zurechenbar/können zu einem Hauptprozess aggregiert werden*
Cost Driver	Messgröße für die Kostenverursachung Leistungsort eines Hauptprozesses
Prozesskosten	Summe aller Kosten eines Prozesses gemäß dem verursachungs-/Beanspruchungsprinzips Vorerst keine Trennung zwischen fixen und proportionalen Kosten

---

[56] Vgl. Horváth (2008, S. 492).

Nach Durchführung dieser fünf Schritte lassen sich anhand der Kenntnisse über die Hauptprozesskosten ca. 50–70 % der Gemeinkosten mengenmäßig planen und steuern.[57]

5.3 Kaufmännische Betrachtung von Prozessen durch das Prozesscontrolling

5.3.1 Charakterisierung des Prozesscontrollings

Wie die in den theoretischen Grundlagen dargelegte Spannweite des Controllingsbegriffs (vgl. Abschn. 5.2.2) zeigt, werden Führungsverantwortliche einer Unternehmung durch das Controlling unterstützt, indem diese entscheidungsrelevante Informationen entsprechend des jeweiligen Aufgabengebietes durch das Controlling bekommen.[58] Oftmals liegt hierbei der Fokus auf den Kosten, wobei nach Weber die Faktoren Zeit und Qualität ebenso in den Fokus gerückt werden müssen.[59] Zeit und Qualität kommen besonders bei der Erstellung des Produktes bzw. der Dienstleistung, beispielsweise im Krankenhaus, eine besondere Rolle zu.[60] Jede Leistung einer Unternehmung ist wiederum das Resultat aus vorgelagerten Prozessen. Die Kosten, Gewinne oder die Qualität eines Prozessen lassen sich erst infolge einer langen Prozesskette bestimmen, beginnend bei der Auftragsannahme bis hin zur Lieferung. Dies gilt ebenso für Dienstleistungsunternehmungen und für Unterstützungs- und Führungsprozesse.[61] Das Problem hierbei liegt jedoch in dem organisatorischen Umgang mit Prozessen und der Prozessorientierung in Unternehmungen, da diese oftmals wenig transparent für die Führungsverantwortlichen gestaltet sind.[62] Das Prozessmanagement und das damit verbundene Prozesscontrolling bilden demnach einen wichtigen Baustein für die Unternehmenssteuerung und die Schaffung von Transparenz, indem das Controlling mit dem Prozessgedanken verknüpft oder prozessorientierte Controllinginstrumente eingesetzt werden.[63]

Diverse wissenschaftliche Arbeiten definieren, und grenzen den Begriff des Prozesscontrollings unterschiedlich ab. Imai beschreibt das Prozesscontrolling beispielsweise als kontinuierlich und fordert hierbei die Einführung von ergebnis- und prozessorientierten Kennzahlen.[64] Gaitanides, Scholz und Vrohlings bauen diesen Gedanken aus und sehen Prozesscontrolling als Unterstützung des Prozessmanagements.[65] In anderen Ausführun-

---

[57] Vgl. Deutsche Krankenhausgesellschaft (2006) zitiert nach Zapp (2009, S. 464).
[58] Vgl. Konsequent. Management Services (2014), Internetpublikation.
[59] Vgl. Weber (1997, S. 25 ff.).
[60] Vgl. GKV Spitzenverband (2009, S. 1ff.)
[61] Vgl. Schönherr (2006, S. 173).
[62] Vgl. Picot und Liebert (2011, S. 89 ff.).
[63] Vgl. Schönherr (2006, S. 173).
[64] Vgl. Imai (1992, S. 65 ff.).
[65] Vgl. Gaitanides et al. (1994, S. 13 ff.).

gen wird das Prozesscontrolling als Projektcontrolling verstanden, das beispielsweise eine Restrukturierung begleitet und dessen Abschluss kontrolliert.[66]

Die für diesen Beitrag zugrunde gelegte Charakterisierung basiert darauf, dass das Prozesscontrolling als Unterstützungs- und Servicefunktion für die Führungsverantwortlichen anzusehen ist, und im eigentlichen Controlling eingebettet ist. Innerhalb des Prozesscontrollings richten sich die Aufgaben vielmehr auf die Prozesse aus und erfolgen teamübergreifend nach einem horizontalen Regelkreis. Dem Prozesscontrolling kommt eine unterstützende Funktion zu, wobei hier Methoden und Instrumente des klassischen Controllings angepasst werden müssen.

Innerhalb einer Unternehmung kann das Prozesscontrolling auf zweierlei Weise durchgeführt werden, kontinuierlich bzw. zyklisch oder diskontinuierlich. Bei der kontinuierlichen Variante erfolgt das Prozesscontrolling fortlaufend, d. h. zu fest definierten Zeitpunkten. Erfolgt dieses innerhalb kurzer Zeitintervalle, ist das Prozesscontrolling operativ. Sobald die Zeitintervalle weiter auseinander liegen, kann von einem strategischen Prozesscontrolling gesprochen werden. Im Gegensatz zum kontinuierlichen Prozesscontrolling verläuft das diskontinuierliche Prozesscontrolling anlassbezogen und nicht zu fixierten Zeitabständen. Anlässe können beispielsweise Zielabweichungen oder veränderte Umweltbedingungen sein. Bei beiden Varianten wird die Absicht verfolgt, Leistungsparameter wie Prozesskosten, Prozessqualität und Prozesszeit zu operationalisieren, um diese gegebenenfalls zu steuern oder zu lenken.[67]

Mit Blick auf die Praxis zeigen Studien, dass das Prozesscontrolling nur wenig Anwendung findet und es an einem durchgängigen Controlling der Leistungs-, Unterstützungs- und Managementprozessen mangelt. Als Grund hierfür werden unklare Zuständigkeiten, Herausforderungen des interdisziplinären Zusammenwirkens und fehlendes Methoden- und Faktenwissen genannt.[68] Anzumerken ist jedoch, dass durch ein Prozesscontrolling der Aufgabenumfang und die Komplexität vergrößert werden kann. Dieser Gefahr kann jedoch entgegengewirkt werden, indem die Unternehmung das Prozesscontrolling auf die wichtigsten Prozesse ausrichtet. Bezogen auf die Unternehmung Krankenhaus kann hier eine Fokussierung nach bestimmten Kriterien, wie z. B. nach Kosten oder Umsatz stattfinden, wodurch die Komplexität reduziert werden kann.

5.3.2 Funktion und Ziele eines Instrumentes für das Prozesscontrollings

Wie aus der in Abschn. 5.3.1 beschriebenen Charakterisierung des Prozesscontrollings hervorgeht, stellt dieses eine Servicefunktion für Führungsverantwortliche einer Unternehmung dar. Dadurch, dass Prozesse definiert, reportet und eventuell verbessert werden, werden Prozesse innerhalb einer Unternehmung transparenter gestaltet. Das Prozess-

---

[66] Vgl. Schönherr (2006, S. 173).
[67] Vgl. Schönherr (2006, S. 179 f.).
[68] Vgl. Picot und Liebert (2011, S. 89 ff.).

controlling ermöglicht die betrieblichen Prozesse zu bewerten und zu überwachen, und schlägt bei erkennbaren Abweichungen Verbesserungsmaßnahmen vor.[69] Dieses Vorgehen kann entweder ergebnisbezogen oder während des laufenden Prozesses erfolgen. Um diese Ziele zu verwirklichen, bedient sich das Prozesscontrolling verschiedener Instrumente. Die Voraussetzungen an ein Instrument für das Prozesscontrolling zeigen die fünf Schritte, die in Abb. 5.10 dargestellt sind. Ein Instrument sollte diese Voraussetzungen bedienen, um den ausgewählten Prozess für die Führungsverantwortlichen im Sinne des Prozesscontrollings transparent zu machen.

Im ersten Schritt sollten Prozessziele und Leistungen definiert werden, wobei sich die Prozessziele an den Unternehmenszielen orientieren sollten. An dieser Stelle sollten Soll-Werte definiert werden, die später als Zielgrößen dienen können. Dadurch, dass Prozesse definiert werden, ergeben sich konkrete Prozessinhalte und eine Form der Standardisierung, wobei diese Standardisierung flexibel seien sollte, d. h. Varianten zulassen sollte.

Im nächsten Schritt erfolgt die Messung der Prozessleistung. An dieser Stelle wird die Ist-Leistung erfasst und kann den geplanten Zielgrößen gegenüber gestellt werden, woraus sich mögliche Zielabweichungen ermitteln lassen. Zur Messung der Prozessleistung müssen bestimmte Leistungsparameter festgelegt werden. Diese Leistungsparameter sollten im Hinblick auf den Aspekt der Steuerung relevant oder möglichst beeinflussbar sein. Diese Leistungsparameter können sowohl vergangenheits- als auch zukunftsorientiert sein. Für Unternehmungen der Dienstleistungsbranche kann hier zwischen Prozesseffektivität und Prozesseffizienz unterschieden werden. Die Prozesseffektivität bezieht sich beispielsweise auf die Kundenzufriedenheit und bedient sich an Instrumenten wie z. B. der Beschwerdeanalyse oder der Critical Incident Technique. Bei der Prozesseffizienz hingegen steht die Wirtschaftlichkeit der Prozesse im Vordergrund und zielt darauf ab, die Leistungsparameter Prozesszeit (z. B. Durchlaufzeiten), Prozessqualität (z. B. Fehlerrate, Sigma) oder Prozesskosten (Kennzahlen, Prozesskostenrechnung) zu operationalisieren.[70]

Im nächsten Schritt werden die gewonnen Informationen zielgruppenspezifisch z. B. an den Hauptprozessverantwortlichen zugestellt, beispielsweise in Form von Prozessberichten. Darauf aufbauend erfolgt eine Analyse der Prozessleistung im Hinblick auf die Zielabweichung. An dieser Stelle können Prozessprobleme identifiziert und Ursachen eruiert werden.[71]

Abb. 5.10 Die fünf Schritte des Prozesscontrollings. (Eigene Darstellung)

---

[69] Vgl. Erdmann (2000, S. 56).
[70] Vgl. Esser (2014), Internetpublikation.
[71] Vgl. Arndt (2005), Internetpublikation.

Im fünften Schritt erfolgt die Verbesserung der Prozessleistung. An dieser Stelle mündet das Prozesscontrolling in das Prozessmanagement und weist Schnittstellen zum Qualitätsmanagement auf. Für zuvor erkannte Probleme und mögliche Ursachen für Zielabweichung werden hier Lösungsalternativen entwickelt, ausgewählt und realisiert und im späteren Verlauf wieder überprüft. Auch kann man in diesem Schritt ein Benchmarking durchführen und eigene Prozesse mit denen von anderen Unternehmungen vergleichen, um herauszufinden, warum ein anderes Unternehmen in bestimmten Bereichen einen Vorsprung besitzt. Eine weitere Möglichkeit wäre, dass hier ein Vergleich mit anderen branchenfremden Unternehmungen erfolgt.[72]

Das Prozesscontrolling kann als ganzheitlicher Prozess gesehen werden und findet sowohl abteilungs- als auch funktionsbezogen statt, vom Lieferanten bis zum Kunden.[73] Die wichtigsten Ziele eines Prozesscontrollings aus Sicht der Unternehmung liegen hier vor allem in der transparenten und besseren Gestaltung der Prozesse im Hinblick auf die Dimensionen Kosten, Zeit und Leistung. Diese Dimensionen sind jedoch nicht getrennt voneinander zu betrachten, sondern vielmehr als Zahnräder anzusehen, die ineinander arbeiten. Kann eine Unternehmung aufgrund einer Kostenanalyse beispielsweise Ineffizienzen innerhalb des Prozesses erkennen, können diese verbessert werden, wodurch gleichzeitig die Wertschöpfungskette verbessert wird. Verweist eine Analyse beispielsweise auf eine geringe Auslastung eines Gerätes oder einer Maschine, kann die Unternehmung durch eine bessere Gestaltung der Auslastung Leerlaufzeiten und damit verbundene Kosten vermeiden. Durch die bessere Gestaltung der Auslastung kann die Zeit effektiver genutzt werden, wodurch z. B. die Termintreue ausgebaut oder Wartezeiten von Patienten abgebaut werden können. Dies wirkt sich wiederum positiv auf die Leistung aus. Durch eine optimale Gestaltung der Prozesse und die Vermeidung von Ineffizienzen und damit verbundene Fehlerquellen steigen zugleich die Qualität der Leistung und somit auch die Kundenzufriedenheit, woraus sich ein Wettbewerbsvorteil für die Unternehmung ergibt.

Besonders im Hinblick auf die Unternehmung des Gesundheitswesens fällt auf, dass in dem Markt, in den Krankenhäuser agieren, der Wettbewerbsdruck steigt. Durch die Einführung des DRG-Systems steigt der Kostendruck auf die Krankenhäuser, wodurch diese angehalten werden, wirtschaftlicher zu arbeiten, was durch eine effizientere Gestaltung der Prozesse umgesetzt werden kann[74]. Darüber hinaus steigt ebenfalls der Qualitätsdruck durch gesetzliche Reglementierungen. Aufgrund dieser und anderer Rahmenbedingungen sind Krankenhäuser dazu angehalten, Prozesse möglichst effizient zu planen und zu steuern, um so dem Wettbewerb standzuhalten. Eine Steuerung ist jedoch nur möglich, wenn Prozesse auch gemessen werden können. Im weiteren Verlauf dieses Kapitels sollen verschiedene Instrumente dargestellt werden, die es ermöglichen, Prozesse abzubilden und zu operationalisieren.

---

[72] Vgl. Arndt (2005), Internetpublikation.
[73] Vgl. Esser (2014), Internetpublikation.
[74] Vgl. Greiling (2008, S. 15).

5.3.3 Instrumente des Prozesscontrollings

5.3.3.1 Lean Management als Instrument des Prozesscontrollings

Der englische Begriff „lean" wird sowohl in der Literatur als auch in der Praxis mit dem Begriff „schlank" übersetzt. Allerdings wird an dieser Stelle nicht weiter definiert was, unter einem schlanken Management, schlanken Prozessen oder einer schlanken Organisationsstruktur zu verstehen ist. Pfeiffer und Weiss definieren Lean Management als „permanente, konsequente und integrierte Anwendung eines Bündels von Prinzipien, Methoden und Maßnahmen zur effektiven und effizienten Planung, Gestaltung und Kontrolle der gesamten Wertschöpfungskette von (industriellen) Gütern und Dienstleistungen."[75] Töpfer und Günther stellen Lean Management auf die Optimierung der wesentlichen Wettbewerbsfaktoren, Zeit, Kosten und Qualität ab.[76] Linseisen charakterisiert Lean Management als ein ganzheitliches Führungskonzept und als ein komplexes System, das auf das gesamte System ausgerichtet ist.[77]

Die Autoren Womack und Jones verstehen unter Lean Management vielmehr eine Philosophie, bei der sämtliche Unternehmensaktivitäten auf den Kundennutzen ausgerichtet sind und Tätigkeiten zu reduzieren, welche keinen Beitrag zum Kundennutzen leisten bzw. nicht existenziell für die Unternehmung sind. Womack und Jonas sprechen in diesem Zusammenhang von „Lean Thinking", um besonders die Ganzheitlichkeit des Lean Managements zu betonen. Der positive Effekt des Lean Managements äußert sich in Form von reduzierten (Prozess-)Kosten und geringeren Durchlaufzeiten. Ebenso erfolgt durch die zeitnahe Erfüllung der Kundenanforderungen eine Steigerung der Kundenzufriedenheit und Loyalität dieser, da die Kunden eine höhere Leistungsqualität wahrnehmen.[78]

Erstmals wurde Lean Management 1991 von Womack, Jones und Ross thematisiert. Innerhalb der Benchmark-Studie „The machine that changed the world", durchgeführt vom Massachusetts Institute of Technology (MIT) von 1991 wurde festgestellt, dass das Toyota Produktionssystem (TPS) gegenüber westlichen Produktionssystemen effizienter gestaltet war.[79] Hierbei wurde der Begriff Lean Management als Bezeichnung für Produktions- und Führungsprinzipien von Toyota verwendet.[80] Toyota konzipierte das sogenannte TPS und entwickelte hierbei folgende fünf Grundsätze für die Unternehmung:

1. Synchronisation der Prozesse
2. Standardisierung der Prozesse
3. Vermeidung von Fehlern
4. Verbesserung der Produktionsanlagen
5. Miteinbeziehung und Qualifizierung der Mitarbeiter.[81]

---

[75] Pfeiffer und Weiss (1994, S. 53).
[76] Vgl. Töpfer und Günther (2009, S. 3).
[77] Vgl. Pöhls (2012, S. 13 f.).
[78] Vgl. Brunner (2008, S. 6 f.).
[79] Vgl. Dahm und Haindl (2015, S. 69).
[80] Vgl. Pöhls (2012, S. 12).
[81] Vgl. Dahm und Haindl (2015, S. 6 ff.).

Intellekt	Überproduktion	Wartezeiten
Den intellektuellen Beitrag/geistige Ressourcen der Mitarbeiter nicht nutzen	Mehr produzieren als der Kunde nachfragt	Mitarbeiter sind untätig, während sie auf ihren Einsatz im Prozess warten

Überarbeitung		Bewegung
Mehrwert bieten, obwohl der Kunde keinen nachgefragt hat	Verschwendung	Überflüssige körperliche/ mentale Bewegung, die keinen Mehrwert bietet

Nacharbeit	Lager	Ausschuss	Transport
Nacharbeiten oder Korrekturen ausführen	Herstellen und lagern von Dienstleistungen/ Produkten, die der Kunde nicht bestellt hat	Produkte weichen in der Qualität zu stark vom vorgegebenen Standard ab	Produkte mehrfach von Ort zu Ort hin- und her transportieren

Abb. 5.11 Verschwendung verursacht Kosten. (Nach Dahm und Haindl 2015, S. 71)

Durch das Handeln nach diesen fünf Grundsätzen beabsichtigte Toyota die Reduzierung von Verschwendung (jap. Muda) in sämtlichen Prozessen. Durch den Abbau von Verschwendung versprach sich Toyota die Verbesserung der Wirtschaftlichkeit von Prozessen. Toyota sah vor allem in etablierter Routine und Selbstverständlichkeit bei der Produktion die Gefahr der Verschwendung. Ebenfalls stellte die Nichtnutzung von intellektuellen Fähigkeiten der Mitarbeiter eine weitere Form der Verschwendung dar. Die Abb. 5.11 zeigt weitere Arten der Verschwendung auf, die nach dem TPS eintreten können.

Die schlanke Produktion innerhalb des TPS zielte darauf ab, dass Verschwendung in allen Produktionsbereichen vermieden wird, was nach Brunner folgende Auswirkungen mit sich bringt:

- Geringe Bestände
- Reduktion des Fabrikpersonals, der Fabrikfläche und des Lagerbestandes
- Reduktion der Zeit für die Produktentwicklung bei gleichzeitiger
- Steigerung der Produktvielfalt und einer
- Reduzierung der Fehlerzahlen.[82]

Eine wesentliche Voraussetzung für das Lean Management und die Vermeidung von Verschwendung bildet der kontinuierliche Materialfluss ohne Unterbrechung und Zwischenablagerungen. Vorteile liegen hier beispielsweise darin, dass dadurch kein Lager vorgehalten werden muss und schnell auf Kunden reagiert werden kann. Entscheidend

---

[82] Vgl. Brunner (2008, S. 66).

für die Wertsteigerung eines Produktes ist jedoch ein Minimum an Aufwand für Material, Teile, Platz, Betriebsmittel und Arbeitszeit notwendig. Alles was dieses Minimum überschreitet, wird als Verschwendung bezeichnet.[83]

Wie schon erwähnt stellt das Lean Management einen ganzheitlichen Ansatz dar und betrifft somit auch die Führungskultur, insbesondere die Erreichung der Leistungsmotivation der Mitarbeiter auf allen Ebenen. Die Leistungsmotivation stellt den persönlichen Beitrag dar, den jeder Mitarbeiter zur Wertschöpfung und Wertsteigerung der Erzeugnisse und Dienste des Unternehmens für den Kunden leisten möchte bzw. kann. Die Führung bedeutet in diesem Zusammenhang, dass die zwischenmenschliche Beziehung z. B. des Mitarbeiters zum Unternehmen oder zur Arbeit, Kollegen oder Kunden durch Achtung, Loyalität und Vertrauen positiv gestaltet wird. Distanziert wird sich hier bewusst von einer Leitung durch Druck oder Härte, da diese den Mitarbeiter von dem vollen Einsatz ihrer Fähigkeiten abhalten. Der „Geist des japanischen Lean Management ist auf Wertschätzung und Vertrauen zu den Arbeitnehmern gegründet"[84]. Das Lean Management fördert ebenfalls eine positive Entwicklung spontaner Informationen und Koordination sowohl vertikal als auch horizontal oder bei individuellen Initiativen und Selbststeuerung bei den Mitarbeitern. Durch das ganzheitliche Management und Führen innerhalb des Lean Managements sollen Managementfehler wie beispielsweise kein Vertrauen zu den Mitarbeitern, „Schweigespirale", Absicherungsverhalten oder Dienst nach Vorschrift, vermieden werden.

Womack und Jonas entwickelten basierend auf der MIT-Studie einen Zyklus, der die fünf Kernprinzipien des Lean Managements abbilden soll und sich in Abb. 5.12 darstellt.

Im ersten Schritt sollen Kundenanforderungen im Hinblick auf die Leistungserstellung identifiziert werden, um Prozesse und Strukturen entsprechend auszurichten. Das unternehmerische Selbstverständnis, die identifizierten Kundenanforderungen effizient zu erfüllen, im Rahmen der Möglichkeiten des Unternehmens, bilden die Basis für weitere Aktivitäten.[85] Im nächsten Schritt werden Aktivitäten definiert, welche zwingend erforderlich sind, um Kundenanforderungen zu erfüllen. Aktivitäten, die sich als nicht wertschöpfend oder als nicht „existenziell wichtig identifizierte Tätigkeiten" darstellen, sind zu reduzieren.[86] Um die Leistungsprozesse optimal zu gestalten, muss versucht werden, dass diese möglichst reibungs- und verzögerungsfrei (Schritt drei) und bedarfsgesteuert (Schritt vier) gestaltet werden. Innerhalb des fünften Schrittes wird der Gedanke der Lean-Management-Philosophie aufgegriffen. Das Streben nach Perfektion meint die „kontinuierliche Verbesserung der bisherigen Leistungsprozesse- und -strukturen sowie deren fortlaufende Anpassung an die aktuellen Kundenanforderungen im Sinne eines kontinuierlichen Verbesserungsprozesses (KVP)"[87]. Der Mitarbeiter spielt an dieser Stelle eine entscheidende Rolle. Dies lässt sich darauf zurückführen, dass Mitarbeiter die wesentli-

---

[83] Vgl. Brunner (2008, S. 69).
[84] Brunner (2008, S. 74).
[85] Vgl. Womack und Jones (2003, S. 23 ff.).
[86] Vgl. Porché und Kendrick (2006, S. 27 ff.).
[87] Vgl. Womack und Jones (2003, S. 23 ff.).

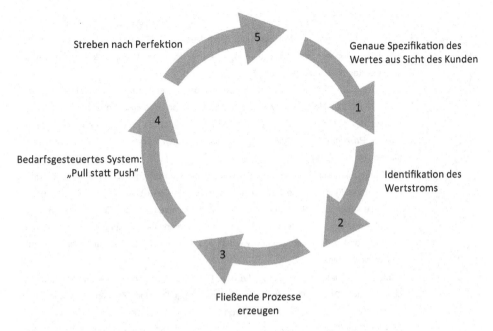

Abb. 5.12 Fünf Kernprinzipien des Lean Managements. (Nach Pöhls 2012, S. 13)

chen Ideenträger eines KVPs darstellen aufgrund ihrer Prozess- und Kundennähe. Darüber hinaus wird die Akzeptanz oder Ablehnung der Lean-Management-Philosophie durch das Verhalten der Mitarbeiter beeinflusst. Ebenfalls wird davon ausgegangen, dass die aktive Einbindung der Mitarbeiter in die Prozessgestaltung mit einer positiven Entwicklung der Mitarbeiterzufriedenheit korreliert.[88] Innerhalb der Praxis haben sich diverse Analysemethoden und Optimierungstechniken bzw. -ansätze entwickelt. Methoden mit Ursprung aus der fertigenden Industrie wurden in den letzten Jahren immer mehr an die Anforderungen und Rahmenbedingungen unterschiedlicher Branchen oder Geschäftsprozessen angepasst. Die Auflistung in Abb. 5.13 zeigt die wichtigsten bzw. bekanntesten Bestandteile des Lean Managements.

Anzumerken ist jedoch, dass die Umsetzung des Lean Managements in der Praxis oftmals einige Probleme bzw. Komplikationen mit sich brachte. Zum einen fokussierten sich Unternehmen darauf, dass schneller zugleich auch billiger bedeutet, wodurch die Qualität der Produkte litt. Ein weiteres Problem lag in der Konzentration auf die Kostensenkung und die Rationalisierung von Unternehmungen, wodurch das Konzept einen schlechten Ruf in der Öffentlichkeit erlangte. Ein weiterer Grund für das Scheitern bei der Implementierung des Lean Managements war der, dass Projekte isoliert betrachtet wurden und

---

[88] Vgl. Töpfer (2009, S. 32 f.).

Bestandteil	Erläuterung
Kaizen	Prinzip der ständigen Verbesserung. Der Weg zum Erfolg ist keine sprunghafte Innovation, sondern die schrittweise Optimierung/ Perfektionierung des Prozesses und damit letztendlich des Produktes. Durch den Einsatz der Kaizen Philosophie gelang es dem Zusammenschluss der weltweit größten Herstellern von Dichtungsmaterialien, der Freudenberg-NOK General Partnership (FNGP), in einem Werk in Ligonier, Indiana die Produktivität in vier Jahren um 991 Prozent (!) zu steigern, bei einer gleichzeitigen Reduktion der dafür benötigten Fläche von 48 Prozent.
Poka-Yoke	Prinzip für technische Vorkehrungen bzw. Einrichtungen zur sofortigen Fehleraufdeckung und –vermeidung. Ein sehr einfaches Beispiel für Poka-Yoke ist der Einbau einer Fotozelle über den Teilbehältern eines Arbeitsplatzes. Diese Zelle registriert die Entnahme eines Teils. Wenn ein Mitarbeiter sein Werkstück weitergibt, ohne dass die entsprechenden Teile entnommen wurden, leuchtet eine Lampe auf und weißt ich auf das Versehen hin.
Just in Time	Punktgenaue Lieferung der Rohstoffe bzw. Produkte in der angeforderten Qualität zum gewünschten Ort. Stets in der gewünschten Menge zu dem Zeitpunkt, an dem das Material gebraucht wird. Durch die Anwendung des Just-in-Time-Prinzips konnte der US-PC-Hersteller Dell sein Lager im Jahr 2001 bei halb so hohen Betriebskosten 64mal umschlagen und damit 50mal häufiger als der nächstbeste Konkurrent.
Kanban	Methode der Produktionsablaufsteuerung in dem sich, nach dem „Pullprinzip" die Materialausstattung ausschließlich an den Bedürfnissen des entsprechenden Prozessschrittes orientieren. Unter Berücksichtigung dieses Ansatzes entwickelte der US-Hersteller von Flugzeugtriebwerken Pratt & Withney eine neue Anlage zum Schleifen von Turbinenschaufeln. Das neue Aggregat verkürzte die Durchlaufzeit um 99 Prozent (!) und die Umrüstzeit von Stunden auf Minuten und das bei um 50 Prozent geringeren Produktionskosten.
Total Productive Maintenance (TPM)	System zur Vermeidung von Betriebsstörungen in den Prozessen. Ziel ist das Erreichen von Null Defekten, Null Ausfällen und Null Unfällen. Durch die Anwendung dieses Lean-Grundsatzes gelang es der US-Versicherungsgesellschaft Jefferson Pilot Financial (JPF), ihre Abläufe zu optimieren. Die Arbeitskosten pro Versicherungspolice gingen um 30 Prozent zurück und die Anzahl der nachzuarbeitenden Policen sank um 40 Prozent.

Abb. 5.13 Die bekannten Bestandteile des Toyota Produktionssystem. (Nach Dahm und Haindl 2015, S. 74)

ohne Unterstützung oder mit Willkür durchgeführt wurden. Auch wurde es oftmals versäumt, der Belegschaft die Vision zu vermitteln.[89]

Ausgehend aus dem Konzept des Lean Management wurde in den 1990er-Jahren das sogenannte Total Quality Management (TQM) abgeleitet. Innerhalb des TQM wird die

---

[89] Vgl. Dahm und Haindl (2015, S. 71).

Qualität als Systemziel eingeführt, wobei hierbei die Unterstützung aller Mitarbeiter benötigt wird. Die wesentlichen Prinzipien des TQM sind folgende:

- Qualität orientiert sich am Kunden
- Qualität wird mit den Mitarbeitern aller Bereiche und Ebenen erzielt
- Qualität umfasst mehrere Dimensionen, die durch Kriterien operationalisiert werden müssen
- Qualität ist kein Ziel, sondern ein nie zu Ende gehender Prozess
- Qualität bezieht sich nicht nur auf Produkte, sondern auf Dienstleistungen rund um das Produkt
- Qualität setzt aktives Handeln voraus und muss stets überarbeitet werden.[90]

Durch diese Erweiterung wurde erkannt, dass das Lean Management einen Beitrag zur Wettbewerbsfähigkeit leisten kann und findet in verschiedenen Wirtschaftszweigen Anwendung.[91] Die Abb. 5.14 zeigt, wie sich das Lean Management von produzierenden Gewerben über die verarbeitende Industrie bis hin zum Dienstleistungssektor ausbreitet.

Aus der Abbildung geht hervor, dass das Lean Management auch den Dienstleistungssektor erreicht hat. Innerhalb der Unternehmung Krankenhaus wird von dem sogenannten Lean Hospital gesprochen. Lean Hospital meint „die Etablierung der grundlegenden Philosophie des Lean Managements in Akut- und Rehabilitationskliniken".[92] Hierbei werden analog zum Lean Management alle Unternehmensaktivitäten auf den Kundennutzen ausgerichtet und Aktivitäten auf ein unumgängliches Maß reduziert, die weder einen Beitrag zum Kundennutzen stiften noch existenziell wichtig für das Krankenhaus sind. Krankenhäuser können grundsätzlich mit den Prinzipien des Lean Managements arbeiten. Beispielsweise kann die ganzheitliche Betrachtungsweise des Produktionssystems übernommen werden. Prozesse können so gestaltet werden, dass Kundenwünsche effizient und ohne Verschwendung erfüllt werden können, wobei der Fokus auf der Optimierung des Wertestroms liegt. Durch die Umsetzung des Lean Hospital in einer Unternehmung wird den Prozessbeteiligten ermöglicht, Verbesserungspotenziale und Verschwendung zu erkennen und im nächsten Schritt zu optimieren.

5.3.3.2 Kennzahlen als Instrument des Prozesscontrollings

5.3.3.2.1 Kennzahlen und ihre Bedeutung

Kennzahlen stellen Größen dar, die in ihrer Form als Zahl einen quantitativ messbaren Sachverhalt wiedergeben und relevante Tatbestände und Zusammenhänge in einfacher und verdichteter Form kennzeichnen sollen. Demnach bilden Kennzahlen „speziell herauszuhebende Informationen". Kennzahlen werden oftmals im Rechnungswesen und zur

---

[90] Vgl. Dahm und Haindl (2015, S. 76 ff.).
[91] Vgl. Dahm und Haindl (2015, S. 79).
[92] Pöhls (2012, S. 14).

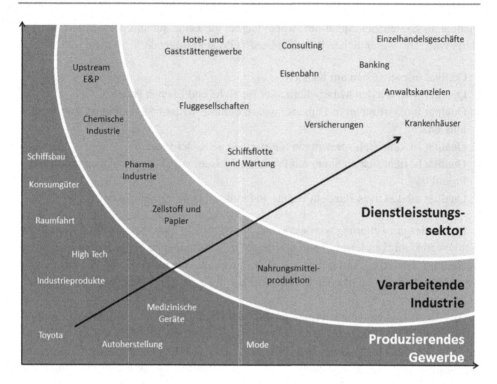

Abb. 5.14 Lean Management wird in verschiedenen Wirtschaftszweigen eingesetzt. (Nach Dahm und Haindl 2015, S. 79)

Überprüfung des Zielerreichungsgrades in Unternehmungen eingesetzt. Sofern die entsprechenden Kennzahlen richtig ausgewählt und eingesetzt werden, stellen diese ein effektives Führungs- und Lenkungswerkzeug dar.

Für Kennzahlen gibt es verschiedene Systematisierungsmöglichkeiten. Die Abb. 5.15 zeigt eine mögliche Systematisierung von Kennzahlen.

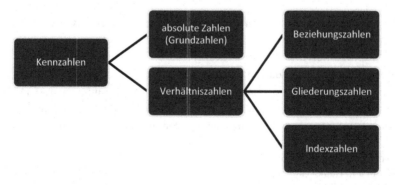

Abb. 5.15 Arten von Kennzahlen. (Eigene Darstellung in Anlehnung an Küpper 2008, S. 390)

Aus der Abbildung geht hervor, dass sich als Kennzahlen sowohl absolute Zahlen aber auch Verhältniszahlen verwenden lassen. Bei den absoluten Zahlen oder auch Grundzahlen handelt es sich um Einzelwerte, wie beispielsweise eine Bestandsgröße (z. B. Kassenbestand), Summen (z. B. Bilanzsumme) oder auch Differenzen (z. B. Gewinn).[93] Werden die absoluten Zahlen jedoch isoliert betrachtet, kann es sein, dass deren Bedeutung nur schwer nachvollziehbar ist. Absolute Zahlen erhalten erst im Vergleich mit anderen absoluten Zahlen, wie beispielsweise bei einem Soll-Ist-Vergleich, eine Bedeutung.[94] In der Praxis werden häufig Verhältniszahlen gebildet, die „als relative Größe auf einen Vergleich ausgerichtet sind".[95] Bei den Verhältniszahlen werden Sachverhalte in Beziehung zueinander gesetzt, sofern ein sachlicher Zusammenhang vorliegt. Ziel ist es, großes Datenmaterial bzw. Zahlenmengen zu aussagekräftigen Schlüsselzahlen zu verdichten.[96] Wie aus der Abbildung hervorgeht, lassen sich diese Zahlen in Beziehungs-, Gliederungs- oder Indexzahlen weiter untergliedern.

Bei den **Beziehungszahlen** werden zwei verschiedenartige Größen, die in sachlicher Beziehung zueinander stehen, ins Verhältnis gesetzt, wie beispielsweise die Rentabilität als Verhältnis von Gewinn zu Kapital. Hierbei können Zähler und Nenner in unterschiedlichen (z. B. Euro zu Stunden) oder in derselben (Euro zu Euro) Dimensionen gemessen werden, wobei hier ein sachlicher Zusammenhang zwischen den Größen bestehen muss, damit die resultierende Kennzahl einen informativen Gehalt aufweist.[97]

Gliederungszahlen geben den jeweiligen Anteil einer bestimmten Größe, wie z. B. Materialkosten an einer Gesamtmenge, z. B. Gesamtkosten an. Ähnlich wie bei den Beziehungszahlen muss auch hier ein sachlicher Zusammenhang zwischen Zähler und Nenner vorliegen. Beide Größen werden grundsätzlich in derselben Dimension gemessen.[98]

Die **Indexzahlen** setzen inhaltlich gleichartige aber räumlich oder zeitlich unterschiedliche Größen in Beziehung zueinander, z. B. Lebenshaltungskostenindex.[99] Hierbei wird die betrachtete Zählergröße an einer Basisgröße gemessen bzw. ins Verhältnis gesetzt. Dadurch lässt sich erkennen, inwieweit die interessierende Größe von der Basis abweicht.[100]

Bei der Erstellung und Verwendung von Kennzahlen sollte beachtet werden, dass Kennzahlen so gebildet werden, wie das Problem verläuft, wobei die Kennzahl immer der Sach- und Zahlenlogik entspricht und Kennzahlen nach einer einheitlichen Methode im Hinblick auf den Vergleichszweck aufgebaut werden müssen.[101] Zwischen den einzelnen Kennzahlen können unterschiedliche Beziehungsarten bestehen, wie aus Abb. 5.16 hervorgeht.

---

[93] Vgl. Wöhe (2010, S. 208).
[94] Vgl. Wöhe (2010, S. 210).
[95] Vgl. Küpper (2008, S. 390 f.).
[96] Vgl. Wöhe (2010, S. 210).
[97] Vgl. Küpper (2008, S. 391 f.).
[98] Vgl. Küpper (2008, S. 391 f.).
[99] Vgl. Küpper (2008, S. 392).
[100] Vgl. Wöhe (2010, S. 209).
[101] Vgl. Zapp et al. (2010) in Zapp (2010, S. 2).

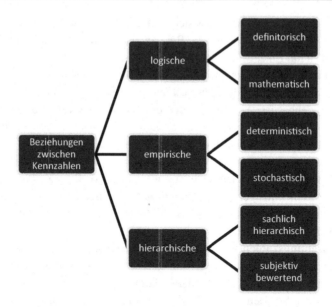

Abb. 5.16 Unterschiedliche Beziehungsarten zwischen den Kennzahlen. (Eigene Darstellung in Anlehnung an Küpper 2008, S. 391)

Die **logische** Beziehung zwischen Kennzahlen lässt sich nochmals unterteilen in definitorisch und mathematisch. Kennzahlen sind definitorisch, wenn diese im Hinblick auf ihre begriffliche Abgrenzung zusammenhängen. Eine mathematische Beziehung liegt dann vor, wenn mathematische Regeln angewendet werden können.

Empirische Beziehungen hingegen liegen vor, wenn diese durch Gegebenheiten der Realität begründet werden. Maßgebend sind hierbei generelle Beziehungen, die allgemeingültige Zusammenhänge erfassen. Die Existenz ist durch Hypothesen oder theoretische Aussagen zu behaupten und anhand der Realität zu prüfen. Wenn diese durch empirische Überprüfungen nicht widerlegt werden können, gelten diese als bestätigt. Als Beispiel einer solchen empirischen Beziehung lässt sich die Abhängigkeit der Absatzmenge vom Verkaufspreis nennen. Sofern das Verhalten keinen „deterministischen Gesetzen folgt, sollten die relevanten empirischen Hypothesen stochastischen Charakter haben".[102] Sofern deterministische Hypothesen verwendet werden, wird eine Vereinfachung der Realität dargestellt.

Innerhalb der **hierarchischen** Beziehungen wird eine Rangordnung zwischen den Kennzahlen gebildet. Von einer sachlich hierarchischen Beziehung wird dann gesprochen, sobald eine Rangordnung zwischen den Tatbeständen vorliegt und diese auf der Realität beruht. Die Anlagenkapazität ist beispielsweise abhängig von Entscheidungen über Auftragsfolgen und Durchlaufzeiten. Zur Bestimmung von Über- und Unterordnungen dienen zeitliche Reichweiten und Auswirkungen auf das Unternehmensziel. Bei

---

[102] Vgl. Küpper (2008, S. 400).

Tab. 5.3 Wesentliche Elemente einer Kennzahl. (Eigene Darstellung)

Element	
Informationscharakter	Kennzahlen ermöglichen Urteile über relevante Sachverhalte und Zusammenhänge
Quantifizierbarkeit	Kennzahlen ermöglichen präzise Aussagen aufgrund der Messbarkeit der Sachverhalte und Zusammenhänge
Spezifische Form der Information	Kennzahlen bilden komplexe Strukturen und Prozesse einfach ab

Präferenz-Beziehungen erfolgt eine subjektive Bewertung. Durch diese Vorgehensweise werden Haupt- und Neben-Kennzahlen entwickelt und beruhen auf Bedeutungen der jeweiligen Größe für den Entscheidungsträger. Diese Form der Ordnung von Kennzahlen kommt besonders dann zum Einsatz, wenn Kennzahlen zugleich als Ziel dienen, wobei die subjektive Wertschätzung eines Entscheidungsträgers maßgebend ist.

Auch in Krankenhäusern bilden Kennzahlen ein bedeutsames Lenkungsinstrument und sind „richtungsweisend im Hinblick auf eine produktiv gestaltete Zukunft und dienen grundlegend dem innerbetrieblichen und zwischenbetrieblichen Vergleich".[103] Nach Zapp und Oswald bilden der Informationscharakter, die Quantifizierbarkeit und die spezifische Form der Informationen die wesentlichen Elemente einer Kennzahl ab, die in Tab. 5.3 kurz beschrieben werden.

Nach Zapp bilden finanzwirtschaftliche Kennzahlen, Kennzahlen aus den Leistungsbereichen, Qualitätsmanagement Kennzahlen und Kennzahlen der Werteentwicklung eine Unterscheidungsmöglichkeit verschiedener Kennzahlen in Krankenhäuser (vgl. Anhang dieses Kapitels).[104]

5.3.3.2.2 Kennzahlensysteme als Instrument des Prozesscontrollings

Um wirtschaftliche Sachverhalte beurteilen zu können, werden in der Praxis mehrere Kennzahlen betrachtet. Werden diese jedoch zusammenhangslos nebeneinander gestellt, ist die Gefahr groß, dass verwirrende oder widersprüchliche Aussagen abgeleitet werden. Kennzahlensysteme ermöglichen es, die einzelnen Kennzahlen zu ordnen und die Beziehung zwischen den als wichtig erachteten Größen wiederzugeben. Dadurch, dass Kennzahlen in ein System eingeordnet werden können, können Informationen verdichtet und übersichtlich dargestellt werden.[105] Kennzahlensysteme bilden demnach eine geordnete Gesamtheit von Kennzahlen, die in einer Beziehung zueinander stehen und über die Gesamtheit oder über einen Sachverhalt informieren.[106]

Laut Küpper haben Kennzahlensysteme zwei wesentliche Funktionen, die Informationsfunktion und die Steuerungsfunktion. Die **Informationsfunktion** zielt auf eine „be-

---

[103] Zapp et al. (2010) in Zapp (2010, S. 3).
[104] Vgl. Zapp et al. (2010) in Zapp (2010, S. 4 ff.).
[105] Vgl. Küpper (2008, S. 402).
[106] Vgl. Horváth (2008, S. 507).

nutzeradäquate Informationsbereitstellung zur Analyse von Sachverhalten oder Indikatoren"[107] ab. Sofern aus Kennzahlen ein Zielsystem entwickelt wird, steht die **Steuerungsfunktion** im Vordergrund. Hierbei kann eine Bewertung oder Planung der Ziele erfolgen. Auch kann durch die Steuerungsfunktion eine Verhaltensbeeinflussung von Handlungsträgern erreicht werden oder die Durchführung von Kontrollen stattfinden.[108]

In der Praxis können Kennzahlensysteme grundsätzlich in zwei Formen unterschieden werden, den Rechensystemen und den Ordnungssystemen. Bei den Rechensystemen erfolgt eine rechnerische Zerlegung von Kennzahlen. Wie in Abb. 5.17 erkenntlich liegt hierbei eine hierarchische Struktur in Form einer Pyramide vor.[109]

Entscheidend ist hier die Frage nach der Spitzenkennzahl. Diese Spitzenkennzahl soll die betriebswirtschaftlich wichtigste Aussage in komprimierter Form abbilden. Ein Beispiel eines solchen Rechensystems ist das DuPont-System. Dieses System dient als Planung- und Budgetierungsinstrument, aber auch als Kontrollinstrument. Bei der Erstellung werden Ist-Kennzahlen der Gegenwart, Ist-Kennzahlen der letzten fünf Jahre und Soll-Kennzahlen des Budgets ermittelt und gegenüber gestellt.[110]

Während bei den Rechensystemen die mathematische Beziehung einzelner Kennzahlen im Vordergrund steht, steht bei den Ordnungssystemen vielmehr die Sachbeziehung einzelner Kennzahlen im Fokus. Bei den Ordnungssystemen liegt keine quantifizierbare Beziehung zwischen den einzelnen Kennzahlen vor, da diese sachlogisch zugeteilt werden.[111]

Kennzahlensysteme können jedoch auch Rechen- und Ordnungssysteme miteinander verbinden. Hierbei wird ein übergeordnetes Ordnungsmuster verfolgt, indem Kennzah-

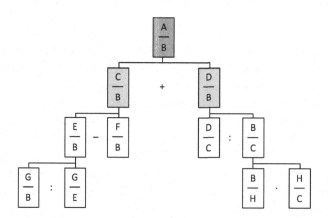

Abb. 5.17 Beispiel einer Kennzahlenpyramide. (Nach Zvei (1989) in Horváth 2008, S. 507)

---

[107] Küpper (2008, S. 402).
[108] Vgl. Küpper (2008, S. 392).
[109] Vgl. Horváth (2008, S. 507).
[110] Vgl. Zapp et al. (2010) in Zapp (2010, S. 14 f.).
[111] Vgl. Zapp et al. (2010) in Zapp (2010, S. 14).

lengruppen sachlogisch miteinander verknüpft werden, wobei Kennzahlen einer Gruppe mathematisch miteinander verbunden sind.[112] Ein Beispiel für ein solches Kennzahlensystem bildet die Balanced Scorecard (BSC).

Kaplan und Norten entwickelten dieses Instrument im Hinblick darauf, dass eine Ausrichtung an reinen Finanzzielen und Finanzkennzahlen zur Überbewertung der kurzfristigen Ergebniszielen führen kann. Ziel der BSC ist es, nicht nur als ein reines Finanzkennzahlensystem zu dienen, sondern darüber hinaus Orientierungsgrößen im Hinblick auf die Realisierung strategischer Ziele wie z. B. Kundenbindung oder Mitarbeiterqualifikation zu geben. Innerhalb der BSC werden nicht finanzielle Kennzahlen nur dann berücksichtigt, sofern diese einen Kausalzusammenhang zu den finanziellen Unternehmenszielen aufweisen.[113] Ziel der BSC ist die Steuerung „strategisch relevanter Größen". Hierbei wird zwischen vier Perspektiven unterschieden, die sowohl extern und intern orientiert sein können als auch „kurz- und langfristige, quantitative und qualitative, vergangenheits- und zukunftsorientierte Größen umfassen".

Die Perspektive der Finanzen bildet das Oberziel aller Perspektiven und dient zur Orientierung der anderen Perspektiven. Ein mögliches Ziel dieser Perspektive kann z. B. die Steigerung der Ertragskraft sein und kann über Kennzahlen wie Cash Flow, Rentabilität oder Umsatzwachstum abgebildet werden. Die Kundenperspektive zeigt, durch welche Leistungen Stammkunden an die Unternehmung gebunden sind und in welcher Form neue Kunden gewonnen werden können. Ziele können hierbei die Erhöhung des Marktanteils sein oder die Verbesserung der Kundenzufriedenheit. Abgebildet wird dies über Kennzahlen wie z. B. Marktanteil oder Wiederkaufsraten. Die Perspektive der internen Geschäftsprozesse bildet die wichtigsten Merkmale der Geschäftsprozesse der Unternehmung ab. Ein verfolgtes Ziel kann hier die Effizienzverbesserung im operativen Geschäft sein. Zur Überprüfung der Ziele dienen hier Kennzahlen wie die Verwaltungskostenquote oder Durchlaufzeiten. Die vierte Perspektive bezieht sich auf Innovation und Wachstum und identifiziert die Infrastruktur, die aus strategischer Sicht aufgebaut werden muss, um die Wettbewerbsposition zu verbessern. Die Leistungsfähigkeit des Informationssystems oder die Personalentwicklungsplanung können hierbei mögliche Ziele darstellen. Forschungskostenquote oder die Fluktuationsrate bilden hier Kennzahlen zur Überprüfung der Ziele.[114]

Zwischen diesen vier dargelegten Perspektiven besteht eine Ursache-Wirkungsbeziehung, die beachtet werden muss. Die BSC ist als ein Managementsystem zu betrachten, dass ein Bindeglied zwischen der Entwicklung und Umsetzung einer Strategie darstellt.[115]

5.3.3.3 Prozesskostenrechnung als Instrument des Prozesscontrollings
Die Prozesskostenrechnung ist ein Kostenmanagementinstrument. Die Prozesskostenrechnung ermöglicht eine permanente Planung, Steuerung und Kontrolle der Gemein-

---

[112] Vgl. Zapp et al. (2010) in Zapp (2010, S. 14 ff.).
[113] Vgl. Wöhe (2010, S. 211).
[114] Vgl. Wöhe (2010, S. 212 f.).
[115] Vgl. Wöhe (2010, S. 213).

kosten, wodurch „im Rahmen der Budgetierung die Gemeinkosten analytisch und mengenorientiert"[116] planbar gemacht werden.

Durch den Einsatz der Prozesskostenrechnung werden folgende vier wesentliche Hauptziele verfolgt:

1. Gemeinkostentransparenz
2. Kapazitätsplanung
3. Prozessorientierte Kalkulation
4. Prozessoptimierung.[117]

Das eigentliche Hauptziel liegt bei dem klassischen Verfahren nach Horváth jedoch in der effizienten Planung, Verrechnung und Kontrolle der Gemeinkosten. Durch die Prozesskostenrechnung soll eine Erhöhung der Genauigkeit der Kostenrechnung erzielt werden und Kostenverursacher aufgedeckt werden. Darüber hinaus soll auch Transparenz der Gemeinkosten geschaffen werden, indem eine Kalkulation nach Prozessen und Tätigkeiten erfolgt, mit dem Ziel, dass betriebliche Gemeinkosten gemäß der tatsächlichen Inanspruchnahme verrechnet werden. Ein weiterer Vorteil für eine Unternehmung durch den Einsatz der Prozesskostenrechnung liegt ebenfalls darin, dass ein Überblick über die Verwendung von Ressourcen geschaffen werden kann. Beispielsweise kann die Prozesskostenrechnung aufzeigen, wie und wofür bereitgestellte Ressourcen, wie z. B. Werkstoffe, Waren, Arbeitsleistung usw. in den jeweiligen Kostenstellen verwendet werden, um mögliche Ressourcenpotenziale aufzudecken. Die Verwendung der Prozesskostenrechnung innerhalb einer Unternehmung kann ebenfalls zu einer Verbesserung im Hinblick auf die Produktkalkulation führen, wodurch mögliche strategische Fehlentscheidungen vermieden werden können.[118] Auch kann die Prozesskostenrechnung Informationen über die Wertschöpfungsketten innerhalb der Unternehmung liefern und eventuelle Wettbewerbsvorteile aufzeigen.

Durch die Prozesskostenrechnung werden jedoch auch weitere Nebenziele wie die langfristige Einflussnahme auf die Kostenstruktur der Unternehmung oder die Vereinfachung der Gemeinkostenplanung und Budgetierung verfolgt. Ebenso kann ein internes, strategisches Informationssystem erstellt werden und eine Optimierung der Bereichsorganisation erfolgen.[119]

Der Abschn. 5.2.3 „Ausgangspunkt der Prozesskostenrechnung" zeigt kurz die klassische Systematik der Prozesskostenrechnung nach Horváth auf. In Anlehnung an diese Systematik wurden ebenfalls Modelle der Prozesskostenrechnung für die Unternehmung Krankenhaus entwickelt. Die Tab. 5.4 soll kurz die Verfahren der Prozesskostenrechnung nach Harald Kothe-Zimmermann und nach Michael Greiling übersichtsartig gegenüberstellen.

---

[116] Horváth (2008, S. 494).
[117] Vgl. Horváth (2008, S. 494 f.).
[118] Vgl. Horváth (2008, S. 495 f.).
[119] Vgl. Horváth (2008, S. 492 f.).

Tab. 5.4 Übersicht der Prozesskostenrechnung. (Eigene Darstellung)

Verfahren Kriterien	Prozesskostenrechnung nach H. Kothe-Zimmermann	Prozesskostenrechnung nach M. Greiling
Zielsetzung	Lösungsansätze bei Unwirtschaftlichkeiten Zukünftige Veränderungen kalkulierbar machen Entwicklung einheitlicher Patientenpfade[a]	Verursachungsgerechtere Verteilung der Gemeinkosten Transparenz Steuerbarkeit u. Planbarkeit der Gemeinkosten Lösungsansätze aufzeigen bei Ineffizienzen Standardisierte Behandlungspfade[b]
Begrifflichkeiten	Behandlungsphasen Prozessbausteine Aktivitäten Wahrscheinlichkeiten[c]	Geschäftsprozesse Hauptprozesse Teilprozesse Repetitive Aktivitäten Leistungsmengeninduzierte-Prozesse Leistungsmengenneutrale-Prozesse Maßgrößen/Cost-Driver[d]
Gemeinkosten vs. Einzelkosten	Einzelkosten sollen Prozessen zugeordnet werden[e]	Gemeinkosten der indirekten Bereiche werden Prozessen zugeordnet EK werden direkt dem Kostenträger zugeordnet[f]
Vollkosten vs. Teilkosten	Teilkosten[g]	Vollkostenrechnung[h]
Qualitätsmanagement	Entwicklung standardisierter Behandlungspfade Ineffizienzen aufdecken und vermeiden[i]	Entwicklung standardisierter Behandlungspfade Reduktion ineffizienter und überflüssiger Behandlungen[j]
Managemententscheidungen	Simulation zukünftiger Veränderungen wichtig[k]	Transparenz ermöglicht Leistungsvergleich, effiziente Organisation und optimale Leistungserbringung[l]

[a]Vgl. Kothe-Zimmermann (2006, S. 55 ff.)
[b]Vgl. Greiling und Quint (2010, S. 752)
[c]Vgl. Kothe-Zimmermann (2006, S. 85 ff.)
[d]Vgl. Greiling (2008, S. 107 ff.)
[e]Vgl. Kothe-Zimmermann (2006, S. 65 f.)
[f]Vgl. Greiling und Quint (2010, S. 757)
[g]Vgl. Kothe-Zimmermann (2006, S. 65)
[h]Vgl. Greiling und Quint (2010, S. 752)
[i]Vgl. Kothe-Zimmermann (2006, S. 92)
[j]Vgl. Greiling (2002, S. 467)
[k]Vgl. Kothe-Zimmermann (2006, S. 64)
[l]Vgl. Greiling (2008, S. 107 ff.)

Die Prozesskostenrechnung nach Greiling orientiert sich stark an den Ausführungen zum selbigen Thema von Horváth und Mayer. Begrifflichkeiten und Ziele werden analog verwendet. Bei diesem Verfahren nach Greiling sollen durch eine Vollkostenrechnung die Einzelkosten auf die Kostenträger verrechnet werden. Die Prozesskostenrechnung soll keinen Ersatz für die Kostenträgerrechnung darstellen, sondern vielmehr bestehende Kostenrechnungssysteme ergänzen und die Gemeinkosten der indirekten Bereiche verursachungsgerechter auf die Kostenträger zuordnen. Die aus dem Einsatz der Prozesskostenrechnung resultierenden standardisierten Behandlungspfade sollen zur Qualitätssicherung beitragen. Durch die transparente Darstellung der Prozesse und der Betrachtung von Arbeitsabläufen können z. B. Ineffizienzen wie Doppeluntersuchungen vermieden werden. Nach Greiling wird „Eine Datenbasis … geschaffen, die eine Transparenz der Kosten, Zeit sowie Qualität aufzeigt und somit eine Diskussionsmöglichkeit der kontinuierlichen Verbesserung fördert."[120] Im Hinblick auf das Kriterium Managemententscheidungen liegt der Fokus darauf, dass Transparenz in der Leistungserbringung geschaffen wird, wodurch eine Grundlage zur Optimierung des Leistungsprogramms geschaffen werden kann. Auch kann ein Vergleich mit anderen Krankenhäusern erfolgen, um evtl. aufzuzeigen, ob Teilprozesse möglicherweise in den ambulanten Sektor verlagert werden können.

Im Gegensatz zu Greiling verfolgt Kothe-Zimmermann innerhalb seines Verfahrens das Ziel, dass die Prozesskostenrechnung die bisherige Kostenträgerrechnung ersetzen soll.[121] Der Grund liege nach Kothe-Zimmermann darin, dass die bisherige Kostenträgerrechnung auf vergangenheitsorientierten Ist-Daten basiert. Im Vergleich zu Greiling fällt auf, dass Kothe-Zimmermann abweichende Begrifflichkeiten verwendet, die Idee jedoch die gleiche ist. Beispielsweise bilden Behandlungsphasen die Hauptprozesse und Prozessbausteine die Teilprozesse. Der wesentliche Unterschied dieser Verfahren liegt in der Betrachtung der Kosten. Kothe-Zimmermann rückt die Einzelkosten in den Fokus, da diese variabel sind, bezogen auf den Behandlungsfall. Die Gemeinkosten werden weiterhin über Zuschlagssätze verrechnet. Kothe-Zimmerman kalkuliert innerhalb seines Verfahrens der Prozesskostenrechnung mit Wahrscheinlichkeiten, z. B. wie hoch die Wahrscheinlichkeit ist, dass eine examinierte Pflegekraft die Tätigkeit durchführt oder ein Pflegehelfer. Kothe-Zimmermann begründet dieses Vorgehen durch die unterschiedlichen Personalkosten. Im Hinblick auf die Kriterien Qualitätsmanagement und Managemententscheidungen lassen sich hier jedoch Parallelen finden. Auch hier sollen durch die Prozesskostenrechnung einheitliche Patientenpfade entwickelt werden und ineffiziente Arbeitsabläufe erkannt werden, wodurch das Leistungsprogramm optimiert werden kann.

---

[120] Greiling (2005, S. 128).
[121] Greiling (2005, S. 127).

5.4 Entwicklung einer Konzeption für das Prozesscontrolling

5.4.1 Ausgestaltung einer Konzeption für das Prozesscontrolling

5.4.1.1 Ziele einer Konzeption für das Prozesscontrolling

Die etymologische Herkunft des Begriffs Konzeption lässt sich im Lateinischen finden und steht für Plan, Programm oder Leitvorstellung. Grundsätzlich soll eine Konzeption eine Basis für ein gemeinsames Handeln geben und steht für einen grundsätzlichen Leitgedanken eines Entwurfs.[122]

Nach Habert stellt eine Konzeption ein System von Aussagen dar, welches Grundlinien einer Sachverhaltsgestaltung als Mittel zur Erreichung einer bestimmten Zielsetzung formuliert. Darüber hinaus bezeichnet er eine Konzeption als ein vollständig formuliertes Denkmodell, dessen Gegenstand konkrete Objekte innerhalb einer kontextbasierten Mittel-Zweckbeziehung sind.[123] Um die Ziele einer Konzeption für das Prozesscontrolling zu definieren, erscheint es sinnvoll, den Blick auf eine Controlling-Konzeption zu lenken. Küpper beschreibt in diesem Zusammenhang, dass durch eine Konzeption geklärt werden soll, was unter dieser Funktion verstanden wird und „welche Merkmale die Funktion charakterisieren".[124] Aus diesem Verständnis einer Konzeption leitet Küpper folgende Inhalte ab. Zunächst soll eine Konzeption Aussagen über grundlegende Problemstellungen und entsprechende Lösungsansätze geben. Weiterhin enthält eine Konzeption neben den Zielen und Funktionen ebenso Instrumente. Küpper beschreibt in seinen Ausführungen, dass „das zentrale Merkmal einer Controlling-Konzeption [. . .] die konsequente Ausrichtung der Controlling-Gestaltung an den formulierten Controlling-Zielen" sei. Basierend darauf leitet Küpper im Hinblick auf die Praxis verschiedene Anforderungen an eine Konzeption für das Controlling ab. Zum einen soll eine Konzeption verschiedene Elemente ordnen und die Gestaltung des Controllings realisieren, zum anderen soll sie aber auch dazu dienen, Unternehmensziele zu realisieren, wobei die Auswahl des jeweiligen Instrumentes eine wichtige Rolle spielt bei der Erkenntnisgewinnung.[125]

Über einen Analogieschluss lassen sich diese Merkmale ebenfalls auf das Prozesscontrolling übertragen. Anzumerken ist jedoch, dass die Anforderungen an ein Prozesscontrolling im Hinblick auf die jeweilige Aufgabenwahrnehmung und die entsprechenden Instrumente im Hinblick auf den Aspekt der Prozessorientierung angepasst werden müssen.

Analog zu einer Controlling-Konzeption soll eine Konzeption für das Prozesscontrolling einen Ordnungsrahmen mit Bezug auf die Situation der Unternehmung darstellen. Grundsätzlich soll die Konzeption eine Basis für gemeinsames Handeln geben. Auch soll Transparenz im Hinblick auf die Durchführung der Prozesse geschaffen werden, was sich

---

[122] Vgl. Bibliographisches Institut GmbH (2013), Internetpublikation.
[123] Vgl. Harbert (1982, S. 140).
[124] Küpper (2008, S. 8).
[125] Vgl. Atzert (2011, S. 212).

ebenfalls auf eine effizientere Gestaltung der Prozesse und somit positiv auf die Wirtschaftlichkeit einer Unternehmung auswirken kann. Ebenfalls zielt eine Konzeption für das Prozesscontrolling auf eine Verbesserung der Organisation ab und kann dabei helfen, Lösungen für bestimmte Problemsituationen zu liefern. Ein weiteres Ziel liegt in der bewussteren Planung und dem bewussteren Einsatz von Ressourcen, wodurch Erfolge generiert werden können und die Arbeitszufriedenheit gesteigert werden kann.[126] Hinzu kommt des Weiteren, dass die in Abschn. 5.3.1 dargelegte Charakterisierung des Prozesscontrollings umgesetzt werden soll. Durch die Konzeption soll eine Abflachung der Hierarchieebenen im Hinblick auf eine Prozessorganisation geschaffen werden. Darüber hinaus soll eine Konzeption für das Prozesscontrolling die Selbststeuerung der Beteiligten am Arbeitsprozess und eine teamübergreifende Kommunikation schaffen.

In der Summe soll die Konzeption für das Prozesscontrolling die zu verrichtende Arbeit veranschaulichen und legitimieren. Anzumerken ist jedoch, dass diese Konzeption als dynamisch anzusehen ist und einem ständigen Veränderungsprozess unterliegt, der innerbetrieblich, z. B. durch überarbeitete Leitlinien, aber auch von außen wie beispielsweise durch Gesetzesänderungen vorangetrieben wird.

Im Folgenden wird vor dem Hintergrund der definierten Ziele und anhand der in dem Abschn. 5.4.1 vorgestellten Methoden zum Prozessmanagement des Beispielkrankenhauses eine Konzeption für das Prozesscontrolling entwickelt.

5.4.1.2 Gestaltung einer Konzeption für das Prozesscontrolling

5.4.1.2.1 Konzeption und Elemente des Prozesscontrollings
Die Abb. 5.18 zeigt eine mögliche Konzeption für das Prozesscontrolling mit ihren entsprechenden Elementen. Die Konzeption ist als ein dynamischer, allgemeingültiger Regelkreislauf zu verstehen, der für alle Prozesse des Krankenhauses gelten kann. Anzumerken ist, dass dieser Entwurf einen idealtypischen Charakter hat.

Die entwickelte Konzeption für das Prozesscontrolling besteht aus fünf wesentlichen Elementen. Zunächst einmal dem ausgewählten Prozess, der controllt werden soll, dann den entsprechenden Prozesszielen, die sich aus den Unternehmenszielen ableiten. Diese Ziele wiederum wirken sich auf die Umsetzung bzw. die Struktur des Prozesscontrollings aus und werden von dem Element des Gestaltungsrahmens beeinflusst. Dieser wiederum kann Einfluss auf die Prozesseffizienz bzw. das Prozessergebnis nehmen und letztendlich auf die Gestaltung des ausgewählten Prozesses.

Die einzelnen Elemente und ihr Zusammenspiel werden im weiteren Verlauf dieses Abschnitts erläutert und näher beschrieben.

5.4.1.2.1.1 Auswahl des Prozesses
Das erste Element der Konzeption bildet der zu untersuchende Prozess. Um den zu untersuchenden Prozess zu identifizieren, kann zwischen dem deduktiven und dem induktiven

---

[126] Vgl. Atzert (2011, S. 213 f.).

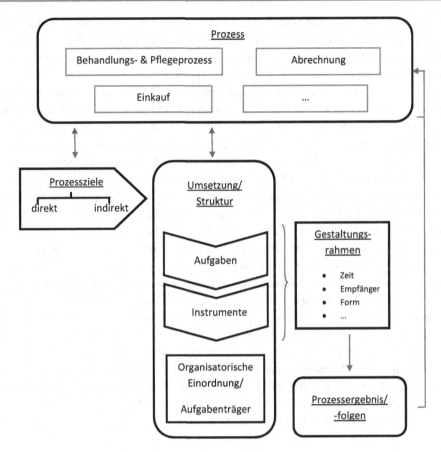

Abb. 5.18 Konzeption für das Prozesscontrolling. (Eigene Darstellung)

Verfahren unterschieden werden. Bei dem deduktiven Verfahren wird davon ausgegangen, dass grundlegende allgemeine Prozesse in allen Unternehmungen vorkommen. Diese Prozesse werden über Rahmenprozesse unternehmensspezifisch identifiziert und differenziert. Die Strukturen dieser Prozesse „werden auf Basis wettbewerbskritischer Erfolgsfaktoren generiert".[127] Bei der induktiven Vorgehensweise wird die Annahme verfolgt, dass Prozesse in jeder Unternehmung aufgrund von unterschiedlichen Kundenbedürfnissen und unterschiedlichen Wettbewerbssituationen unterschiedlich ablaufen.[128] Mit Blick auf die Unternehmung Krankenhaus kommt es zu einer Vielzahl von Prozessen bei der Erstellung der Dienstleistung.

Um den Überblick zu behalten, bietet sich eine Konzentration auf die wesentlichen Prozesse, d. h. die Kernleistung bzw. das Kerngeschäft dieser Unternehmung an. Im Kran-

---

[127] Zapp und Otten (2009) in Zapp (2009, S. 89).
[128] Vgl. Zapp und Otten (2009) in Zapp (2009, S. 89).

kenhaus wird dieser Kernleistungsprozess von der Gesundheitszustandveränderung des Patienten gebildet. Innerhalb des Beispielkrankenhauses steht hier laut dem angenommenen Prozessmodell der Behandlungs- und Pflegeprozess im Fokus, der sich wiederum aus den vier Teilprozessen Aufnahme, Diagnostik, Therapie und Entlassung zusammensetzt. Hierbei bietet es sich an, dass sich das Krankenhaus auf Prozesse konzentriert, bei denen vermutet wird, dass diese nicht wertschöpfend durchgeführt werden und damit verbundene Optimierungspotenziale zu vermuten sind. Zu überlegen ist, ob Teilprozesse eines Behandlungsprozesses oder ein gesamter Behandlungsprozess als Basis dienen sollen. Bei Teilprozessen kann beispielsweise die Organisation des OP-Bereichs als Element des Prozesscontrollings dienen. Bei der Betrachtung eines gesamten Behandlungsprozesses kann die Unternehmung eine Differenzierung vornehmen, indem beispielsweise die Top 15 der umsatzstärksten DRGs oder die Top 15 der häufigsten kodierten DRGs betrachtet werden. Die Betrachtung ausgewählter Prozesse sollte vor dem Hintergrund durchgeführt werden, dass sowohl die Unternehmung aber auch die Patienten und Kunden profitieren. Neben den Prozessen der Kernleistung, d. h. den primären Prozesses, können auch Prozesse der Sekundärleistungen, die sogenannten Unterstützungsprozesse berücksichtigt werden, wie z. B. Prozesse der Verwaltung, wie beispielsweise der Prozess des Einkaufs.

Unabhängig davon, ob es sich bei dem zu untersuchenden Prozess um einen Kernwertschöpfungsprozess oder einen Unterstützungsprozesse handelt, sollte diese die in Abschn. 5.2.1 beschriebenen Merkmale der strukturierten Abfolge, der Verrichtung, der ziel- und sinnorientierten Beziehung, der Aufgabenerfüllung, der definierten Ein- und Ausgangsgröße, des Wertezuwachses und das Merkmal der Zeitperiode aufweist. Um sich innerhalb der Konzeption den Prozess vor Augen zu führen kann es sinnvoll sein, diesen nach der horizontalen oder der vertikalen Struktur aufzulösen (vgl. Abschn. 5.2.1), um diesen so transparent und zugänglich wie möglich zu gestalten.

5.4.1.2.1.2 Definition der Prozessziele

Im Fokus der Definition der Prozessziele steht vor allem die Optimierung der wesentlichen Wettbewerbsfaktoren Zeit, Kosten und Qualität. Besonders im Hinblick auf die in Abschn. 5.2.2 beschriebenen sich gewandelten Ziele für ein Krankenhaus zeigt sich, dass diesen Parametern eine höhere Gewichtung zukommt, um im Wettbewerb zu bestehen. Durch die sich wandelnden Rahmenbedingungen wie beispielsweise die Fallpauschalenvergütung oder die steigende Wettbewerbsintensität sind Krankenhäuser dazu angehalten, die Prozesse und deren Ziele entsprechend dieser Wettbewerbsfaktoren auszurichten.

Um die Prozessziele zu spezifizieren, kann hierbei zwischen den direkten und den indirekten Prozesszielen unterschieden werden. Die direkten Ziele bilden die formalen Ziele, während die indirekten vielmehr die inhaltlichen Ziele abbilden.

Die direkten Ziele dienen vor allem zur Koordinationsdurchführung und haben einen unmittelbaren Bezug zu einer Problemstellung. Nach Küpper kann bei den direkten Zielen zwischen den Anpassungs-, Innovations-, Service- und Informationszielen unterschieden werden. Die Anpassungs- und Innovationsziele beziehen sich besonders auf die Koordination der Unternehmungsführung mit der Umwelt.[129] Unternehmungen sind laufenden Veränderungen unterworfen, was eine kontinuierliche Anpassung der Unternehmungsstruktur erfordert, wie beispielsweise die Verlagerung bestimmter Leistungen in den ambulanten Bereich. Darüber hinaus kann eine Unternehmung selbst auch die Entwicklung vorantreiben, in dem ein Krankenhaus beispielsweise Neue Untersuchungs- und Behandlungsmethoden (NUB) entwickelt. Diese beiden Ziele sind besonders wichtig für den nachhaltigen Erfolg und die langfristige Existenzsicherung einer Unternehmung. Das Service- und das Informationsziel bedeutet „die Bereitstellung geeigneter Methoden, um eine Koordination zu erreichen und dem Führungsteilsystem Informationen über die für ein koordiniertes Handeln zweckmäßiges Verfahren zu liefern".[130] Direkte Ziele unterliegen der Anpassungsfähigkeit an die Umweltsituation. Sie sind somit als dynamisch anzusehen und tragen zur Entwicklung prozessbezogener Erfolgspotenziale bei. Die direkten Ziele weisen eher einen allgemeinen und unspezifischen Charakter auf.

Zur weiteren Differenzierung sollten indirekte Ziele formuliert werden. Die indirekten Ziele können einen Soll-Zustand formulieren, der durch das Prozesscontrolling erreicht werden soll und durch dieses koordiniert wird.[131] Die indirekten Prozessziele sollten auf den Kernprozess, d. h. auf dem Behandlungs- und Pflegeprozess basieren und im Hinblick auf das Unternehmensziel festgelegt werden.

Ein mögliches Ziel eines Krankenhauses könnte die Erreichung der „Kostenführerschaft" sein. Aus diesem direkten Ziel würde sich das indirekte Ziel „Senkung der Prozesskosten" ergeben. Für jeden einzelnen Prozess würden im weiteren Verlauf Zielwerte definiert werden, wie z. B. „Verringerung der Prozesskosten im Vergleich zu Wettbewerbern" oder „Erreichung eines höheren Deckungsbeitrags I". Ziele des Prozesscontrollings wären an dieser Stelle aber auch die Herstellung der Kostentransparenz oder die Analyse der Kosten.

5.4.1.2.1.3   Umsetzung und Struktur der Konzeption

Das Element der Umsetzung und Struktur der Konzeption setzt sich aus den Teilelementen Aufgaben, Instrumente und organisatorische Einbettung zusammen.

Auf die **Aufgaben** innerhalb des Prozesscontrollings wurde bereits in Abschn. 5.3.1 innerhalb der Charakterisierung des Prozesscontrollings eingegangen. Zusammenfassend lässt sich sagen, dass auf Basis der direkt und indirekt definierten Ziele Planungs- und Zielgrößen entwickelt werden. Darüber hinaus wird durch das Prozesscontrolling die Aufgabe verfolgt, dass Informationen über Soll- und Ist-Daten bereitgestellt werden und ein Soll-Ist-Vergleich möglich ist. Im Anschluss daran können Abweichungen analysiert und mögliche Ursachen ermittelt werden. Durch das Prozesscontrolling sollen Mitarbeiter im Hinblick auf Qualität, Kosten und Effizienz der Prozesse sensibilisiert werden.[132]

---

[129] Vgl. Küpper (2008, S. 32 ff.).
[130] Küpper (2008, S. 32).
[131] Vgl. Küpper (2008, S. 32 ff.).
[132] Vgl. Ravizza (2012, S. 36 f.).

Um die Aufgaben zu erfüllen, muss sich das Prozesscontrolling verschiedener **Instrumente** bedienen. Innerhalb der Konzeption werden die in Abschn. 5.3.1 beschriebenen Funktionen und Ziele eines Instrumentes des Prozesscontrollings aufgegriffen und in die Konzeption eingebettet. Im weiteren Verlauf werden zwei Instrumente beispielhaft dargestellt.

Ein mögliches Instrument des Prozesscontrollings bildet die mehrstufige BSC. Die BSC dient an dieser Stelle als ein Kennzahlensystem, das wirtschaftliche Sachverhalte und Informationen von Prozessen übersichtlich und in verdichteter Form abbildet. Hierbei kann das Prozesscontrolling auf zwei Ebenen erfolgen und ist jeweils auf die Bedürfnisse des jeweiligen Empfängers ausgerichtet. Durch den Einsatz einer BSC können wichtige Kennzahlen und Ziele abgebildet und überwacht werden.[133] Die BSC kann in abgewandelter Form innerhalb eines Krankenhauses ihre Anwendung finden und kann beispielsweise auf Fachabteilungs- und Abteilungsebene durchgeführt werden. Dies wird in Abb. 5.19 verdeutlicht.

Die Unternehmung selbst prägt die Vision, die Mission und die Strategie, aus denen Ziele entwickelt werden. Diese Ziele wiederum wirken auf die Fachabteilungsspezifische BSC. Auf die Unternehmung Krankenhaus bezogen eignet sich die BSC als Kennzahlensystem für eine aggregierte Darstellung ausgewählter Kennzahlen. Vor dem Hintergrund des Prozesscontrollings wird an dieser Stelle aus Gründen der Übersichtlichkeit die Prozessperspektive herausgestellt, was bedeutet, dass die weiteren Perspektiven innerhalb

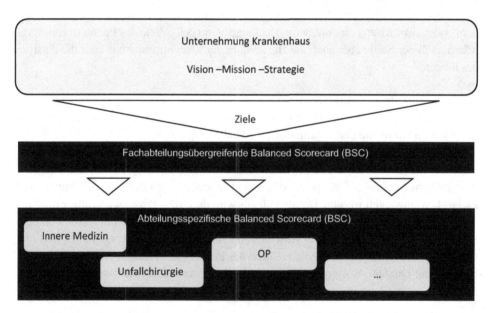

Abb. 5.19 Mehrstufige BSC im Krankenhaus. (Eigene Darstellung)

---

[133] Vgl. Springer (2009, S. 234 f.).

dieser Konzeption vernachlässigt werden. Wie in Abschn. 5.3.1 dargestellt, verfolgt die Perspektive der internen Geschäftsprozesse mit dem Ziel zu hinterfragen, mit welchen operativen Maßnahmen die Wettbewerbsfähigkeit der Unternehmung gesteigert werden kann. Innerhalb der Konzeption kann hier ein fachabteilungsübergreifendes Ziel sein, dass die durchschnittliche Verweildauer (VWD) des Hauses nicht die durchschnittliche VWD (2013: 7,5 Tage)[134] deutscher Krankenhäuser übersteigt. Ausgehend von dieser BSC werden abteilungsspezifische BSCs durchgeführt. Hier könnte beispielsweise ein Durchschnittswert als Richtwert fungieren. Sofern ein bestimmter Schwellenwert überschritten wird, erhält der jeweilige Prozessverantwortliche eine Nachricht, sodass weitere Schritte eingeleitet werden können. Innerhalb der Darstellung der BSC können „Echt-Zeit-Daten" abgebildet werden, wie z. B. die VWD oder die Quote der „wie vereinbart stattgefundenen CT-Untersuchungen". Auch finden vergangenheitsorientierte Kennzahlen wie z. B. die Komplikationsrate hier ihre Anwendung. Sofern Kennzahlen noch nicht nachgehalten werden können, können Daten aus dem vorherigen Quartal abgebildet werden. Innerhalb der BSC können die Kennzahlen je nach Kontext und ausgewähltem Prozess entsprechend angepasst werden. Die BSC weist hier sowohl Steuerungsfunktionen als auch Informationsfunktionen auf.

Eine weitere Form eines Instrumentes für das Prozesscontrolling kann ein unternehmungsspezifisch entwickeltes Kennzahlenblatt darstellen. Dieses Kennzahlenblatt enthält für den ausgewählten Prozess Kennzahlen, die in verdichteter Form über bestimmte Sachverhalte informieren. Bei der Erstellung bzw. der Kennzahlenauswahl können die Elemente einer Kennzahl nach Zapp und Oswald (vgl. Abschn. 5.3.3.2.1) dazu dienen, relevante Kennzahlen zu identifizieren. Dieses Kennzahlenblatt wird je nach Empfänger gestaltet und enthält die wesentlichsten Informationen über einen ausgewählten Prozess. Das Kennzahlenblatt setzt sich aus vergangenheitsorientierten Kennzahlen zusammen und findet nicht prozessbegleitend statt, sondern erfolgt zu einem gewissen Zeitpunkt, z. B. quartalsweise. Die Abb. 5.20 zeigt eine mögliche Darstellung eines solchen Kennzahlenblattes.

Den Inhalt eines Kennzahlenblattes bilden die für den Empfänger wichtigen Daten über einen ausgewählten Prozess, wobei dieser Entwurf eines Kennzahlenblattes eher auf die Abbildung der Prozesseffizienz abzielt als auf die Prozesseffektivität. In Punkt (A) sollte der Prozess definiert werden, über den das Prozesscontrolling berichtet. Im weiteren Verlauf wird der Empfänger (B) z. B. der Prozessverantwortliche genannt und der Zeitraum (C), über den berichtet wird, z. B. enthält Ist-Daten des letzten Quartals. Der Punkt (D) bildet den umfangreichsten Teil des Kennzahlenblattes. Unter diesem Punkt werden sämtliche ermittelte Daten, die den ausgewählten Prozess betreffen, subsumiert und zusammengefasst. Im ersten Teilabschnitt erfolgt die Darstellung allgemeiner Leistungsdaten, wie z. B. die Fallzahl oder der effektive CM. Die Daten sollten jedoch mit Plandaten oder Vorjahresdaten gegenübergestellt werden, um einen Vergleich zu ermöglichen. Es erscheint ebenfalls sinnvoll, dass die durchschnittliche VWD im Vergleich zur mittleren VWD des Fallpauschalenkataloges verglichen wird. Je nach Ergebnis ist abzu-

---

[134] Vgl. Statista (o.J.), Internetpublikation.

Kennzahlenblatt

(A) Prozess

(B) Empfänger

(C) Zeitraum

(D) Erhobene Daten

    1.) Allgemeine Leistungsdaten

        1.1) Fallzahl
        1.2) effektiver Case Mix (CM)
        1.3) effektiver Case Mix Index (CMI)
        1.4) VWD

    2.) Qualitative Daten

        2.1) Komplikationsrate
        2.2) Fallzusammenführung
        2.3) MDK-Prüfquote

    3.) Daten der Wirtschaftlichkeit

        3.1) Prozesskostenrechnung
        3.2) Dauer der Patientenentlassung bis Kodierungsfreigabe im System
        3.3) Dauer der Patientenentlassung bis Kodierungsfreigabe im System
        3.4) Informationen über auftretende Verschwendung innerhalb des Prozesses

Abb. 5.20 Kennzahlenblatt. (Eigene Darstellung)

wägen, ob tiefer in die Auswertung eingestiegen werden muss. Beispielsweise kann eine weitere Analyse der Fälle mit Langlieger- oder Kurzlieger-Abschlag erfolgen. Auch kann ausgewertet werden, wie viele Fälle zwischen der mittleren Verweildauer (MVD) und der oberen Grenzverweildauer (oGVD) liegen, um gegebenenfalls Optimierungspotenziale zu erkennen, die es ermöglichen den Prozess zu verschlanken, sodass der Patient eher entlassen werden kann.

Im zweiten Teilschritt könnten qualitative Daten des ausgewählten Prozesses reportet werden. Beispielsweise könnten Fallzusammenführungen ausgewertet werden und analysiert werden, welche Fälle aufgrund von Komplikationen, Rückverlegungen oder aufgrund von sonstigen Gründen zusammengeführt wurden.

Im dritten Teilschritt wird über die Wirtschaftlichkeit eines Prozesses berichtet. Die Prozesskostenrechnung könnte an dieser Stelle ihre Anwendung finden. Der Empfänger konnte durch die Prozesskostenrechnung Rückschlüsse darauf ziehen, inwieweit der Prozess optimiert werden muss. Darüber hinaus kann eine prozessorientierte Kalkulation und Kapazitätenplanung erfolgen. Ein weiterer Vorteil läge darin, dass innerhalb des Unternehmens Kostentransparenz geschaffen wird. Auch könnte hier beispielsweise über die Dauer der Kodierungsfreigabe im System bis zur Abrechnung des Falles berichtet werden.

Darüber hinaus könnten auch Informationen über Verschwendung innerhalb eines Prozesses angegeben werden. Vor allem im Hinblick auf den Wettbewerbsfaktor Zeit spielt die Verschwendung eine wesentliche Rolle. Schafft es das Krankenhaus seine Prozesse optimal im Hinblick auf den Faktor Zeit zu gestalten, arbeitet dies im Folgeschluss wirtschaftlich und effizient. Um Verschwendungen zu identifizieren, kann an dieser Stelle auf die wesentlichen Verschwendungsarten verwiesen werden, die innerhalb des Lean Managements beschrieben werden (vgl. Abschn. 5.3.3.1). Die Abb. 5.21 zeigt beispielhaft Möglichkeiten der Verschwendung innerhalb eines Prozesses in einem Krankenhaus.

Sofern innerhalb des Prozesscontrollings Verschwendung identifiziert worden sind, ist das Krankenhaus dazu angehalten, jegliche Verschwendung, die keinen Kundennutzen stiftet bzw. nicht von grundlegender Bedeutung für die Unternehmung ist, zu eliminieren.

Die beiden dargestellten Instrumente können sich ergänzen, können jedoch auch getrennt voneinander innerhalb der Unternehmung Anwendung finden. Sofern sich ein Krankenhaus für ein Zusammenspiel der mehrstufigen BSC und des Kennzahlenblattes entscheidet, kann ein Krankenhaus ein Kennzahlen-Cockpit aufbauen.

Damit die verwendeten Instrumente zweckmäßig sind, sollte das Prozesscontrolling organisatorisch eingebettet werden, damit Zuständigkeiten und Verantwortlichkeiten genau definiert werden. Besonders im Hinblick auf die Unternehmung Krankenhaus sind Prozesse stations- und funktionsübergreifend. Oftmals kommt es dazu, dass Mitarbeiter in einzelnen Abteilungen den Prozess bzw. Teile des Prozesses in ihrer eigenen Abteilung zu optimieren versuchen ohne Berücksichtigung anderer Abteilungen. Um dies zu vermeiden, sollte eine Person für einen Prozess benannt werden, der sowohl die funktions- als auch die abteilungsübergreifende Verantwortung trägt. Dem Prozessverantwortlichen kommt die Aufgabe zu, den Prozess zu lenken und diesen stetig zu verbessern.[135]

Die Abb. 5.22 zeigt eine mögliche Sichtweise der organisatorischen Einbettung.

---

[135] Vgl. Zapp und Oswald (2009) in Zapp (2009, S. 82), vgl. auch Ärztliches Zentrum für Qualität (2014).

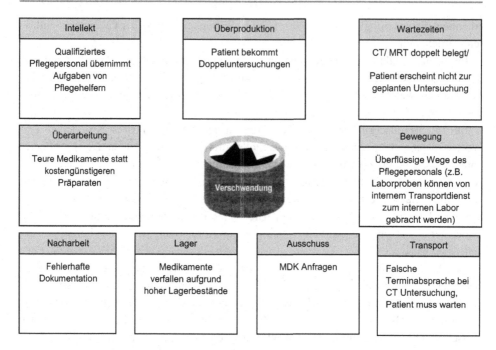

Abb. 5.21 Verschwendung verursacht Kosten am Beispiel der Unternehmung Krankenhaus. (Eigene Darstellung in Anlehnung an Dahm und Haindl 2015, S. 71)

Das Prozesscontrolling ist Teil des Controllings. Innerhalb des Prozesscontrollings gibt es einen zentralen Prozesscontroller. Diesem kommt innerhalb des Prozesscontrollings eine Servicefunktion und eine unterstützende Rolle zu. Der Prozesscontroller ist für die Beschaffung der Daten, dessen Plausibilität und deren Bereitstellung verantwortlich. Diesem unterliegen wiederum die zu untersuchenden Prozesse. Für jeden Prozess

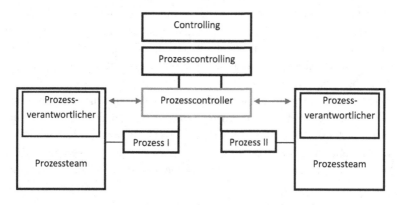

Abb. 5.22 Organisatorische Einbettung des Prozesscontrollings. (Eigene Darstellung)

gibt es jeweils ein spezialisiertes Prozessteam mit einem Prozessverantwortlichen. Das Prozessteam setzt sich aus verschieden Mitarbeitern zusammen, die aktiv am Prozess beteiligt sind. Durch die Einbindung unterschiedlicher Disziplinen kann gewährleistet werden, dass unterschiedliches Wissen, z. B. das der Ärzte, Pfleger oder auch das Wissen der Mitarbeiter des Labors usw., einfließen kann und eine optimale Gestaltung des Prozesses gewährleistet wird. Innerhalb dieses Prozessteams wird der Soll-Zustand bzw. der „Goldstandard" eines Behandlungsprozesses definiert. Im Prozessteam wird ein Prozessverantwortlicher festgelegt, der die Verantwortung für diesen Prozess trägt. Die Festlegung der Prozessverantwortlichen erfolgt unabhängig von der Dienstart. Beispielsweise kann auch eine Pflegekraft verantwortlich für den definierten Prozess sein. Auch ein Chefarzt kann Prozessverantwortlicher sein oder kann diesen Auftrag an einen geeigneten Oberarzt weitergeben. Durch die Prozessteams erfolgt eine Teamarbeit im Sinne des Lean Managements. Hierbei wird sowohl der dezentrale Charakter des Prozesscontrollings aufgegriffen, aber auch eine Abflachung der Hierarchieebenen vorgenommen. Hinzu kommt, dass durch den Prozessverantwortlichen Zuständigkeiten definiert werden können und Prozesse innerhalb der Ablauforganisation im Hinblick auf dessen Transparenz gefördert werden können.

In regelmäßigen Abständen sollte sich der jeweilige Prozessverantwortliche mit dem Prozesscontroller treffen, um sich konstruktiv über den Prozess auszutauschen. In diesem Treffen kann erörtert werden, wo Schwierigkeiten innerhalb des Prozesses liegen, ob es Veränderungen innerhalb des Prozesses gibt oder ob Veränderungsmaßnahmen umgesetzt werden etc.

5.4.1.2.1.4 Gestaltungsrahmen innerhalb der Konzeption

Das Element des Gestaltungsrahmens bezieht sich auf die Gestaltung des Prozesscontrollings in Abhängigkeit des jeweiligen Adressaten. Zu unterscheiden ist hier, ob die Informationen an das strategische oder das operative Management gerichtet sind (siehe Tab. 5.5). Auf strategischer Ebene kann hierbei das Top-Management als Empfänger gesehen werden. Durch das Prozesscontrolling kann diesem beispielsweise in Form eines Kennzahlenblattes halbjährig über ausgewählte Prozesse berichtet werden. Die Inhalte sind abhängig von der jeweiligen Problemstellung des einzelnen Prozesses, um eventuell Strategien zu ändern, wie z. B. dass eine Leistung bereits ambulant erbracht werden kann. Auf operativer Ebene richtet sich der Bericht des Prozesscontrollings an den Prozessverantwortlichen und erfolgt z. B. quartalsweise. Das Kennzahlenblatt oder die BSC kann im Vergleich zum Bericht, der an das strategische Management gerichtet ist, in detaillierterer Form erfolgen.

Auf operativer Ebene könnte die BSC als Frühwarnsystem dienen. Durch eine IT-unterstütze Lösung könnten gewisse Daten beispielsweise automatisch generiert werden und bei Überschreitung eines vorher definierten Schwellenwertes eine Nachricht an den Prozessverantwortlichen gesendet werden, der sich wiederum mit dieser Problematik auseinandersetzen und Handlungsschritte einleiten muss.

Tab. 5.5 Strategisch und operativer Gestaltungsrahmen des Prozesscontrollings. (Eigene Darstellung)

	Gestaltungsrahmen	
	Strategisch	Operativ
Empfänger	Top-Management	Prozessverantwortlicher
Zeit	Halbjährig	Pro Quartal
Form	Kennzahlenblatt/BSC	Kennzahlenblatt/BSC

5.4.1.2.1.5 Ergebnisse der Konzeption

Das letzte Element der Konzeption, welches in Zusammenhang dieser Arbeit erläutert wird, bezieht sich auf den Fall, dass durch die eingesetzten Instrumente Abweichungen erkannt oder Schwachstellen aufgedeckt werden können und im Sinne des Prozesscontrollings weiter genutzt werden sollten. Dieser Punkt hat starke Parallelen zum Prozessmanagement aber auch zum Qualitätsmanagement. Erkennt der Prozessverantwortliche beispielsweise Abweichungen, kann der entsprechende Prozess im Hinblick auf die Abweichungen verbessert und neu gestaltet werden. Fällt innerhalb des Prozesscontrollings auf, dass vermehrt Fälle auftreten, bei denen die oGVD überschritten wird, müssen Ursachen dafür gesucht werden. Möglicherweise kann festgestellt werden, dass beispielsweise verschieden aufeinander aufbauende Untersuchungen besser gestaltet werden können und der Aufenthalt des Patienten somit effizienter zu gestalten ist, was zur Folge hat, dass der Patient Leistungen wie z. B. eine Computertomographie (CT) oder eine Magnetresonanztomographie (MRT) eher in Anspruch nehmen kann und somit die Diagnostik und Therapie effizienter und effektiver gestaltet wird, wodurch der Patient eher entlassen werden kann (unterhalb der oGVD).

Auch können z. B. Defizite in der administrativen Abwicklung während der Abrechnung der Fälle aufgedeckt werden. Ist das Ergebnis des Prozesscontrollings beispielsweise, dass erkannt wird, dass die Kodierungsfreigabe bis hin zur Abrechnung des Falles dauert und somit die Liquidität des Krankenhauses beeinflusst wird, kann das Krankenhaus in Erwägung ziehen, dass dieser Teilprozess optimiert bzw. neu gestaltet wird. Ebenfalls können Verschwendungen identifiziert und diesen entgegengewirkt werden. Verschwendung meint in diesem Zusammenhang, dass eingesetzte Ressourcen, wie Sachmittel, Investitionsgüter oder Personal, die nicht unmittelbar den Patienten betreffen, als Verschwendungen deklariert werden. Weitere Ergebnisse können sein, dass durch die Anwendung von Kennzahlen festgestellt wird, dass ein Prozess mit langen Wartezeiten, mit suchendem Personal oder weiten Wegen verbunden ist. Liegt so ein Ergebnis vor, kann die Unternehmung im Sinne des Lean Management Umstrukturierungen vornehmen, um die Prozesse besser zu gestalten. Es können beispielsweise eventuell Wartezeiten des Krankenhauspersonals auf die Patienten umgeschichtet werden, wie z. B. beim Warten auf ein CT oder MRT. Das jeweilige Krankenhaus müsste die Wartezeit des Patienten jedoch aktiv gestalten, sodass er sie nicht als störend empfindet. Das Krankenhauspersonal kann so die Arbeitszeit besser ausgestalten und effizienter nutzen. Das Krankenhaus kann auch überlegen, dass der Aufnahmeprozess bei elektiven Leistungen nach dem Just-in-time-Prinzip umgestaltet wird. Hier könnte der Patient beispielsweise am Tag der OP aufgenommen werden. Allerdings müsste hier gewährleistet werden können, dass erforderliche Untersuchungen bereits im Vorfeld ambulant durchgeführt wurden und es so zu keinen Reibungsverlusten kommt. So könnte das Krankenhaus die Auslastung des Hauses optimal gestalten und Verschwendung würde vermieden werden.

5.4.1.2.2 Aufbau und Entwicklung einer Prozesskultur

Eine Konzeption für das Prozesscontrolling kann nur dann umgesetzt werden, wenn diese von den Mitarbeitern des Krankenhauses gelebt wird und der Gedanke einer prozessorientierten Organisation in dem Bewusstsein der Mitarbeiter verankert wird. Erst wenn die Mitarbeiter die Idee der Prozessorganisation verstanden haben, kann die Konzeption nachhaltig umgesetzt werden.[136]

Ein wichtiger Parameter beim Aufbau einer Prozesskultur ist der, dass die Unternehmungsleitung und das Management die Prozesskultur vertritt und sich dieses in der Handlungsweise äußert. Mitarbeiter müssen motiviert werden und die Sinnhaftigkeit hinter einer prozessorientierten Unternehmung sehen. Eine Prozesskultur kann durch aktive Beteiligung der Mitarbeiter, die in den Prozessen tätig sind, erfolgen, indem die Mitarbeiter und deren Ideen und Verbesserungsvorschläge in die Entwicklung mit eingebunden werden. Eine besondere Rolle spielt hier neben der regelmäßigen Informationsversorgung ebenfalls eine permanente und verständliche Kommunikation unterhalb der Mitarbeiter.[137] Der Vorteil für eine Unternehmung in der Etablierung einer Prozesskultur liegt vor allem darin, dass Prozesse stabilisiert werden. Mitarbeiter werden dazu veranlasst kundenorientiert zu denken und helfen dabei gleichzeitig der Unternehmung, Prozesse effektiver zu gestalten. Darüber hinaus kann, sofern eine Prozesskultur gelebt wird, der Prozess selbst von den Mitarbeitern optimiert werden, ohne dass die Führungsebene dieses initiieren muss, wodurch sich das Krankenhaus zu einer selbständigen und selbstorganisierten Unternehmung wandelt. Sofern eine Prozesskultur innerhalb der Unternehmung eingebettet ist, ist es wahrscheinlich, dass der Aufwand der Kontrolle abnimmt, da die Mitarbeiter dazu angehalten werden, Prozesse selbst zu reflektieren und zu hinterfragen. Allerdings nimmt die Etablierung einer Prozesskultur viel Zeit in Anspruch.[138] In der Literatur wird davon ausgegangen, dass dieser Vorgang ca. vier bis sieben Jahre andauert.[139] Da die Prozesskultur nicht ad hoc umgesetzt werden kann, kann eine schrittweise Umsetzung erfolgen. Beispielsweise kann zunächst ein Prozesscontroller benannt werden. Im Sinne eines Pilot-Projektes könnte ein Prozess mit einem entsprechenden Prozessverantwortlichen identifiziert werden. Dadurch kann das Know-how innerhalb des Controllings und des Prozesscontrollings wachsen, was sich positiv auf folgende Prozessanalysen auswirkt. Zu überlegen wäre auch, ob zunächst einzelne Instrumente des Prozesscontrollings um-

---

[136] Vgl. Ravizza (2012, S. 32 f.).
[137] Vgl. Ravizza (2012, S. 34 f.).
[138] Vgl. Schnetzer (o.J., S. 167 f.).
[139] Vgl. Ravizza (2012, S. 35).

gesetzt werden, wie z. B. die Prozesskostenrechnung und später weiter ausgebaut werden, und das Prozesscontrolling als „schleichender Prozess" stattfindet.

Besonders mit Blick auf die Unternehmung Krankenhaus kann sich die Etablierung einer Prozesskultur als problematisch erweisen. Damit Mitarbeiter eines Krankenhauses diese umsetzen bzw. leben können, muss eine interdisziplinäre Zusammenarbeit innerhalb eines Behandlungsablaufes auf Augenhöhe gewährleistet werden. In Krankenhäusern ist jedoch oftmals ein arzt- bzw. abteilungsorientiertes Denken vorhanden, das überwunden werden muss.

In Bezug auf die Konzeption und deren Umsetzung kann an dieser Stelle auf Kaizen des Lean Managements zurückgegriffen werden. Kaizen zielt auf ständige Verbesserung und auf eine Perfektionierung des Prozesses und der Dienstleistung ab (vgl. Abschn. 5.3.3.1). Kann ein Krankenhaus Kaizen erfolgreich umsetzen, kann es somit kontinuierlich ablaufende Prozesse verbessern und optimieren. Um den Aufbau und die Entwicklung einer Prozesskultur zu fördern, lässt sich ebenfalls auf die Philosophie des Lean Managements verweisen (vgl. Abschn. 5.3.3.1). Hierbei soll das Verhältnis des einzelnen Mitarbeiters zur Unternehmung, zur Arbeit, zu Kollegen und Kunden von Achtung, Loyalität und Vertrauen geprägt sein, was durch Vertrauen und Wertschöpfung der Führungsverantwortlichen gegenüber den Mitarbeitern ohne überflüssigen Druck und Härte gefördert werden kann. So kann sich die Unternehmung von einer Aufbauorganisation zu einer Ablauforganisation entwickeln, wodurch zeitraubende, fehlerverursachende, komplexitätstreibende und kostspielige Schnittstellen vermieden werden können.

5.4.2 Bewertung und Diskussion der entwickelten Konzeption

5.4.2.1 Prüfung der Rahmenbedingungen der entwickelten Konzeption

Bei der Bewertung der Konzeption für das Prozesscontrolling muss zunächst geprüft werden, ob es sich hierbei tatsächlich um eine Konzeption handelt. Laut Küpper sind an eine Konzeption drei wesentliche Anforderungen zu stellen, die Eigenständigkeit, die theoretische Fundierung und die Bewährung in der Praxis.[140]

Zunächst muss eine eigenständige Problemstellung erkennbar sein. Fragen und Funktionen sollten hierbei ein gemeinsames Merkmal aufweisen. Laut Küpper darf es sich an dieser Stelle nicht um eine „bloße Zusammenfassung verschiedener Aufgaben aus mehreren Bereichen handeln".[141] Mit Blick auf die entwickelte Konzeption scheint dieses Merkmal gegeben zu sein. Der Ausgangspunkt bzw. die Problemstellung bezieht sich auf die Prozessabläufe innerhalb eines Krankenhauses. Darüber hinaus handelt es sich nicht nur um eine Zusammenfassung verschiedener Aufgaben. Durch das Prozesscontrolling wird der Blick des bestehenden Controllings erweitert und mit dem Prozessgedanken verknüpft.

---

[140] Vgl. Küpper (2008, S. 6).
[141] Küpper (2008, S. 7).

Als weiteres Kriterium müssen laut Küpper theoretische Ansätze für die entsprechende Problemstellung entwickelt werden, die über eine reine Beschreibung von bestehenden Problemen, empirischen Tatbeständen und Instrumenten hinausgehen. Mit Blick auf das Prozesscontrolling im Krankenhaus fällt auf, dass die bestehenden Probleme nicht als durchweg neu erscheinen, sondern bereits Ansätze existieren. Diese Ansätze lassen sich in Leitlinien, Behandlungsabläufen usw. wiederfinden. Laut Küpper muss es aber gelingen, über bisherige Ergebnisse hinauszugehen. Für das Prozesscontrolling gibt es in der Literatur einige Denkmodelle und Vorschläge, wobei es sich im Hinblick auf die Anwendung im Krankenhaus jedoch noch in der Aufbauphase befindet.

Die dritte Anforderung, die Küpper beschreibt, ist die Umsetzung der Konzeption in der Praxis. Durch die Anwendung in der Praxis zeigt sich, ob dieser Bereich eigenständig ist und diesem neuen Problembereich Aufgaben zukommen. Veröffentlichungen zeigen, dass das Prozesscontrolling eher vereinzelt in den Krankenhäusern angekommen ist. So hat beispielsweise das Caritas-Krankenhaus St. Josef in Regensburg innerhalb der Unternehmung einen Paradigmenwechsel hin zu einem prozessorientierten Krankenhaus durchzogen.[142]

Das Prozesscontrolling sollte innerhalb eines Unternehmens jedoch nicht als eigenständige betriebswirtschaftliche Disziplin gesehen werden, sondern vielmehr als Erweiterung des bestehenden Controllings, indem der Blick erweitert und ergänzt wird und die Unternehmung eine neue Perspektive auf ein bestehendes Problem, der effizienten Gestaltung von Prozessen gewinnt. Anzumerken ist ebenfalls, dass das Prozesscontrolling Überschneidungen zu anderen Disziplinen aufweisen kann. Wie schon erwähnt geht es über das klassische Controlling hinaus, bedient sich aber an Instrumenten und Methoden aus diesem Bereich. Auch hat es Parallelen zum Prozessmanagement und zum Qualitätsmanagement. Die Grenzen können hier nicht klar abgesteckt werden und überschneiden sich. Diese Überschneidung tritt vor allem an dem Punkt auf, wenn die Ergebnisse des Prozesscontrollings Abweichungen aufzeigen und Veränderungen an dem ausgewählten Prozess nach sich ziehen.

5.4.2.2 Bewertung und Diskussion der Elemente der Konzeption
Ebenfalls müssen sowohl die einzelnen Elemente als auch die entsprechenden Teilelemente der entwickelten Konzeption hinterfragt werden (siehe Tab. 5.6).

Das erste Element der Konzeption bildet der ausgewählte Prozess. Da bei dem Beispielkrankenhaus davon ausgegangen wird, dass dieses über ein Prozessmodell verfügt, ist davon auszugehen, dass die Mitarbeiter nach diesem Modell und den damit verknüpften Absichten, einer transparenten Einheit und miteinander verknüpfter bzw. in Wechselwirkung stehender Prozesse vertraut sind und dieses auch umsetzen. Das Problem liegt vielmehr in der Auswahl eines Prozesses. Entscheidet sich das Krankenhaus dafür, die Prozesse der Top 15 DRGs zu controllen, stellt sich die Frage, ob sich dieses Verfahren als sinnvoll zeigt. Eventuell sind diese Prozesse durch ihre Häufigkeit bereits effizient gestal-

---

[142] Vgl. Frank und Straßburger (2015, S. 62 ff.).

Tab. 5.6 Vor- und Nachteile der entwickelten Konzeption. (Eigene Darstellung)

Element der Konzeption	Vorteile	Nachteile
Prozess Auswahl	– Geeignet für sämtliche Prozesse innerhalb des Krankenhauses	– Ineffiziente Prozesse werden nicht identifiziert
Prozessziele	– Flexibel – Harmonisierung der Unternehmensziele mit den Prozesszielen	– Direkte Ziele schwer messbar
Umsetzung/Struktur		
Aufgaben	– Sensibilisierung der Mitarbeiter im Hinblick auf Prozesscontrolling	– Theoretischer Charakter
Instrumente	– Aggregierte Darstellung – Zielwerte – Aufbau eines Kennzahlencockpits – Bessere Gestaltung des Leistungsspektrums	– Prozessperspektive der BSC zu einseitig
Organisatorische Einordnung	– Direkter Prozessverantwortlicher	– Geringe Akzeptanz – Erhöhung des Arbeitspensums
Gestaltungsrahmen	– Individuell erstellbar	–
Prozessergebnis	– Ständiger Verbesserungsprozess	– Nachhaltigkeit

tet und es wäre für das Krankenhaus sinnvoller, andere Prozesse zu controllen. Dennoch kann das Krankenhaus die Konzeption für verschiedene Prozesse innerhalb der Unternehmung anwenden, da die Konzeption als allgemeingültiger Regelkreis anzusehen ist.

Im Hinblick auf die Prozessziele lässt sich anführen, dass durch die direkten unspezifischen und die indirekten spezifisch formulierten Ziele das Prozesscontrolling flexibel gestaltet und in Abhängigkeit von dem jeweilig ausgewählten Prozess durchgeführt werden kann. Darüber hinaus wird ermöglicht, dass die Prozessziele anhand der Unternehmensziele ausgerichtet werden können. Dennoch liegt der Nachteil in der Messbarkeit der direkten Ziele, da diese nur schwer operationalisierbar sind. Dies verhält sich analog zu den Aufgaben innerhalb des Prozesscontrollings, da sich diese an den formulierten Zielen ausrichten. Positiv anzumerken ist, dass durch die Aufgaben des Prozesscontrollings Mitarbeiter sensibilisiert werden im Hinblick auf ablaufenden Prozess. Nachteilig ist allerdings, dass dieser Ansatz einen sehr theoretischen Charakter hat und nur schwer in der Praxis umzusetzen ist.

Die Instrumentenwahl innerhalb der Konzeption ist kritisch zu betrachten. Innerhalb dieser Konzeption wurde die Anwendung der mehrstufigen BSC mit Auswahl der Prozessperspektive vorgeschlagen. Durch diese Art der Darstellung wird die Komplexität reduziert und ermöglicht eine komprimierte und aggregierte Darstellung der Kennzahlen. Darüber hinaus können Zielwerte definiert werden, die bei Überschreitung als Frühwarnsystem fungieren können. Ein möglicher Nachteil könnte jedoch eine zu einseitige Betrachtung sein, da nur die Prozessperspektive abgebildet wird.

Das zweite dargelegte Instrument bezieht sich auf das Kennzahlenblatt. Kennzahlen wie Fallzahl, effektiver CM usw. sind gängige Kennzahlen in der Praxis eines Krankenhauses und erfordern daher keine weitere Erläuterung. Innerhalb dieses Kennzahlenblattes werden jedoch auch die Prozesskosten eines Prozess abgebildet und können in eine Deckungsbeitragsrechnung I überführt werden und Informationen darüber geben, ob aus wirtschaftlicher Sicht Leistungen ausgebaut oder eingedämmt werden sollen.

Des Weiteren muss an dieser Stelle diskutiert werden, ob die Ermittlung der Kennzahl „Verschwendung" auf Akzeptanz stößt. Es ist fraglich, ob Ärzte beispielsweise ein teureres Arzneimittel durch ein günstigeres ersetzen und dieses verabreichen, da sie sich eventuell in ihrer ärztlichen Autorität angegriffen fühlen und gar befürchten, dass ihre Weisungsbefugnis angegriffen wird.

Dieser Punkt knüpft an eine weitere Herausforderung der Konzeption an. Die Konzeption fordert, dass ein Prozessverantwortlicher für einen Prozess benannt wird. Diese Position kann erst einmal jeder Mitarbeiter einnehmen, der an dem entsprechenden Prozess beteiligt ist, unabhängig von der Dienstart. An dieser Stelle muss hinterfragt werden, ob der jeweilige Mitarbeiter akzeptiert wird. Gerade im Hinblick auf das Verhältnis zwischen Ärzten und Pflegekräften ist es fraglich, ob ein Arzt mögliche Prozessoptimierungsvorschläge einer Pflegekraft annehmen würde. Darüber hinaus hat der Arzt gegenüber dem Pflegepersonal Weisungsbefugnis und ist autonom in seinem Handeln. Diese Tatsache bietet Nährboden für mögliches Konfliktpotenzial. Hinzu kommt, dass sich das Arbeitspensum für die beteiligten Mitarbeiter erhöht.

Positiv anzumerken ist, dass die Konzeption für das Prozesscontrolling individuell erstellbar ist. Je nach Adressat und Prozess können entsprechende Steuerungskennzahlen identifiziert werden. Ebenfalls ist positiv zu vermerken, dass durch die Konzeption die Prozesse innerhalb der Unternehmung einem ständigen Verbesserungsprozess unterliegen. Hierbei ist es jedoch problematisch, ob das Prozesscontrolling nachhaltig durchgeführt wird, da Prozesse ständig hinterfragt und überarbeitet werden sollten.

Durch die regelmäßige Berichterstattung auf operativer und strategischer Ebene sollten die Adressaten die gelieferten Informationen umsetzen, um eventuell Prozessoptimierungen vorzunehmen. Nur so kann der Aspekt der Nachhaltigkeit gewährleistet und das Prozesscontrolling gewinnbringend für das Krankenhaus genutzt werden.

Zu überlegen ist, ob der Aspekt der Nachhaltigkeit durch den Prozesscontroller überwacht wird. Dies würde jedoch bedeuten, dass innerhalb eines Krankenhauses diese Stelle geschaffen werden muss bzw. ein bereits vorhandener Mitarbeiter mit dieser Aufgabe beauftragt wird. Ein solcher Mitarbeiter sollte entsprechenden Anforderungen gerecht werden. Zum einen sollte er über Fachkenntnisse aber auch über einen betrieblichen Hintergrund verfügen. Dem Prozesscontroller wird so ermöglicht, bekannte Instrumente und Methoden prozessorientiert auszurichten. Darüber hinaus sollte ein Prozesscontroller über Kenntnisse der Erfolgsplanung und -kontrolle verfügen und das Verhalten der Mitarbeiter zielgerichtet beeinflussen können. Auch muss er in der Lage sein, Markt- und Umweltveränderungen frühzeitig zu erkennen, aber auch mögliche Innovationsmöglichkeiten zu entwickeln. Ein potenzieller Prozesscontroller sollte dazu in der Lage sein, Kenntnisse über Informations-,

Planungs- und Kontrollsysteme, EDV und Kosten-Leistungs- und Investitionsrechnung prozessorientiert zu überführen. Ebenso sollte ein Prozesscontroller analytisches Denkvermögen, Kontaktfähigkeit, Überzeugungskraft und Zuverlässigkeit vorweisen.[143]

Bevor ein Krankenhaus jedoch ein Prozesscontrolling umsetzt, sollte sich dieses der Herausforderung bewusst sein, dass dieses möglicherweise nicht von den Mitarbeitern mitgetragen wird. Ein Prozesscontrolling erscheint nur dann sinnvoll, wenn sich eine Unternehmung dazu entschließt, auch eine Prozesskultur zu verankern. Diese Verankerung nimmt viel Zeit in Anspruch und ist ein langjähriger Prozess. Darüber hinaus wirkt es nur glaubwürdig, wenn die Leitung diese Entwicklung unterstützt. Auch kann es dazu kommen, dass Mitarbeiter eine solche Entwicklung ablehnen, da beispielsweise Pflegekräfte bereits ein hohes Arbeitspensum aufweisen und sich eventuell aufgrund von Zeitmangel gegen weitere Neuerungen sträuben.

Dennoch fordert die aktuelle Situation im Gesundheitswesen innovative Abläufe und Prozesse. Zwar können Krankenhäuser auf High-Tech-Medizin und modernste Ausstattungen setzten, um am Markt zu bestehen, dennoch reicht das nicht aus, wenn gleichzeitig interne Prozessabläufe traditionell organisiert und aufbauorganisatorisch verlaufen. Krankenhäuser sind dazu angehalten ihre Denkweise zu verändern, „quer zu denken" und bestehende Prozesse und Abläufe prozessorientiert umzusetzen. Um diesen Anforderungen gerecht zu werden, erscheint es sinnvoll, dass sich Krankenhäuser stärker mit der Prozessorientierung und einem damit verbundenen Prozesscontrolling auseinandersetzen. Die entwickelte Konzeption kann im Hinblick auf die in Abschn. 5.3.1 erläuterten Probleme des Prozesscontrollings helfen, diesen zu begegnen. Innerhalb der Konzeption werden Zuständigkeiten definiert, Methoden und Faktenwissen gebündelt. Auch wird eine interdisziplinäre Zusammenarbeit gefördert, indem verschiedene Disziplinen an der Gestaltung und Umsetzung wie z. B. innerhalb der Prozessteams eingebunden werden.

Der Vorteil der Konzeption liegt darin, dass durch diese eine optimale Gestaltung der Prozesse gefördert wird, indem Prozesse definiert, Optimierungspotenziale abgeleitet und letztendlich Kosten gesenkt werden können. Dennoch muss auf dem Weg zu einer prozessorientierten Unternehmung Hindernisse wie z. B. Vorbehalte des Managements, Beharrlichkeit und abteilungs- und berufsbedingtes Säulendenken für eine erfolgreiche Umsetzung überwunden werden.

Die Konzeption ermöglicht eine klare Strukturierung, Steuerung und Überwachung von Prozessen innerhalb des Krankenhauses. Durch eine konsequente Anwendung einzelner Instrumente oder aber auch der Prinzipien und Methoden kann die Wertschöpfungskette innerhalb des Krankenhauses effektiv, effizient geplant, gestaltet und kontrolliert werden. Hierbei stehen die Parameter Zeit, Kosten und Qualität im Vordergrund bei der transparenten Gestaltung betrieblicher Prozesse. Dies stiftet zum einen Kundennutzen, da so die Unternehmung qualitativ höhere Leistungen erbringen kann, ermöglicht dem Krankenhaus jedoch auch, dass man sich durch optimierte und strukturierte Prozesse von anderen Wettbewerbern abheben kann und somit die eigene Marktposition ausgebaut werden kann.

---

[143] Vgl. Atzert (2011, S. 365 f.).

5.5   Fazit und Ausblick

Im Rahmen dieses Beitrags wurde basierend auf verschiedenen Instrumenten des Prozesscontrollings eine Konzeption für dieses entwickelt. Sowohl in der Theorie als auch in der Praxis bestehen verschiedene Instrumente, um Prozesse zu steuern oder zu lenken. Das Lean Management zeigt beispielsweise den Ansatz einer ganzheitlichen Konzeption, in der verschiedene Instrumente angewendet werden, um den Gedanken der effizienten Prozesse und schlanken Produktion umzusetzen. Auch können Instrumente wie die Prozesskostenrechnung dabei helfen, Prozesse transparenter und gewinnbringender zu gestalten. Das Instrument der Prozesskostenrechnung ermöglicht der Unternehmung die Kosten eines Prozesses transparent zu gestalten. Obwohl innerhalb dieser Instrumente der Schwerpunkt anders gelegt wird, wird immer die effiziente und transparente Gestaltung der Prozesse verfolgt.

Die entwickelte Konzeption zeigt eine Möglichkeit, wie verschiedene Instrumente zusammenspielen können und deren unterschiedliche Schwerpunkte gewinnbringend innerhalb der Konzeption genutzt werden können. Die Stärken dieser Konzeption liegen vor allem darin, dass Prozesse transparenter gestaltet werden können, indem Verantwortlichkeiten definiert und Mitarbeiter mit eingebunden werden. Das größte Hindernis liegt jedoch darin, dass es sich bei der Konzeption um einen ganzheitlichen Ansatz handelt. Dies bedeutet, dass beispielsweise eine Prozesskultur eingeführt werden muss. Die Entwicklung einer Prozesskultur kann jedoch nicht ad hoc eingeführt werden, sondern folgt einem Entwicklungsprozess, der in der Regel vier bis sieben Jahre andauert. Mitarbeiter müssen das traditionelle arzt- und abteilungsorientierte Denken durchbrechen und in einer interdisziplinären Teamarbeit handeln. Nur so kann sich ein Krankenhaus zu einem prozessorientierten Unternehmen entwickeln. Dennoch kann das Krankenhaus die Einführung der Konzeption für das Prozesscontrolling schrittweise einführen. Beispielsweise kann das Krankenhaus zu Beginn einen Prozesscontroller und entsprechende Prozessverantwortliche benennen, um für ausgewählte Prozesse ein Prozesscontrolling durchzuführen bzw. bestimmte Instrumente bzw. Elemente der Konzeption gewinnbringend für sich nutzen. Die Konzeption kann Krankenhäuser dabei helfen, den bestehenden Wettbewerbsbedingungen gerecht zu werden und weiter erfolgreich am Markt zu bestehen.

Lenkt man den Blick auf andere Bereiche, wie beispielsweise die der Industrie, der Automobiltechnik oder der Luftfahrt, zeigt sich, dass sich dieser Trend hier bereits durchgesetzt hat, was darauf schließen lässt, dass auch Krankenhäuser von dieser Entwicklung betroffen sind.

Gerade in diesem Sektor finden Arbeitsabläufe sowohl bei der stationären als auch bei der ambulanten Patientenversorgung stark arbeitsteilig statt und verfügen über einen hohen Grad an Komplexität. Jeder Behandlungsprozess wird durch eine Vielzahl von beteiligten Mitarbeiter und unterschiedlichen Funktionsdiensten erbracht, was zu Schnittstellen, Missverständnissen und Informationsverlust führen kann. Durch das Prozesscontrolling kann ein Krankenhaus die Prozesse aktiv und bewusster gestalten.

Krankenhäuser stehen vor vielfältigen Herausforderungen und veränderten Marktan-
forderungen, auf die flexibel reagiert werden muss. Krankenhäuser sind dazu angehalten,
einen Spagat zwischen dem steigenden Kostendruck und zunehmenden Qualitätsansprü-
che zu leisten. Demnach müssen finanzielle Mittel möglichst effizient und Ressourcen
wie z. B. Sachmittel oder Personal möglichst wirtschaftlich eingesetzt werden, wobei das
Prozesscontrolling helfen kann.

Innerhalb der Konzeption werden verschiedene Elemente mit eingebunden, z. B. Elemente des Lean Managements, wie dessen Philosophie oder Verständnis von Verschwendung aber auch Kennzahlen fließen in die Konzeption mit ein. Die Konzeption enthält
sowohl operative als auch strategische Elemente. Wichtig ist, dass innerhalb des Prozesscontrollings die Kosten eine wichtige Rolle spielen und helfen, sich als Unternehmung die
internen Kostenstrukturen vor Augen zu halten. Dennoch dürfen innerhalb des Prozesscontrollings nicht die Parameter Zeit und Qualität vernachlässigt werden.

Abschließend lässt sich festhalten, dass Prozesse innerhalb einer Unternehmung, und
somit auch innerhalb eines Krankenhauses auch ohne ein Prozesscontrolling ablaufen.
Das Prozesscontrolling und die entwickelte Konzeption kann einem Krankenhaus dabei
helfen, die wesentlichen Wettbewerbsfaktoren Zeit, Kosten und Qualität im Hinblick auf
unternehmensinterne Prozesse zu optimieren, um sich gegenüber Wettbewerbern und im
Markt langfristig zu behaupten. Durch die Konzeption können die Prozesse der Unternehmung aktiv gestaltet und stetig hinterfragt werden.

A Anhang

	Finanzwirtschaftliche Kennzahlen	Kennzahlen aus den Leistungsbereichen	Qualitätsmanagement Kennzahlen	Kennzahlen der Wertentwicklung
Kurzcharakterisierung	– Betriebswirtschaftlich/statistische Zahl – Hoher Bezug zu finanzwirtschaftlichen Größen – Informationen über finanzwirtschaftliche Verhältnisse – Gewonnen aus Bilanz/GuV/Kosten-, Leistungs-, Erlös- und Ergebnisrechnung	– Stellen auf Produktivität der Unternehmung ab – Verhältnis von Input (Menge von eingesetzten Gütern/Dienstleistungen) und Output (Mengen von erzeugten Gütern/Dienstleistungen) – Rechnerische Erfassung möglicherweise schwierig	– Messung und Darstellung der Versorgungsqualität – Oftmals Kategorisierung nach Donabedian (Struktur-/Prozess-/Ergebnisqualität) – Nutzung für Internes Qualitätsmanagement/Informationen für die Öffentlichkeit Vergleich mit anderen Leistungserbringern usw. – Gesetzlich definiert Daten zu veröffentlichen (§ 137 SGB V)	– Langfristig angelegt – Unter Einbeziehung von Renditezielen der Eigenkapitalgeber – Basis bilden Daten des internen und externen Rechnungswesens (in angepasster Form)
Beispiel	*Vier Analysebereiche* – Investitionen (z. B. Anlagenintensität, Abschreibungsquote) – Finanzierung (z. B. Eigenkapitalquote, Verschuldungsgrad) – Liquidität (z. B. Liquiditätsgerade, Cashflow) – Ertrag	– Case Mix – Case Mix Index – Basisfallwert – Fallzahl – Durchschnittliche Verweildauer – Anzahl nicht abgerechneter DRG Fälle	1) Strukturqualität (z. B. Fachkraftquote, Fluktuationsrate) 2) Prozessqualität (z. B. Verweildauer, Schnitt-Naht-Zeit) 3) Ergebnisqualität (z. B. Sterblichkeitsrate, Dekubitusrate)	– Langfristige Kennzahlen zur vollständigen Bewertung einer Unternehmung – Kurzfristige Kennzahlen zur Messung eines Periodenerfolgs – CVA, CFROI, EVA, ROCE, RONA

Literatur

Arndt H-K (2005) Prozessmanagement. http://wwwiti.cs.uni-magdeburg.de/iti_mis/docs_ws0607/ 05pzm05.pdf. Zugegriffen: 04. Apr. 2015

Ärztliches Zentrum für Qualität in der Medizin (2014) Behandlungspfade. http://www.leitlinien.de/ leitlinien-anwendung/behandlungspfade. Zugegriffen: 04. Apr. 2015

Atzert S (2011) Strategisches Prozesscontrolling – Koordinationsorientierte Konzeption auf der Basis von Beiträgen zur theoretischen Fundierung von strategischem Prozessmanagement. Gabler, Chemnitz

Bibliographisches Institut GmbH (2013) Duden. http://www.duden.de/rechtschreibung/Konzeption. Zugegriffen: 25. Mai 2015

Brunner FJ (2008) Japanische Erfolgskonzepte, 2. Aufl. Hanser, Wien

Dahm M, Haindl C (2015) Lean Management und Six Sigma – Qualität und Wirtschaftlichkeit in der Wettbewerbsstrategie, 3. Aufl. Erich Schmidt, Hamburg

Erdmann J (2000) Integriertes Prozessmanagement – Ein multidimensionaler Ansatz für das Management von Prozessen in Unternehmen. Books on Demand, Hannover

Esser MR (2014) Prozesscontrolling: Prozesse optimal steuern. http://www.strategy-transformation. com/prozess-controlling/. Zugegriffen: 18. Mai 2015

Frank M, Straßburger C (2015) Das prozessorientierte Krankenhaus – Mit Traditionen brechen – Paradigmenwechsel in deutschen Kliniken. KU Gesundheitsmanagement 5:62–64

Gaitanides M et al (1994) Prozessmanagement – Grundlagen und Zielsetzungen. In: Gaitanides M (Hrsg) Prozessmanagement. Konzepte, Umsetzung und Erfahrungen des Reengineering. Hanser, München

GKV Spitzenverband (2009) Qualität und Transparenz – Expertenstandards nach § 113 a SGB XI. https://www.gkv-spitzenverband.de/pflegeversicherung/qualitaet_in_der_pflege/ expertenstandards/expertenstandards.jsp. Zugegriffen: 05. Mai 2015

Graumann M (2014) Controlling – Begriffe, Elemente, Methoden und Schnittstellen, 4. Aufl. NWB, Bonn

Greiling M (2002) Prozesskostenrechnung im Krankenhaus. Instrument und Umsetzung zur Kalkulation von DRGs. Krankenhaus 6:467–469

Greiling M (2005) Prozesskostenrechnung im Krankenhaus – Instrument und praktische Umsetzung zur Steuerung der DRGs. In: Vetter U, Hoffmann L (Hrsg) Leistungsmanagement im Krankenhaus: G-DRGs. Springer, Barmbek

Greiling M (2008) Prozesscontrolling im Krankenhaus – Steuerung von Abläufen mit Hilfe des Reportings. Baumann Fachverlage, Münster

Greiling M, Osygus M (2014) Prozessmanagement – Der Pfad- und Prozesskostenmanager für die Patientenversorgung. Mediengruppe Oberfranken, Kulmbach

Greiling M, Quint U (2010) Klinische Behandlungsphase aus betriebswirtschaftlicher Sicht. Orthopäde 8:752–757

Greulich A, Thiele G (1997) Prozessmanagement im Krankenhaus. In: Thiele G (Hrsg) Prozessmanagement im Krankenhaus. Decker, Heidelberg

Haist F, Fromm H (1991) Qualität im Unternehmen – Prinzipien – Methoden – Techniken, 2. Aufl. Hanser, München

Harbert L (1982) Controlling-Begriffe und Controlling-Konzeptionen, Eine kritische Betrachtung des Entwicklungsstandes des Controlling und Möglichkeiten seiner Fortentwicklung. Studienverlag Brockmeyer, Bochum

Horváth P (2008) Controlling, 11. Aufl. Vahlen, Stuttgart

Horváth P, Mayer R (1995) Konzeption und Entwicklungen der Prozesskostenrechnung. In: Männel W (Hrsg) Prozesskostenrechnung. Springer, Wiesbaden

Horváth P, Reichman T (2003) Controlling. In: Horváth P, Reichmann T (Hrsg) Vahlens Großes Controllinglexikon, 2. Aufl. Vahlen, München

Imai M (1992) Kaizen – Der Schlüssel zum Erfolg der Japaner im Wettbewerb. Langen-Müller, München

Internationaler Controller Verein e. V. (2013) Leitbild. http://www.icv-controlling.com/de/verein/leitbild.html. Zugegriffen: 01. Apr. 2015

Konsequent. Management Services (2014) Prozesse zielorientiert steuern – Kurzbeschreibung Prozesscontrolling. http://www.konsequent-sein.de/index.php/was-ist-prozesscontrolling.html. Zugegriffen: 17. Mai 2015

Kothe-Zimmermann H (2006) Prozesskostenrechnung und Prozessoptimierung im Krankenhaus-Eine Praxisanleitung in sieben Schritten. Kohlhammer, Nordhastedt

Küpper H-U (2008) Controlling – Konzeption, Aufgaben, Instrumente, 5. Aufl. Schäffer-Poeschel, München

Pfeiffer W, Weiss E (1994) Lean Management. Grundlagen der Führung und Organisation lernender Unternehmen, 2. Aufl. Erich Schmidt, Berlin

Picot A, Liebert T (2011) Stand von Prozesscontrolling und -management in deutschen Großunternehmen – Ergebnisse einer empirischen Untersuchung bei Industrieunternehmen. Controlling und Management Sonderheft 2:89–98

Pöhls K (2012) Lean Management in Krankenhäusern – Erfolgsfaktoren für die Umsetzung. Gabler, Marburg

Porché RA, Kendrick J (2006) Doing more with less – lean thinking and patient safety in health care. Joint Commission Resources, Illinois

Preißler P (2000) Controlling: Lehrbuch und Intensivkurs, 12. Aufl. Oldenbourg, München

Prill M (2007) Balanced-Scorecard-Gestaltung für Krankenhäuser. Bibliomed, Stuttgart

Ravizza M (2012) Erfolgsfaktoren für die Einführung eines nachhaltigen Geschäftsprozessmanagements – Am Beispiel des Industrie- und Dienstleistungssektors. Diplomica, Hamburg

Schirmer H (2006) Krankenhaus Controlling – Handlungsempfehlungen für Krankenhausmanager, Krankenhauscontroller und alle mit Controlling befassten Führungs- und Fachkräfte in der Gesundheitswirtschaft, 3. Aufl. Expert, Renningen

Schnetzer R (o J) Achtsames Prozessmanagement – Work-Life-Balance und Burnout-Prävention für Unternehmen und Mitarbeitende. Springer Gabler Verlag, Wiesbaden

Scholz R, Vrohlings A (1994a) Prozess – Struktur – Transparenz. In: Gaitanides M et al (Hrsg) Prozessmanagement – Konzepte, Umsetzungen und Erfahrungen. Hanser, München

Scholz R, Vrohlings A (1994b) Realisierung von Prozessmanagement. In: Gaitanides M et al (Hrsg) Prozessmanagement – Konzepte, Umsetzungen und Erfahrungen. Hanser Verlag, München.

Schönherr R (2006) Prozesscontrolling im Krankenhaus. Anforderungen und Umsetzungsmöglichkeiten. Verlag der Wissenschaften, Dresden

Springer R (2009) Survival oft he Fittest – So verbessern Spitzenunternehmen mit Lean Management gleichzeitig ihre Prozesse und ihre Führungskultur. Finanz Buch Verlag, Stuttgart

Statista (o J) Durchschnittliche Verweildauer in deutschen Krankenhäusern in den Jahren 1992 bis
2013 (in Tagen). http://de.statista.com/statistik/daten/studie/2604/umfrage/durchschnittliche-
verweildauer-im-krankenhaus-seit-1992/. Zugegriffen: 01. Jun. 2015.

Töpfer A (2009) Lean Management und Six Sigma: Die wirkungsvolle Kombination von zwei Konzepten für schnelle Prozesse und fehlerfreie Qualität. In: Töpfer A (Hrsg) Lean Six Sigma –
erfolgreiche Kombination aus Lean Management, Six Sigma und Design for Six Sigma. Springer, Berlin

Töpfer A, Günther S (2009) Mehrere Wege zu verschwendungsfreien Prozessen und Null-Fehler-
Qualität. In: Töpfer A (Hrsg) Lean Six Sigma – erfolgreiche Kombination aus Lean Management, Six Sigma und Design for Six Sigma. Springer, Berlin

Weber J (1997) Prozessorientiertes Controlling. Vallender, Koblenz

Weber J, Schäffer U (2008) Einführung in das Controlling, 12. Aufl. Vallendar Schäffer-Poeschel,
Stuttgart

Wöhe G (2010) Einführung in die Allgemeine Betriebswirtschaftslehre, 24. Aufl. Vahlen, Lüneburg

Womack JP, Jones DT (2003) Lean Thinking – Ballast abwerfen, Unternehmensgewinne steigern,
2. Aufl. Campus, New York

Zapp W (2009) Prozess-Controlling. In: Zapp W (Hrsg) Prozessgestaltung in Gesundheitseinrichtungen – Von der Analyse zum Controlling, 2. Aufl. Economica, Osnabrück

Zapp W, Oswald J (2009) Konzeptionelle Fundierung. In: Zapp W (Hrsg) Prozessgestaltung in
Gesundheitseinrichtungen – Von der Analyse zum Controlling, 2. Aufl. Economica, Osnabrück

Zapp W, Otten S (2009) Vorgehensweise und Ablauf der Gestaltung von Prozessen. In: Zapp W
(Hrsg) Prozessgestaltung in Gesundheitseinrichtungen – Von der Analyse zum Controlling,
2. Aufl. Economica, Osnabrück

Zapp W et al (2009) Prozesse in Dienstleistungsunternehmungen der Gesundheitswirtschaft. In:
Zapp W (Hrsg) Prozessgestaltung in Gesundheitseinrichtungen – Von der Analyse zum Controlling, 2. Aufl. Economica, Osnabrück

Zapp W et al (2010) Kennzahlen und Kennzahlensysteme im Krankenhaus – empirische Erkenntnisse zum Status Quo der Kennzahlenpraxis in Niedersächsischen Krankenhäusern. In: Zapp W,
Haubrock M (Hrsg) Kennzahlen im Krankenhaus. Eul, Osnabrück

Printed in the United States
By Bookmasters